Calr Toepfer

Gesammelte dramatische Werke

3. Band

Calr Toepfer

Gesammelte dramatische Werke
3. Band

ISBN/EAN: 9783743641150

Hergestellt in Europa, USA, Kanada, Australien, Japan

Cover: Foto ©ninafisch / pixelio.de

Weitere Bücher finden Sie auf **www.hansebooks.com**

Carl Toepfers
Schauspiele.

Herausgegeben

von

Hermann Uhde.

Dritter Band.

Leipzig,
Verlag von Duncker & Humblot.
1873.

Inhalt.

	Seite
Schein und Sein. Schauspiel in fünf Aufzügen . . .	1— 62
Zurücksetzung. Schauspiel in vier Aufzügen	63—124
Ein Tag vor Weihnacht. Gemälde aus dem Bürgerleben in zwei Aufzügen	125—165
Hermann und Dorothea. Idyllisches Familiengemälde in vier Aufzügen nach Goethe's Gedicht . .	166—239
Gebrüder Foster oder: Das Glück mit seinen Launen. Charakter-Gemälde aus dem 15. Jahrhundert in fünf Aufzügen. Nach einem englischen Plan	241—314

Schein und Sein.

Schauspiel in fünf Aufzügen.

Personen.

Baron von Ringen.
Seine Gattin.
Auguste, ihre Tochter.
Frau von Berg, Ringens Schwester.
Baron Wilm.
Sophie, seine Gattin.
Fräulein Minna von Schnebber.
Graf Eduard von Brol.
Freiherr von Wenstädt.
Herr von Flebern.
Bedienter des Barons von Ringen.
Franz, alter Diener des Barons Wilm.
Georg, Jockei des Grafen Brol.
Johann, Bedienter des Barons Wenstädt.
Friedrich, Bedienter des Herrn von Flebern.
Lisette, Kammermädchen des Fräulein v. Schnebber.
Drei Masken.
Masken. Bediente ꝛc.

Erster Aufzug.

Erste Scene.

Zimmer bei Wenstädt.

Wenstädt aus der Seite. **Flebern** aus der Mitte.

Flebern. Guten Morgen, Junge. (*Rückwärts zur Thür hinaus.*) Friedrich soll meinen Fuchs umherführen, ich habe ihn warm geritten. (*Er wirft Hut und Handschuhe auf den Tisch.*) Wie geht's Dir, Jüngchen, seit ich Dich nicht sah? Lockt Dich die Maskerade herein?

Wenstädt. Ich weiß von keiner —

Flebern. Da sieht man den Nimrod, auf Ehre, weiß von gar nichts, was in der Residenz passirt! Heute Abend die brillanteste Soirée mit den brillantesten Intriguen —

Wenstädt. Und der brillantesten Langeweile —

Flebern. Weil's keine Hasen und Füchse da zu schießen giebt? Es giebt aber Täubchen dort, Schatz, sind auch nicht zu verachten, allerliebste Täubchen, köstliches Wild für einen Jäger von bon ton; glaub Du mir, auf einer rechten Maskerade hält Amor die eigentliche Parforce=Jagd!

Wenstädt. Wird kein Hochwild getroffen!

Flebern. Laß gut sein, läuft auch mit unter — hoch und niedrig, hübsch und häßlich — zum Aussuchen — kommt Keines davon!

Wenstädt. Du bist in einem gewissen Punkte sehr zuver=lässig.

Flebern. Hab Ursach, Jüngchen, bin noch wenig abgefallen. Könnte Dir wohl im Vertrauen das Liedchen singen (*singt*) „Sehn Sie hier das kleine Register!" Ein andermal davon — apropos — Brot ist ja wieder da —

Wenstädt. Ich sah ihn noch nicht.

Flebern. Kein Wunder, der hat andre Dinge zu thun, als Dich aus Deinen Schluchten und Hohlwegen herauszusuchen! Er kommt von Rom, war lange Zeit in Paris — ein gefährlicher Rival auf dem Felde der Liebe, — der sticht uns Alle aus!

Wenstädt. Gehört so viel dazu?

Flebern. Das will ich meinen, Junge; uns ist die Galanterie keine terra incognita wie Dir! Dieser Brok ist mir fatal, seine Gestalt, seine Gewandtheit, sein Geld —

Wenstädt. Beruhige Dich, er wird den Leuten Deinesgleichen wenig schaden —

Flebern (selbstgefällig). Ich hoffe das auch!

Wenstädt. Du mißverstehst mich — er wird Euch wenig schaden, weil ein junger Ehemann in dem Garten der Galanterie wie ein abgestorbener Baum dasteht.

Flebern. Ehemann — wer? — wie ist das — Brok?

Wenstädt. Heirathet.

Flebern. Was?

Wenstädt. Brok heirathet, verlaß Dich darauf.

Flebern. Welche Nachricht! Laß Dich küssen, Junge, der gefährlichste Widersacher tobt — mausetobt — heirathet also, bringt sich selbst um, aus freiem Willen —

Wenstädt. Ganz freiwillig nicht. Er hat seinem sterbenden Vater versprochen, Auguste Ringen zu heirathen.

Flebern. Ringen, Ringen — — ich kenne sie nicht.

Wenstädt. Das glaub ich wohl, die Familie hat den besten Ruf.

Flebern. J, du sarkastischer Teufel!

Wenstädt. Uebrigens soll der alte Ringen mit seiner Tochter erst eintreffen —

Flebern. Da haben wir's, wie soll ich sie denn kennen? — Genug, daß Brok sich vermählt. Du mußt das wissen, Ihr wart Jugendfreunde. Nun kann man doch wieder Athem schöpfen! Ich sage Dir, wie ich ihn sah, kam es mir vor, als ob in der feinen Welt eine Art italienische Sonne aufging, vor der wir Mond und Sterne unser Licht einziehen müßten! — Ich will in die Reitbahn. (Er sieht auf die Uhr.) Teufel, wie sich die Zeit verplaudert! (Zum Fenster) Sieh einmal meinen Fuchs an, ist das nicht ein göttliches Thier? (Er stößt das Fenster auf und pfeift hinaus.) Sieh, wie er sich streckt. — Auch habe ich noch ein paar Toiletten=

Besuche zu machen. Adieu. — Weißt Du wohl, daß die Mädchen darum eingekommen sind, man möchte den Männern erlauben, zwei Frauen zu nehmen?

Wenstädt. O, das wäre für Dich —

Flebern. Wird abgeschlagen, Freundchen, wird abgeschlagen; die Herren vom Consistorium sind verheirathet und wissen, was für Noth man mit Einer hat. Adieu, Junge! He, Friedrich, den Zügel aufgelegt! (Ab.)

Zweite Scene.

Wenstädt. Nachher Johann.

Wenstädt (allein). Je öfter ich in Deinem Arm, Natur, verweile, jemehr fühl ich, wie wenig ich für diesen Ton, für diesen Umgang tauge.

Johann (tritt auf). Gnädiger Herr, es ist ein Bedienter draußen, ich versteh aber kein Wort, was er sagt.

Wenstädt. Laß ihn herein. (Johann ab.)

Dritte Scene.

Wenstädt. Georg.

Georg. Je demande pardon, monsieur. Ce billet, que j'ai l'honneur de vous remettre, est de la part de mon maître, Mr. le Comte de Brok.

Wenstädt mustert den Bedienten, der auf das Eleganteste gekleidet ist, nimmt dann den Brief, schüttelt den Kopf, öffnet und liest halb laut: „Graf Brok wird sogleich seinen Freund Wenstädt begrüßen, und bittet ihn, nicht auszugehen." (Zu dem Bedienten) Schon gut, ich bin zu Hause. (Georg geht ab.)

Vierte Scene.

Wenstädt allein.

Wenstädt. Wenn die Herren, die mit ausländischem Lacke überzogen nach ihrem Vaterlande zurückkehren, von ihren deutschen Freunden doch keine Notiz nehmen wollten! Brok war ein guter Junge, aber dieses polirte, geschliffene Wesen ist mir zuwider; was ich mit meinen Händen fasse, muß nicht rauh — aber vielmehr aalglatt sein.

Fünfte Scene.

Johann öffnet die Thür und geht, nachdem Brok eingetreten ist, ab.
Wenstädt.

Brok (sehr elegant gekleidet, eben vom Pferde gestiegen, kommt eilig auf Wenstädt zu, und umarmt ihn, welches dieser mit etwas Zurückhaltung erwiedert. Sehr herzlich). Laß die Wärme meiner Umarmung Dir sagen, ob ich mich freue, Dich wiederzusehen.

Wenstädt. Ich bin überrascht, Eduard —

Brok. Ueberrascht? —

Wenstädt. Sehr.

Brok. Ich hoffe angenehm.

Wenstädt. Sehr angenehm. (Gezogen mit feiner Ironie.) Der Ton Deiner Rede klang bekannt.

Brok. Wie bist Du?

Wenstädt. Ich habe etwas anders erwartet.

Brok. Was anders?

Wenstädt. Ein bon jour, eine Grimasse und ein adieu.

Brok. Kennst Du mich nicht mehr, Fritz?

Wenstädt. Ich kenne Dich, aber wie soll ich Dich erkennen in der Maske, die Dein Aeußeres trägt.

Brok. Ich verstehe Dich kaum.

Wenstädt. Von dem großen pariser Carneval-Treiben hast Du die Maske vorbehalten; ich hoffe, Italien hat Dir nichts mitgegeben, als etwas gelberen Teint.

Brok (sanft). Man könnte Dir böse werden — — —

Wenstädt. Was soll der gezierte valet de chambre, durch den ein Deutscher deutsche Grüße in französischer Sprache bestellen läßt?

Brok. Er rettete mir in Italien das Leben — Kann übrigens etwas so Unwesentliches — —?

Wenstädt. Wir sind gewohnt, daß unsre reichen, jungen Männer, nach mehrjähriger Abwesenheit in fernen Ländern, als Fremde in ihre Vaterstadt zurückkehren.

Brok. Zähle mich nicht unter diese. Ich will nicht läugnen, daß Italien auch auf mich seinen Zauber ausgeübt hat; doch werden mich die Vorzüge anderer Länder nie so sehr blenden, daß ich mein Vaterland verkenne. — Nun sage mir, Fritz, wie steht es mit Deinem Herzen? Wenn sich zwei Jugendfreunde wiederfinden wollen, zeigt diese Frage und ihre Antwort am sichersten den Weg. Sprich — Du bist nicht heiterer als sonst — Sophie Segerndorf —?

Wenstädt. Ist verheirathet.

Brok. Siehst Du wohl, Du schüchterner Freiwerber —

Wenstädt. Sie ist glücklich verheirathet, — Baron Wilm —

Brok. Der? Was der Tausend — o, den muß ich besuchen — ich kenne ihn von Paris her. Hat der sich so geschwind gefügt — er kennt die Welt — — Na und Du — wie ist's mit Dir?

Wenstädt. Nicht anders und nicht besser.

Brok. Das heißt, Du liebst wieder; Du liebst und steckst immer auf Deinem Gute, Segerndorf grenzt an Deinen Forst — — Aha — ist etwa die kleine Betty so hübsch herangewachsen — —

Wenstädt kann seine Verlegenheit nicht bergen.

Brok. Hilft nichts, lieber Fritz, es ist so. (Auf's Gesicht deutend.) Da steht's geschrieben — Du liebst die Schwester Deiner ehemaligen Geliebten.

Wenstädt. Ich habe Dir nichts vertraut.

Brok. Du hast mir nichts vertraut, Du hast wahrscheinlich auch ihr nichts davon vertraut, Du wirst den Eltern nichts davon vertrauen, Du wirst schweigen und nichts als schweigen, bis ein Anderer spricht und heirathet.

Wenstädt. So lange mein unglückseliger Proceß nicht entschieden ist — wie kann mein geringes Vermögen gegen die Familie Segerndorf . . . .

Brok. Es mangelt Dir alles Selbstvertrauen.

Wenstädt. Kein Glück besitzen ist immer noch besser, als ein erbetenes sich abschlagen lassen. Brechen wir davon ab; es schmerzt mich, Dir gegenüber, der im Hafen —

Brok. (plötzlich ernst). Du irrst, Fritz.

Wenstädt. Bist Du nicht in Erwartung Deiner Braut?

Brok. Es ist Alles schon vorbei; sie ist hier, ich habe sie gesehen, die Papiere sind untersiegelt und gezeichnet und — ich ergebe mich in mein Schicksal.

Wenstädt. Ist sie nicht schön?

Brok. Schön — ja — von Gesicht und Gestalt — auch gut, wie ich höre — sie soll auch nicht ohne Verstand sein — aber —

Wenstädt. Welch ein Aber kann drei solche Pfeiler: „gut, verständig und schön" erschüttern — —?

Brok. Es fehlt ihr — —

Wenstädt. Du versündigst Dich an weiblicher Vollkommenheit, Eduard.

Brok (sehr feurig). Es fehlt ihr das gewisse Etwas, das uns an Frankreichs und Italiens Frauen bezaubert, und in der ersten Minute des Zusammenseins elektrisch berührt. Dieses Etwas, das Jeder fühlt und Niemand beschreiben kann — ich möchte es eine Mischung von Seele und Grazie, Geist und Flamme nennen; ein inneres Triebwerk, dem die Bewegungen gehorchen; ein Funke, der aus dem Auge leuchtet; eine Wärme, die sich über die Worte verbreitet.

Wenstädt. Nach dem Feuer, mit dem Du die Frauen des Auslandes erhebst, muß ich Deine Braut bedauern.

Brok. Bedaure mich, der sich ihr zum Opfer bringt; für ihr Glück bürgt meine Ehre.

Wenstädt. Wenn sie Dich liebt —

Brok (immer sehr lebendig). Liebt? O hättest Du sie gesehen, wie sie eine halbe Stunde vor mir stand, diese eisige Schönheit, mir nicht erlaubend, die Farbe ihres Auges zu unterscheiden. Hättest Du gehört, wie sie mit ihren monotonen: „Ja" oder „Nein" jedes Geistesflämmchen, das etwa in der Rede aufflackern wollte, wie mit kaltem Wasserstrahl ausgoß. Hättest Du gefühlt, wie ich, bei ihrem Anblick, daß eher die mediceische Venus von ihrem Postament herabzubringen sei, als solch schönes Steinbild mit dem südlichen Hauch der Neigung zu beseelen; wärest Du Zeuge unserer Unterredung gewesen — Du würdest bei Auguste Ringen so wenig Liebe suchen, als einen Orangenhain in unserm Vaterlande.

Wenstädt. Traust Du dem ersten Anblick — —?

Brok (mit steigendem Feuer). Der erste Anblick entscheidet. Die Liebe ist ein Strahl, der zündend von oben herab in die Seele fährt.

Wenstädt (voll Nachdruck). In Frankreich und Italien keimt die Blume der Liebe eben so schnell, als sie blüht, reift und — verwelkt. Treibhausfeuer giebt Pflanzen ohne Dauer. In unsrer deutschen, kalten Luft wurzeln Eichen, zwar so zierlich nicht als Jene, aber im Ungewitter wie im Sonnenschein verlässig, fest und treu!

Brok. Der Treue zu pflegen, ist Sache des Geistes; den Mann dauernd zu fesseln, bedarf es der Talente, die mit jedem Tag sich erneuern, der Zauberkraft des Witzes, welche auch das

Todte beherrscht und lebendig macht. Und wo findest Du diese geistige Beweglichkeit glänzender, als in Frankreich und Italien? Nahe Dich der Pariserin: eine unscheinbare Begrüßung sei das Samenkorn der Unterhaltung; in der Wärme ihrer Empfindung gedeiht es wunderbar schnell. Nahe Dich der Florentinerin, der Römerin: schon die Musik ihrer Sprache umstrickt Dich und knüpft das Netz fest zusammen, welches die Glut der Blicke zu ziehen anfing. Du schmachtest, wenn sie schwärmt; Du tändelst, wenn sie spricht; in ihrer Eifersucht selbst nährst Du der Liebe Flamme, denn eine leise Furcht zu verlieren begleitet auch Dich, und erhöht den Reiz des Besitzes. Sie spricht, und Du fühlst, sie muß herrlich singen; sie geht, und Du zweifelst nicht, sie muß göttlich tanzen. — - O mein unseliges Versprechen band den Willen; dort hätte ich gefunden, was ich stets vergebens ersehnte!

Wenstädt. Der vaterländischen Jungfrau also sprichst Du alle jene geistigen Reize ab? Warum? weil Du eine halbe Stunde mit ihr, der Befangenen, gemessene Worte gewechselt. In Deiner Wagschale des weiblichen Werthes wiegt Bescheidenheit gar nichts. Streng sittiges Zurückhalten gegen den fremden Mann, verbürgt es nicht ein festeres Anschmiegen an Einen? Wagst Du mit einem einzigen Blick die Tiefe eines weiblichen Gemüthes zu ergründen?

Brok. Du kannst nicht urtheilen, Fritz, Du sahst sie nicht. Dies kalte, schöne Gesicht, soll es je feurig rufen können: „ich liebe Dich?" Diese Handlung — wird sie je im edlen Tanze die Grazie der Bewegung offenbaren? Sie ist mir ganz gleichgültig, ganz — und wird es immer bleiben.

Wenstädt will antworten, der eintretende Johann unterbricht ihn.

Johann. Ein Kammerdiener fragt nach dem Herrn Grafen von Brok, und hat mir diesen Zettel gegeben.

Brok. Gieb her. Er öffnet, liest leise, und ertheilt dem Bedienten leise die Antwort. (Johann ab.)

Brok. Siehst Du, das ist so der stylus curiae von meinem (mit einem Seufzer) Schwiegervater; der Mann will Alles vorhersehen, und weiß das Ende jedes Dinges. Glücklicherweise Einbildung, denn sonst ständ es schlimm in Hinsicht meiner Verheirathung. (Liest laut):. „Guten Morgen!" „Ich sehe vorher, die „Maskerade wird heute interessant. Wollen Sie mit uns gehen, „so lassen Sie mir Antwort sagen; eigentlich nicht nöthig, denn „mit meinem Errathungsvermögen weiß ich sie schon." „Ringen."

Wenstädt (lächelt).

Brok. Adieu, guter Fritz, ich habe Dir mein ganzes Herz geöffnet, es ist nicht böse geworden. Du hast mir alles Vertrauen vorenthalten, willst Du mir nicht geben, was Du empfingst?

Wenstädt (ihn umarmend). Es ist so, wie Du errathen, ich liebe Betty Segerndorf, aber hoffnungslos.

Brok (giebt ihm einen Kuß). Nun sind wir wieder dieselben. Wenn übrigens die Saiten unseres Gemüthes gleich tönen, so mußtest Du das schnell gefühlt und gewußt haben. Ich trage keine fremdländische Maske, Fritz — ich bin unverändert.

Wenstädt (ihm freundlich drohend). Nur was **Frauen und Mädchen** anbelangt —

Brok. Ich gestand meine Ansicht, sie ist auf Erfahrung begründet; sieh mir darin nach, ich kann keine Empfindung erzwingen! Das schöne Geschlecht unsers Vaterlandes läßt mich kalt — — aber anders steh ich dem Mann gegenüber. Meine Hand reichen (thut es), Freund nennen kann ich nur Denjenigen, der unter Deutschlands Himmel geboren ist, und dem ein deutsches Herz im Busen schlägt. (Sie umarmen sich herzlich und gehen auseinander.)

Sechste Scene.

Zimmer beim Baron Ringen.

Auguste kommt aus der Seite und tritt zum Fenster. **Baronin von Ringen** kommt nach einer Pause ihr nach, und steht hinter ihr, ohne bemerkt zu werden.

Baronin. Du bist seltsam bewegt, mein Kind.

Auguste. Meine Lage ist ungewöhnlich — ich kann noch keine Fassung erringen.

Baronin (lächelnd). Bräutliche Furcht — eine schmerzliche Empfindung, nicht ohne Wonne.

Auguste. Sie mißverstehen mein Gefühl, Mutter.

Baronin. Ich sollte wohl nicht nöthig haben, den Zustand Deines Herzens zu errathen.

Auguste. Der Zustand meines Herzens ist betrübend —

Baronin. Betrübend, Auguste? Da das günstige Schicksal Dir einen Mann bestimmt hat, um den tausend Mädchen Dich beneiden? Einen Mann, der an Bildung und körperlichen Vorzügen keinen Nebenbuhler findet? — Versteh ich Dich, Tochter? Ist ein Mann wie Graf Brok unfähig, Deine Neigung zu ge=

winnen, so hab ich Dein Vertrauen — verdient, aber nicht besessen; Du hast ihm Deine Hand verlobt während Dein Herz nicht mehr frei war.

Auguste. Mein Herz ist nicht mehr frei.

Baronin (erschreckt). Du liebst?!

Auguste. Ich liebe — Mutter (mit einem schweren Seufzer) und bin nicht geliebt.

Baronin. Sei nicht so wortarm, Auguste; Du besitzest auf der Erde keine wärmere Freundin, als mich. Sprich, damit ich, wenn Du irrst, Dich leiten kann. Wenn Du unglücklich bist, will ich helfen, oder wenigstens durch Mitgefühl Deine Klage lindern.

Auguste. Der Mann, den Sie mir bestimmten, ist der Mann meiner Wahl. Ich sah, ich hörte ihn — mein Herz flog ihm entgegen.

Baronin. Und Du glaubst Dich ungeliebt?

Auguste. Ich bin es Mutter, ach, ich bin es! Welche Vorsätze faßte ich, eh ich ihn sah. Ich wußte, er war lange Zeit in Italien und Frankreich gewesen; gewohnt an glänzende, lebendige Conversation, mußte schüchternes Wesen ihm nicht schüchtern, nein, blöde, einfältig vorkommen? Ich wollte mich erheben über die gewöhnliche Scheu, die mich befängt, wenn ich einem fremden Manne gegenüberstehe; ich wollte ungezwungen, heiter, feurig sprechen — meine kindische Seele zeichnete mit den lebendigsten Farben die erste Unterredung vorher — — er kommt — sein Anblick verwirrt mich, ich wage es nicht mehr, mein Auge zu ihm aufzuschlagen; — er nähert sich mir, eine nie gefühlte Angst hemmt mir den Athem; — er spricht — aus jeder Rede leuchtet sein glänzender Verstand, die Feinheit seiner Fragen steigert meine Verwirrung; ich fühle, wie ertödtet ich vor ihm stehe, ich will antworten: jede Antwort scheint mir flach, nur „Ja" und „Nein" vermag ich zu stammeln: da zieht er sich von mir zurück, er wendet sich zum Vater, ich folge ihm mit meinem Blick, ein Anflug von Spott liegt um seinen schönen Mund, ein zerschmetterndes Mitleid mit der armen Einsylbigen zieht sich über seine Augenbrauen hin und — ich bin unbeschreiblich, unbeschreiblich gedemüthigt!

Baronin. Leidenschaft macht Dich reizbar, Kind; ein liebendes Herz quält sich gern mit Zweifel und Argwohn.

Auguste. Nein, Mutter, diese Stimme in mir lügt nicht — ich bin ihm gleichgiltig — gleichgiltig — o es lag zu deutlich auf seiner Stirn, jede Bewegung sprach es aus, selbst das wortreiche Preisen seines Glückes als wir die unseligen Papiere unterzeichneten, sagte mir, wie gleichgiltig ich ihm sei. Er konnte galant sein, geistreich in dem Augenblick, er liebt mich nicht; ich liebte ihn, ich schwieg, bebte und — schrieb; o wär es nimmer geschehen!

Baronin. Sei es, wie Du wähnst — wird es ihn nicht doppelt anziehen, wenn Du ihm angehörst und Dein Verstand — —

Auguste. Zu spät — dann ist es zu spät! — Sie kennen mich ganz, meine gütige Mutter; ich gehöre nicht zu den Mädchen, die eitler Schimmer, geschmeichelte Eitelkeit zufriedenstellen; es wird mir keine Genugthuung geben, wenn ich sagen kann: „Eduard ist mein, unauflöslich mir verbunden" — es wird mich mit Unfrieden erfüllen, wenn er mich zum Altar führt — ich werde auch im Ton seines „Ja" eine Klage, ein Mitleid, eine Reue suchen — dieses Unbehagen werde ich übertragen in den Kreis der Häuslichkeit; mein verletzter Stolz wird mich verschlossen machen, ich werde den Mann durch Kälte entfernen, der mit seinem Auge nicht bis in das Herz drang, welches so glühend für ihn schlägt — ach, und die sich nicht gleich verstanden und erkannten, werden sich nie erkennen und nie verstehen!

Baronin. Du malest mit Farben —

Auguste. Wahr, Mutter, nur wahr male ich.

Baronin. Deine Ungeduld — —

Auguste. Liebe kennt keine Geduld —

Baronin. Was willst Du thun?

Auguste. Den Weg gehen, den Gefühl und Verstand mir vorzeichnen —

Baronin. Du warst nie unbesonnen — was hast Du beschlossen?

Auguste. Ich werde das seligste Weib auf Erden sein, ich werde mit Stolz sagen können — Eduard liebt mich, unter Tausenden, die seiner Liebe werth sind, wählte er mich — mich, die zum erstenmal empfand, aber zum erstenmal empfindet heiß, grenzenlos für ihn — oder — oder — — fragen Sie nach diesem Oder nicht.

Baronin. Hast Du Dein Betragen bestimmt, wenn Du ihn wiedersiehest?

Auguste. Ja, unwiderruflich. Bin ich ihm gleichgiltig gewesen bei dem ersten Anblick, will ich das zweitemal ihm ganz so erscheinen, wie er mich glaubt — sein Mißfallen erregen. (Baronin will sie unterbrechen.) Wenden Sie nichts ein, Mutter; morgen an meinem Geburtstage falle der Schleier, und mein Schicksal entscheide sich. — Ich gewinne Alles, oder ich verliere nichts, denn ungeliebt, besitze ich nur den Schatten des Geliebten. Entgegnen Sie nichts, gute Mutter; lassen Sie mich die Straße gehen, die mein Genius mir gezeigt; lassen Sie mich gewähren; ich ringe nach meinem Lebensglück, die Folgen trage ich allein.

Baronin. Du spielst gewagtes Spiel —

Auguste. Gewagt? Was wagt Liebe nicht, was ist ihr zu kühn, was steht ihr zu hoch? Liebe, diese einzige, räthselvolle Empfindung, dieser nur halb begriffene Seelenzug, dieser heimliche Funke allein trotzt allen äußeren Begrenzungen; in ihrer Kühnheit liegt ihre Gewalt, in ihrer Sicherheit das Gelingen. Ich liebe, Mutter, ich habe Muth, ich habe Stolz; ich bin eines Mannes werth, wie Eduard, ich will sein Herz erringen — oder elend sein!

Baronin. Dein Geist hat höhern Aufflug als der meine; handle wie Du glaubst, daß es zu Deinem Glücke führt; nur Dein Glück ist mein Ziel; geh dahin, auf welcher Straße Du willst.

Auguste. Sie erfahren meinen Plan, Sie allein; helfen Sie mir und schweigen Sie gegen jeden Andern. (Sie wollen auseinander gehen.)

Siebente Scene.

Frau von Berg. Fräulein Schnebber. Vorige.

Frau von Berg. Meine Lieben, ich stelle Euch Fräulein Schnebber vor, eine Verwandte meines verstorbenen Gatten; sie will die Güte haben, mich mit der feinen Welt bekannt zu machen. (Auf Baronin Ringen) Meine Schwägerin — (Auf Auguste) Meine Nichte. (Verbeugungen.)

Fräulein Schnebber. Gern, meine kleine, liebenswürdige Frau, will ich Alles, was remarquable ist, vor Ihren Blick führen — nur das sage ich Ihnen — bei meiner Flatterhaftigkeit, bei meinem Leichtsinn, halten Sie mich fest — man war lange Zeit an der französischen Grenze, die südliche Lebendigkeit ist nicht wieder zu verwischen. — Geben Sie acht, daß ich Ihnen nicht entschlüpfe —

Frau von Berg. Ich werde an Ihrer Seite — —

Fräulein Schnebber. Ich bin sehr rasch, im Sprechen

und im Handeln. „Warmes Blut ist all mein Fehler", sagt Goethe im Don Carlos, oder irgendwo anders, gilt gleichviel. — Gestern war große Soirée; denken Sie um Gotteswillen, leichtsinnig, wie ich bin, werf ich ein paar Witzfunken auf den Brautstand aus, ich ahne nicht, daß Graf Brok Bräutigam ist, man giebt mir Zeichen (Frau von Berg deutet ihr verstohlen an, zu schweigen; Auguste erröthet; sie fährt, ohne darauf zu achten, fort) — ich bin wie mit Blindheit geschlagen. Das Lächeln von Mehreren steigert meine Lebhaftigkeit, ich bemerke nicht (Frau von Berg hustet), daß meine Freundinnen husten, um mir anzudeuten, ein Bräutigam ist in der Nähe; ich sprudele meine Sarkasmen heraus. Hahahah! allerliebstes qui pro quo! Meinem Leichtsinn wird das zu gute gehalten. Schade um den Brok, sehr schade; ein Mann, geboren für die feine Welt, wenn er nur etwas leichtsinniger wäre! — Wer ist seine Braut? ja, da hat man mir en passant gesagt: Broks Vater habe den Vater seiner Braut im Duell erstochen, und diese Heirath soll die abgeschiedenen Seelen versöhnen — kann sein — ich sollt es verschweigen, meiner Lebhaftigkeit nicht möglich — das ist gewiß, Brok heirathet nicht aus Liebe, (die Bemühungen der Frau von Berg, die Schwätzerin zum Schweigen zu bringen, gehen alle verloren) es ist eine Zwangsehe; er sprach darüber mit einer Kälte, er zuckte die Achseln, die deutschen Frauen sind ihm nicht lebhaft genug, sein Herz ist in Italien — o er kennt noch nicht alle, es giebt doch einige noch hier, denen südliche Lebhaftigkeit und glücklicher Leichtsinn als Begleiterinnen durch's Leben gegeben sind. Wer nur der unglückliche, erstochene Vater sein mag und die arme Braut, die Brok heirathen muß. Hübsch ist sie nicht, das wissen wir.

Achte Scene.

Baron Ringen. Vorige.

Ringen. Gehorsamer Diener! Ei, Schwester, schon von der Toilette; das hab ich vorausgesehen —

Frau von Berg. Fräulein Schnebber — —

Ringen. Warum nennst Du mir den Namen, in der Minute wollt ich ihn sagen. Sie glauben nicht, mit welcher Sicherheit ich Alles vorher weiß, rathe, vermuthe oder treffe. Sie sprachen mit großer Lebhaftigkeit — was gilt die Wette, ich weiß wovon?

Fräulein Schnebber. Wir sprachen —

Ringen. Halt —

Fräulein Schnebber. Die Veranlassung —
Ringen. Bitte, ich weiß Alles, Alles.
Fräulein Schnebber. Meine eigenthümliche Lebhaftigkeit — —
Ringen (heftig). Erzählen Sie mir nichts.
Baronin. Dies, mein Fräulein, ist der unglückliche, erstochene Vater, ich bin die Mutter, dies ist die arme Braut. — Bei Ihrem glücklichen Temperament wird Ihnen dies neue qui pro quo Stoff zu Witzfunken in vollem Maße geben. (Sie nimmt ihre Tochter bei der Hand; beide gehen ab, ohne daß es Fräulein Schnebber bemerkt).

Neunte Scene.

Fräulein Schnebber. Frau von Berg. Baron Ringen.

Fräulein Schnebber (ohne im geringsten frappirt zu sein). Also wieder hergestellt? bloß eine Wunde empfangen, nicht tödtlich — freut mich ungemein. — Sehen Sie, liebste Freundin, das ist mein Charakter: Alles leicht hinnehmen, tändelnd hinfliegen über alle Verlegenheiten; dadurch erscheint man liebenswürdig, und der kleinen Muthwilligen wird nichts übel genommen. Nun kommen Sie, aimable Frau, ich führe Sie zu Baron Wilm. — Den habe ich mir vorgenommen zu curiren; er hat eine Art von eifersüchtigem Spleen, kerkert seine Frau ein, bringt den Canarienvogel um, weil sie ihn geküßt hat — wir wollen versuchen, das Täubchen zu erlösen. Adieu, meine süße Braut — sie ist fort, schade; sie ist hübsch — man kann nicht hübscher sein — sie soll sich nur mit weniger Zurückhaltung benehmen, Brol ist lebhaft, feurig; sie soll sich vorsehen, daß sie an mir keine Rivalin bekommt; lebhaft, feurig bin ich auch! Adieu, Sie tapferer Ritter; auf den ersten Anblick hätte ich Ihnen keinen solchen Heldensinn zugetraut. Allons, mon amie. (Sie geht mit Frau von Berg ab.)

Zehnte Scene.

Baron Ringen. Nachher ein Bedienter.

Ringen (allein). Erstochen? Heldensinn? Ritter? — Allerdings eine sonderbare Geschichte; weiß doch, wie's zusammenhängt. (Er quält sich, um eine Wahrscheinlichkeit zu finden.) Es wird — hm — hm — o es ist eine glückliche Naturgabe, Alles zu durchdringen, einen prophetischen Blick zu besitzen — — Ritter? Erstochen?

Nun da hat man wahrscheinlich — hm, hm — (er findet nichts) verborgen kann mir's nicht bleiben. Ich habe aber auch ein merkwürdiges Talent, vorherzusehen; mit der Maskerade zum Beispiel, ob Brok mitgeht oder nicht, warum schick ich nur hin? Ist es nicht klar mathematisch bewiesen, daß er geht, wie zwei mal zwei vier; daran ist kein Zweifel, die höchste Wette: er geht!

Bedienter (kommt). Empfehlung vom Herrn Grafen von Brok, und auf die Redoute ging er nicht.

Ringen (etwas betroffen). Nicht — nicht? – Hm, nun ja — ich dacht es, es war vorauszusehen. — O, eine ahnende Seele trügt nie! (Er geht ab, der Bediente folgt.)

Der Vorhang fällt.

Ende des ersten Aufzugs.

Zweiter Aufzug.

Erste Scene.

Zimmer beim Baron Wilm.

Wilm. Franz (mit mehreren Hyazinthen-Töpfen).

Wilm. Trage die Blumen meiner Frau hinüber, sie hat sich diese Farben gewünscht — und komm zu mir zurück. (Franz ab.)

Wilm (nimmt verschiedene kleine offene Billets in die Hand). Das soll Euch nicht gelingen; schreibt nur, Ihr süßen parfümirten Damen, lockt mit Euren Promenaden, Cercles, Thees und wie die galanten Schlingen heißen mögen: meine Sophie ist taub gegen Eure Einflüsterungen. Glücklicherweise habe ich die Welt, selbst die feinste, kennen gelernt, und dem Mann von Verstand muß es leicht werden, ein Weib, das ihn liebt, in dein Kreise der Häuslichkeit festzuhalten.

Franz (kommt zurück). Ich habe die Blumen abgegeben.

Wilm. Sind die Farben getroffen?

Franz. Kann's nicht sagen.

Wilm. Hat meine Frau nichts geäußert? —

Franz. Die Frau Baronin hat sie noch nicht recht angesehen.

Wilm (aufmerksam). Wie so?

Franz. Die gnädige Frau standen am Fenster.

Wilm. Sie trat doch zurück, als meine Blumen kamen?

Franz. Nein, die gnädige Frau blieben stehen.

Wilm. Was giebt es denn so Interessantes auf der Straße?

Franz. J, da giebt's Allerlei. Wie ich die Blumen brachte, sagte die gnädige Frau: „Schon recht Franz, setze sie dort hin." Da dachte ich: „Schon recht, gnädige Frau Baronin" und setzte sie dorthin.

Wilm. Ist etwa ein Unglück auf der Straße vorgefallen?

Franz. Nein, gnädiger Herr; es hätte aber eins vorfallen können. Es war ein Herr zu Pferde —

Wilm. Ein Herr zu Pferde — ein junger Herr zu Pferde?

Franz. Ja, gnädiger Herr, und das Pferd bäumte sich und machte einen tüchtigen Spektakel. — Da meinte die gnädige Frau, der Herr würde herunterfallen, und das mußten wohl mehrere Damen meinen, denn drüben waren auch viele am Fenster — aber der fiel nicht herunter, der spornte immer frisch darauf los —

Wilm (ärgerlich). Das ist einer von den Pfiffen, die hübschen Gesichter der Straße an's Fenster zu locken; wenn er nur heruntergefallen wäre.

Franz (der unterdessen an's Fenster getreten). Er muß wohl heruntergefallen sein, denn unten steht das Pferd und der Reiter ist weg.

Wilm (schnell). Wo ist er hin?

Franz. Kann's nicht sagen, gnädiger Herr. Ein Jokei hält dort.

Zweite Scene.

Zweiter Bedienter. Vorige.

Bedienter. Ein Herr ist eben vom Pferde —

Wilm. Gefallen?

Bedienter. Nein, gestiegen, und wünscht den Herrn Baron —

Wilm. Ach was, ich habe keine Zeit — ich muß im Augenblick —

Bedienter. Da ist er schon selbst. (Geht, nachdem Brok eingetreten ist, ab.)

Dritte Scene.

Brok. Wilm. Franz.

Brok. Wilm!

Wilm. Brok!

Brok. Nun sag', mein alter Freund, was machst Du, wie lebst Du — — (Leise) Schick doch das Möbel hinaus, damit man sich aussprechen kann.

Wilm (zu Franz). Laß uns allein, Franz.

Franz (leise). Das ist derselbe, der zu Pferde —

Wilm (eben so). Schon gut, schon gut, geh nur! (Franz ab.)

Brok. Wie in aller Welt hast Du Dich so schnell zu einem ernsthaften, soliden Eheherrn bekehren können! Erinnerst Du Dich noch unserer Promenaden in Paris; weißt Du noch, wie die kleine, muntere Gräfin Dich in ihrem Zauberkreise gefangen hielt — Du klagtest über den Flattersinn Deiner Dame, und warst doch wie der Blitz hinter der niedlichen Brünette her, die uns begegnete — und Dich, gleichsam den Matador in der galanten Welt, finde ich wieder mit so gesetztem, ruhigem Anstande, als ob Du zu einem rechtschaffenen, deutschen Ehemann geboren und erzogen wärest.

Wilm. Laß die Vergangenheit — —

Brok. Sieht man Dir wohl den brillanten Tänzer der Pariser Bälle an? Glaubt man in Dir wohl den Elegant wieder zu erkennen, dessen Kleider so manchen petit-maître in ein schamvolles Nichts zurückwarfen? Wer sucht in Dir den ungestümen Reiter, für dessen Leben ein hundert Damenherzen hochaufschlugen, wenn Deine Reiterkünste die allerliebsten Köpfchen zu den Fenstern zogen!

Wilm. That ich das — auch — so?

Brok. Du? Erinnerst Du Dich nicht, wie Du mir förmlich Unterricht gabst in dieser Kunst? Wie Du mich lehrtest, die Augen vom Pferde überall hinzuwenden, und doch scheinbar keine Dame zu betrachten?

Wilm. Du hast es gut begriffen!

Brok. Das glaub ich!

Wilm. Und die Wirkung ist gut!

Brok. Kann nicht fehlen!

Wilm. Auch in unserer Stadt — —

Brok. Die Straßen sind nicht so gedrängt voll, da macht es noch mehr Aufsehen!

Wilm. Es ist ein rechter Teufelspfiff!

Brok. Als Ehemann verlernt und vergißt sich das.

Wilm. Man merkt wohl noch darauf —

Brok. Aber man nimmt keine Notiz davon.

Wilm (mit einem schweren Seufzer). Nein.

Brok. Erkläre mir nur — Deine Ansichten über das schöne Geschlecht waren ehemals — Du behauptetest, was Treue anbelangt, man dürfe von seiner Dame nicht den Blick lassen —

Wilm. Es ist allerdings gerathen.

Brok. Du bist noch dieser Meinung? Noch — und verheirathet? Dieses Mißtrauen pflegt uns wohl zu begleiten, so lange wir in der Treue nicht taktfest sind; so lange wir flattern, sehen wir gern überall Flügel · aber wenn wir uns einmal ausschließlich einer Einzigen weihen, dann soll Vertrauen der Grundstein des Gebäudes werden, das wir Ehe nennen, — dann sollen wir zu stolz sein, das Weib unserer Wahl zu bewachen; denn im Zweifel an ihrer Tugend liegt ja das Geständniß, daß wir nicht zu wählen verstanden. — Du bist doch glücklich verheirathet?

Wilm. Sehr glücklich, und da ich Gelegenheit hatte, das Leben kennen zu lernen, hoffe ich, mir das Glück zu erhalten.

Brok. Wodurch?

Wilm. Durch das Meiden der Gefahren.

Brok. Welche Aengstlichkeit!

Wilm. Vorsicht nennt sie der Verständige.

Brok (drohend). Unklugheit der Erfahrene.

Wilm. Du verstehst das nicht. Ich habe ein Weib, wie ein Engel, fromm und gut, wie ein Kind, bin geliebt und liebe sie innig. Gelingt es mir, ihr Herz vor der Eitelkeit der feinen Welt zu bewahren, ist es mein, ausschließlich mein; darum meide ich jenes gehaltlose, flitterhafte Treiben, das man guten Ton nennt, und befinde mich wohl dabei. Es ist immer mit Gefahr verknüpft, eine Frau, wie meine Sophie, in die feine Welt einzuführen. (Er geräth in Feuer.) Ihre Schönheit, ihre Gestalt, die Grazie ihrer Bewegungen ziehen alle Blicke auf sich; ihr Gemüth ohne Arg giebt der lockenden Stimme der Schmeichelei Gehör; so einfach sie auch erzogen ist, ihr Verstand widerspricht dennoch nicht dem äußeren Eindruck — —

Brok. Auf Ehre, Du machst mir eine Beschreibung Deiner Frau, daß ich dem Verlangen nicht widerstehen kann, sie kennen zu lernen. Stell mich ihr vor.

Wilm (sehr verlegen). Gern — — gern — — nur heute ist es grade — unmöglich — ein andermal, lieber Freund.

Brok. Ein andermal hab ich nicht Zeit.

Wilm Du wirst uns doch öfter besuchen —

Brok. Das wohl, aber darüber kann einige Zeit hingehen; ich habe gewissermaßen diese halbe Stunde abgestohlen, in vierzehn Tagen bleibt auch keine Secunde für mich —

Wilm (für sich). Gott Lob! (Laut) Willst Du denn jetzt schon fort?

Brok. Bald, Freund, bald, — meine Verhältnisse — ich habe versprochen —

Wilm. Das ist jammerschade! — Also kannst Du durch=
aus nicht mit uns essen? —·

Brok. Nun, das ließe sich wohl arrangiren — —

Wilm (schnell). Abends mein ich.

Brok. O, Abends viel eher als Mittags, Abends brauche
ich nicht einmal abzusagen.

Wilm (in großer Verlegenheit). Versteh mich wohl, ich spreche
von morgen.

Brok (lächelnd). Morgen?

Wilm. Hab ich Dir das nicht gesagt?

Brok (drohend). Wilm! Wilm!

Wilm. Was hast Du?

Brok (für sich). Dafür muß Strafe sein!

Wilm (eben so). Wie der Mensch sich zu kleiden versteht!

Brok. Du drehest Dich und wendest Dich; Du willst mit
allerlei falschen Märschen und Contremärschen den Feind ermüden;
Du lockst mich in ein coupirtes Terrain — ich aber, der von der
Taktik auch einige Kenntniß besitze, umzingele Dich durch ein kühnes
Manöver, und wenn Du Dich recht eingeklemmt hast, lasse ich
„Halt" blasen, und fordere Dein Corps zur Uebergabe auf.

Wilm (etwas gezwungen lachend). Das ist ja eine ordentliche
Kriegserklärung.

Brok (sehr schnell). Du willst nicht, daß ich Deine Frau kennen
lernen soll?

Wilm. Wie kannst Du so etwas glauben?

Brok. Es macht Dir Fieber, Todesangst —

Wilm. I, Spaß, — was fällt Dir ein?

Brok. Du ladest mich zu Tische, und hast gar nicht den
entferntesten Wunsch, mir Frühstück, Mittag= oder Abendessen zu
geben; denn Deine Frau würde gegenwärtig sein — Du bist um=
zingelt!

Wilm. Einbildung!

Brok. Nun aber lasse ich „Halt" blasen — (er legt Hut,
Handschuh und Reitgerte auf den Tisch, nimmt einen Stuhl und setzt sich).
Ich habe gar kein Engagement, ich bin in jedem Verhältniß ein
freier Mann; ich esse bei Dir Mittag, Abend, ich bleibe den Tag
über da, komme morgen wieder, bleibe tage=, wochenlang, rühr
mich nicht vom Platze, bis ich Deine Frau kenne, verstehst Du
mich?

Wilm. Du bist ganz und gar im Irrthum, Brok. (Für sich)

Du großer Gott! (Laut) Glaubst Du nicht, ich würde Dich auf der Stelle zu meiner Frau führen, wenn —

Brok. Wenn —?

Wilm. Wenn sie zu Hause wäre?

Brok. Ist sie nicht zu Hause?

Wilm. D'rum eben wollt ich, daß Du heut nicht hier bliebest, weil ich Strohwittwer bin; sie ist bei Verwandten — kommt erst spät, sehr spät zurück. Nun sieh einmal, in welchem falschen Verdacht Du mich hieltest. Ich hatte es gerade so gut im Sinne, Du solltest so recht en famille mit uns sein, und es thut mir wahrhaftig von ganzer Seele leid, daß Du gerade an einem Tag kommst, wo Sophie ausgefahren ist; es ist mein herzlicher Wunsch, daß sie Deine Bekanntschaft macht.

Franz (kommt). Die gnädige Frau wünscht den Herrn Baron —

Brok (springt auf, nimmt Hut und Handschuh). Sapperlot —

Wilm. Alle Tausend Wetter! — ich kann nicht — ich habe Abhaltung — ich — ich —

Brok. Da sieht man den Ehemann; welche Ungalanterie! Die Dame wünscht — wenn Du abgehalten bist, ich bin es nicht! — Voran, mein Freund, melde mich! Graf Brok, ein vertrauter Freund des Herrn Gemahls, ich wünsche der gnädigen Frau aufzuwarten — vorwärts — vorwärts! (Er treibt den Bedienten voran, und folgt ihm sehr schnell.)

Wilm (ihm nach). Brok — bist Du des Teufels — so höre doch! (Will folgen.)

Vierte Scene.

Frau von Berg. Fräulein Schnedder, denen ein Bedienter die Thür öffnet. Wilm.

Bedienter. Da ist der gnädige Herr! (Ab.)

Wilm (sich umdrehend). Ist denn die Hölle gegen mich losgelassen?!

Fräulein Schnedder. Liebster Cousin Wilm, ich bringe Ihnen einen liebe Freundin, Frau von Berg — sie hat Ihre Frau Gemahlin als Kind gekannt — Schon wieder eine Thorheit, daß ich Ihnen die Jahre nachrechne, deuten Sie es der kleinen Muthwilligen nicht bös — Diese Dame freut sich ungemein, Ihre Bekanntschaft zu machen.

Wilm (mit einem schmerzlichen Rückblick auf das Zimmer seiner Frau). gewährt mir ein besonderes Vergnügen —

Frau von Berg. Sie sind auch erst seit Kurzem in der Residenz?

Wilm (immer voll lebhafter Unruhe). Seit drei Jahren — seit drei Wochen will ich sagen.

Fräulein Schnebber. Seit drei Wochen, und seine Gemahlin in keiner Gesellschaft eingeführt, ist das erlaubt? — Wissen Sie wohl, Cousin, daß man Ihnen nachsagt, Sie wären eifersüchtig wie ein Türke? Lassen Sie das ja die kleine Sophie nicht merken — volle Freiheit, volle Freiheit, das erhält unsere Herzen, und ich versichere Sie auf Ehre, daß auch ich, trotz meiner Flatterhaftigkeit — —

Wilm (mit einer ängstlichen Bewegung nach dem Zimmer). Meine Damen —

Frau von Berg. Wie geht's in der Familie Segerndorf? ist die kleine Betty der Sophie ähnlich geworden?

Wilm (sehr verwirrt). O ja, — das heißt — nein — meine Frau ist blond, und Betty schwarz — aber wenn die Damen —

Fräulein Schnebber. Ihre Frau blond? Cousin Wilm, Ihre Frau blond? hahaha, meine interessante Freundin hat Ihnen Sinn und Gedanken gefangen genommen — Ihre Frau ist ja die dunkelste Brünette, die ich kenne — — —

Wilm. Ich —

Fräulein Schnebber. O, Cousin, ich durchschaue Sie — glauben Sie mir, trotz meiner angeborenen Lebhaftigkeit, trotz meines glücklichen Leichtsinns besitze ich ein scharfes Auge. Sie sind so ängstlich, so zerstreut, Sie ahnen den Zweck meines Besuches; Sie können denken, daß ich eigentlich gekommen bin, Ihre kleine niedliche Frau zu entführen.

Wilm. Meine Frau — (Für sich) Gott sei mir gnädig!

Fräulein Schnebber. Erschrecken Sie nicht, ich bin kein verkleideter Liebhaber, meine Freundin auch nicht. Heute ist brillante Promenade; alles, was die Mode Interessantes bieten kann, glänzt dort; auch wir wollen ein Paarmal auf und abfahren und Sophie soll uns begleiten.

Wilm. Sie findet aber durchaus keinen Geschmack —

Fräulein Schnebber. Sie findet keinen Geschmack, das heißt: Sie finden keinen Geschmack daran, daß Ihre Frau gesehen wird.

Frau von Berg. Trauen Sie doch Baron von Wilm mehr Charakterfestigkeit zu; ich bin überzeugt, es freut ihn, wenn seine Frau gefällt; ist's nicht so?

Wilm. Freilich — freilich — (Für sich) Satan, Deine Macht ist groß!

Fräulein Schnebber. Können Sie es wohl ertragen, wenn dort einige Schmetterlinge uns umgaukeln — denn wo Minna Schnebber ist, findet sich immer ein Troß der liebenswürdigsten Herren — meine südliche Lebhaftigkeit, mein leichtes Blut gefällt — ist mir angeboren, ich kann nichts dafür! Gerade wir Unverheiratheten müssen am wenigsten genirt sein im Umgang mit Männern, um den Vorwurf zu widerlegen: wir thäten Nichts, als Anderer Schritte bekritteln. Sonst, ja sonst wurde eine unverheirathete Dame von Amors Begünstigten gefürchtet wie das Feuer; die Zeit ist vorüber: es gibt kein Alter mehr; Geist, Feuer, Leben erhalten jung — und wir, die man sonst zu der Bagage zählte, gehören jetzt mit zum Armeecorps, und flankiren mit den Jüngsten um die Wette — ist das nicht schön gesagt? wie?

Fünfte Scene.

Sophie, von Brok geführt. Vorige.
(Während der Begrüßung der Damen untereinander geht Brok zu Wilm und spricht leise mit ihm.)

Brok. Du hast mir nicht zu viel gesagt; Deine Frau ist ein Engel!

Wilm (schmerzlich lächelnd). Nicht wahr?

Brok. Beneidenswerther Mann!

Wilm (seufzend). Ich bin auch sehr glücklich! (Für sich) Besonders heute!

Brok. Ich werde Dich oft besuchen, denn Ihr seid gerade ein Paar, wie ich's liebe.

Wilm. Thu das ja.

Frau von Berg. Ei, ei, Graf Brok, immer bei schönen Frauen — wenn das meine Nichte, Ihre Braut —

Wilm. Braut — Brok ist Bräutigam?

Brok. Ein unterschriebenes Versprechen wird nie ein Hinderniß sein dürfen, das Schöne als schön zu erkennen, und gegen Damen galant zu sein.

Wilm. Er nimmt das nicht genau!

Fräulein Schnebber (als Antwort auf das, was Baronin Wilm leise gesprochen). Grillen, mein liebes Kind, Grillen! Der Prediger hat doch bei Ihrer Trauung nicht gesagt: „Und er soll Dein Türke sein?" Sie müssen sehen, kennen lernen — sich ergötzen —

Sophie (zu Wilm). Hörst Du, Karl, es ist Alles nicht so schlimm, wie Du mir geschildert hast.

Fräulein Schnebber. Eine Dame von Welt soll —

Wilm (der nicht mehr an sich halten kann). Thun, was sie will, aber meine Frau ist keine Dame von Welt.

Frau von Berg. Ei, man kann doch nicht zweifeln —

Wilm Daß ich gar keinen Wunsch hege, sie wird es je!

Frau von Berg (lächelnd). Was verstehen Sie unter einer Dame von Welt?

Wilm (heftig). Eine Dame, die überall zu Hause ist, nur nicht in ihrer Wohnung. Eine Dame, in deren Brust nicht der Wunsch wohnt, viel zu sein, sondern viel zu scheinen. Eine Dame, die ihre ganze Liebenswürdigkeit gegen fremde Männer verschwen= det, so daß oft dem Gatten nicht der kleinste Theil übrig bleibt. Eine Dame, welche auf das Genaueste weiß, von welchem Stoff die Pariserinnen ihre Kleider tragen, die aber ihre eigenen Kinder nicht kennt. Alle tieferen Empfindungen sind überglas't mit dem Firniß der Eitelkeit; in dem Strudel unaufhörlicher, lärmender Ver= gnügen kann sie nicht mehr hören, ob ihr Herz noch für ihren Mann schlägt; sie tanzt vortrefflich, spielt und verliert mit unvergleichlicher Fassung, kleidet sich, das Idol der Stadt, entzückt Alle — bis auf Einen, den sie ruinirt, ihren Mann! —

Sophie. Ach, Karl, wenn es so ist, dann bewahre mich Gott davor!

Frau von Berg. Eine Dame von Welt, Herr Baron, ist eine Dame, für welche Natur viel gethan hat, und Erziehung mehr! Sie ist ungezwungen in ihrem Benehmen, in ihrem Herzen rein. Sie ist geistreich, lebhaft und gebildet. Die Grazien gehen ihr zur Seite; wo sie erscheint, bringt sie ungezwungenen Scher= mit, jene heitere Geselligkeit, ohne welche das Leben unerträglich wäre. Wenn ihre Talente gelten, so freut es sie; denn sie fühlt, daß der Mann ihrer Wahl sich ihrer nicht zu schämen hat. Sie kleidet sich mit Geschmack, erregt bei Fremden gern ein flüchtiges Gefallen, damit sie dem Einen dauernd gefalle. Ihre Empfindung bewahrt sie in streng verschlossener Brust, und öffnet diese nur in süßen Stunden der Zurückgezogenheit. Das Hintän= deln in schuldlosen Vergnügungen erheitert sie; sie strebt nach dem Wohlwollen Vieler; ihr Verstand gehört der Conversation, ihr

Herz gehört ihrem Mann, die zarteste Liebe ihren Kindern — (mit einer Verbeugung) Das versteh ich unter einer Dame von Welt! —

Wilm. Man kann Alles überzuckern!

Fräulein Schnedder. Man kann Alles versalzen!

Brok. In medio virtus, sagt der Lateiner.

Sophie. Ich bin ja doch kein Kind, lieber Karl, — wurde ich auch verborgen und auf dem Lande erzogen, Du wirst mir doch zutrauen, daß ich wirkliche Gefahren zu meiden weiß; es schmerzt mich in der That, daß Du mich mit eingebildeten einschüchterst, und es fängt an, mir lächerlich vorzukommen, daß ich drei Wochen in der prachtvollen Residenz zubringe, ohne etwas gesehen zu haben als die Häuser uns gegenüber.

Wilm. Träum ich?

Brok (leise). Gieb nach, Wilm.

Fräulein Schnedder. Geschwind, ein wenig Toilette, mein Wagen wartet, wir hüpfen hinein und fliegen davon.

Sophie (nach ihrem Zimmer gehend). Ich will —

Wilm (schnell). Sophie, Du willst ohne mich —?

Fräulein Schnedder (parodirend). Sophie, Du willst ohne mich — welche sentimentale Angst!

Sophie (mit Bestimmtheit). Ich will den Damen auf die Promenade folgen, eine Handlung, die mir durchaus vorwurfsfrei erscheint. (Geht.)

Brok (leise zu Wilm). Denk an die Geschwätzigkeit dieser Zeugen, kehr um, da es noch Zeit ist, sonst wirst Du das Stadtgespräch.

Wilm (für sich). Er hat Recht!

Fräulein Schnedder. Cousin, nehmen Sie doch nicht Alles so schwer! Könnte ich Ihnen etwas von meinem leichten Blut mittheilen, von meiner südlichen Lebhaftigkeit —

Frau von Berg. Sie sehen Gefahren, Baron, wo keine sind.

Wilm (alle Kräfte sammelnd). Also glaubten Sie wirklich, ich sei thöricht genug, meine Frau von einem Spaziergang abzuhalten? Glaubten Sie wirklich, daß eine solche närrische Eifersucht mich quäle? Sie nahmen das für Ernst? (Leise zu Brok) Hilf mir! — (Er lacht forcirt) Hahaha! — ich mußte doch den Ruf rechtfertigen, ich mußte ja nach dem Gerede der Stadt ein Don Gutierre sein! Ich eifersüchtig? Kinderspiel! Haben Sie etwa übersehen, daß Graf Brok meine Frau hereinführte — er war bei ihr — allein — nicht wahr?

Brok. Das kann ich nicht läugnen.

Wilm. Leidet das ein Othello, eine Gutierre, ein Türke, wie Sie mich zu nennen beliebten?

Fräulein Schnedder und Frau von Berg sehen sich verwundert an.

Wilm. Nein, meine Schönen, so weit ist es noch nicht! Unterhalten Sie sich gut auf der Promenade, ich will indessen alle Anstalten machen, heute Abend die Maskerade zu besuchen.

Brok (leise zu Wilm). Bravo!

Wilm. Wenn es meiner Sophie Vergnügen gewährt — findet sie sich wohl in dem bunten Treiben der großen Welt, soll es ihr an Zerstreuung nicht fehlen

Brok (wie vorhin). Bravissimo!

Wilm. Ich wähnte, ihr fehle der Geschmack an dieser Art von Vergnügen, (sehr schmerzlich) ich irrte mich, — sie gehe, fahre, tanze, besuche Schauspiele — wenn Liebe sie nicht bindet an Gatten und Haus — Zwang soll es nimmermehr.

Fräulein Schnedder. Das ist vernünftig, Cousin!

Frau von Berg. Vortrefflich, Baron.

Brok (wie oben). Du bist ein ganzer Mann, Wilm!

Sechste Scene.

Sophie (mit Hut und Schleier, einen Mantel, Shawl ꝛc. und einem kleinen Bologneserhund auf dem Arm, etwa so costümirt, als wenn man weit über Land fahren will). **Vorige.**

Sophie (ganz ernsthaft). Ich bin bereit.

Fräulein Schnedder. Was der Tausend, wie zu einer Reise um die Welt gerüstet! Beste Baronin, wo denken Sie hin, um die Promenade auf und nieder zu fahren mit Mänteln, Schleier, Tüchern — und auch ein lebendiges Wesen auf dem Arm! Nein, das geht nicht, es ist ja der heiterste Morgen — das lassen Sie Alles zu Hause —

Sophie. So? — Ach, lieber Karl, bitte, nimm es mir ab — (Sie beladet ihren Mann mit den Kleidungsstücken). So — Mignon darf auch nicht mit?

Fräulein Schnedder. Es wäre gegen allen Ton.

Sophie (legt ihm den Hund auf den Arm). Da, Karl — adieu — (Sie gibt ihm einen Kuß) Zum Mittagsessen bin ich wieder zu Hause.

Brok (bietet ihr den Arm). Adieu, Wilm, adieu!

Fräulein Schnedder. Adieu, Cousin, lassen Sie sich die Zeit nicht lang werden.

Frau von Berg. Adieu, Herr Baron! (Alle ab, bis auf Wilm.)

Siebente Scene.

Wilm (allein).

Wilm. Da fährt sie hin — unseliger Morgen — ich stehe da — mit aller meiner Vorsicht, meiner Klugheit — o mein schönes Gebäude! Wer mich so ansehen könnte; ein Carricatur-Maler würde mich auffassen, als das Bild eines Ehemannes zum Erbarmen! Die Frau leicht, reizend, fröhlich auf der Promenade, umgeben von allem Zauber der Verführung — der Mann beladen mit Ballast von Kleidern und — dem Schoßhunde, ein Geschöpf, das ich schon nicht leiden kann, weil es ihre Gunst besitzt. — (Er gibt dem Hunde einen Klaps). Wirst Du ruhig sitzen, kleiner Satan, ja, warte nur, ich will dich lehren! (Er geht ab.)

(Der Vorhang fällt.)

Ende des zweiten Aufzuges.

Dritter Aufzug.

Erste Scene.

Eine Seitenpartie der Promenade.

Wenstädt tritt sehr eilig und froh auf.

Wenstädt. Ist es möglich, ist's möglich — Betty, Du liebst mich! (Er küßt ein kleines Billet vielmal.) O, wer nie ein solches Stückchen Papier empfangen und mit ihm die seligen Gefühle, die mich durchbeben, der ist ein armer Mann, und wär er ein Crösus. Ich werde dich lesen und wieder lesen, bis ich jede Sylbe im Gedächtniß trage, bis ich weiß, wo jedes Komma steht! -- Wie hängt des Menschen Stimmung von kleinen Ereignissen ab! Gestern sah ich das Gewühl dort, und alle Menschen schienen mir feindselig, die ganze Natur verdrießlich, wie ich selbst; da sendet mir ein günstiges Schicksal dies kleine Zettelchen, und alle Trauerschleier fallen herab, jedwedes Gesicht kommt mir befreundet vor, und ich möchte Alles an's Herz drücken, was lebt!

Zweite Scene.

Fledern. Wenstädt.

Fledern. Sieh da, Wenstädt.

Wenstädt (für sich). O weh! (Er verbirgt sorgsam den Brief.)

Fledern. Nur Verliebte suchen diese abgelegenen Gänge! (Er sieht sorgfältig überall hin.) Den Endymion find ich, sollte die Diana nicht hinter irgend einem Baume stehen?

Wenstädt. Du hast nichts im Kopf als —

Fledern. Liebe. Sollte eigentlich im Herzen residiren —

Wenstädt. Bei demjenigen, der eins hat!

Flebern. Haft Recht, Jüngchen, ich habe keins — 's ist fort — rein fort — hab's eben auf der Promenade verloren —

Wenftädt (raillirend). Der ehrliche Finder wird erfucht —

Flebern. Ift gut aufgehoben; die niedlichfte Frau der Stadt trägt's mit fich nach Haus. Ich habe in der That ein merkwürdiges Glück bei den Weibern. — Kommen, fehen, geliebt werden, Werk eines Augenblicks!

Wenftädt. Und vergeffen werden, Werk des nächften!

Flebern. Meinft Du? Bift im Irrthum, Jüngchen. Sieh, das will mir nicht gefallen, daß Du nie ein Wort von meinen glänzenden Liebfchaften glaubft, und ich rede doch die reine Wahrheit. Zum Beifpiel heute; mein Glücksftern führte mich auf die Promenade, eine Dame, Fräulein Minna Schnebber — —

Wenftädt. Der Himmel fegne diefen Gegenftand Deiner Neigung!

Flebern. Bift Du toll? Ich und die Schnebber? Ich wüßte keine Perfon, die mir mehr zuwider wäre; fie kommt mir mit ihrer forcirten Lebhaftigkeit vor, wie ein Kameel mit Schmetter=lings=Flügeln — aber heute freute ich mich, daß die Schnebber mich auszeichnet, denn fie gründete die glänzendfte Bekanntfchaft, die ich je gemacht. Sie fucht nämlich etwas darin, durch hübfche Begleiterinnen die Blicke der Männer auf fich zu ziehen, und fo war es ihr gelungen, die Stäbe vom Käfich eines allerliebften Täubchens zu öffnen —

Wenftädt. Und gleich ftreckt ein Habicht feine Klauen —

Flebern. Unpoetifcher Vergleich! Ich nahe mich den Damen; mein Widerfacher Brok hatte fie eben verlaffen; die Schnebber eignet fich meine galante Anrede zu, und in weniger als einer Viertelftunde kenne ich den fremden Engel, habe die fchüchterne Kälte befiegt und verlaffe fie voll Hoffnung, geliebt, glücklich! Was fagft Du dazu?

Wenftädt. Der Name und der Ruf der fremden Dame wird früh genug das Räthfel löfen.

Flebern. Name, Ruf — pah, eine kleine Frau vom Lande, ftill, zurückgezogen — im Anfang Eis, aber ein Liebes=fonnenftrahl thaut und fchmilzt es fchnell wie Zauber! Und ihr Name? Wer hat gegen den Namen Wilm etwas einzuwenden?

Wenftädt. Wilm?!

Flebern. So heißt meine Eroberung!

Wenſtädt (mit vieler Feſtigkeit). Ich kehre die Frage um, wer hat gegen den Namen Wilm etwas einzuwenden?

Flebern. Keine Seele, Jüngchen; um ſo brillanter glänzt mein Stern.

Wenſtädt. Du lügſt!

Flebern. Die Folge wird's lehren.

Wenſtädt. Eitler Prahler!

Flebern. Du reizeſt mich.

Wenſtädt (ernſthaft). Auf dieſe Gefahr — —

Flebern. Scheint es Dir denn ein Ding der Unmöglich= keit, einer hübſchen Frau gleich zu gefallen? Muß denn immer erſt ein Viertel=Menſchenleben verſeufzt, verſchmachtet, verkümmert, verbrieſelt werden, ehe man ſich ſagt, man liebe ſich? Andere Anweiſung, anderes Zahlen — mancher bekommt in der Liebe eine Anweiſung auf drei Monat, ſechs Monat Zeit — ja da muß er erſt langmächtig auf das Accept lauern — ein Anderer hat eine, a vista zahlbar, die wird prompt honorirt — ich halte es mit der letztern!

Wenſtädt. Falſche Wechſel!

Flebern. Pah! Den Augenblick ergreifen iſt eine Kunſt, die nicht Jedem gegeben iſt. Du nennſt mich einen eitlen Prahler — der heutige Maskenball wird beweiſen, daß ich keiner bin. Das kleine allerliebſte Weibchen denk ich dort durch einen Hand= ſtreich zu erobern. (Er ſieht ſich um.) Da kommt mein Friedrich, das iſt ein verſchmitzter Burſch, treu wie Gold, läßt ſich für mich todt= ſchlagen, verſchwiegen wie ein Trappiſt, dem geb ich meine Auf= träge; wenn wir uns wieder ſprechen, ſollſt Du noch mehr erſtaunen: Du ſollſt hören, daß ich die kleine Wilm von dem Maskenball entführt habe, von der Seite ihres Tyrannen weg — und eh Du die Möglichkeit einſiehſt, daß Liebe etwas wagen kann, habe ich ſchon gewagt und gewonnen! Adieu! — He! Friedrich! Hieher! —

(Er geht in die Scene.)

Dritte Scene.

Wenſtädt allein.

Wenſtädt. Bei meiner Ehre, wenn es ſich ziemte, den Ruf einer verheiratheten Dame öffentlich zu vertreten, Du ſollteſt mir Rede ſtehen für Deine Unverſchämtheit. Er bereitet eine Intrigue, die, wenn auch zwecklos, doch dem Glück einer Familie Gefahr bringen kann. Kein Mann von Ehre darf da unthätig bleiben. Den Maskenball besuche ich jetzt auch! Spinne nur, spinne Deinen Faden; ich will ihn Dir mit solchen Knoten durcharbeiten, daß Du überdrüssig wirst, und gelingt es mir nicht, will ich ihn mit der Schärfe des Degens zerschneiden. Sophie Segerndorf hab ich geliebt, Sophie Wilm ist ein Gegenstand meiner zartesten Achtung — die Schwester meiner Betty — und Du leichtsinniger Mensch sollst nicht ungestraft in das Heiligthum von Wilm's häuslichem Glücke greifen! (Sieht in die Scene). Dort steht er und spricht angelegentlich mit seinem Bedienten. Es gilt, seinen Plan zu erforschen; ich kann meinem Feinde nur sicher begegnen, wenn ich die Straße kenne, die er geht. (Er sieht hinein.) Er wirft sich aufs Pferd, der Bediente verläßt ihn — er sprengt davon! Halt — sollte man nicht glauben, das Schicksal hilft mir; der Bursche wendet sich hierher. Laßt sehen, wie weit die Verschwiegenheit und Treue die Goldprobe hält! (Er wirft einige Ducaten auf die Erde.)

Vierte Scene.

Friedrich, der eilig über das Theater will. Wenstädt.

Wenstädt. Heda, Freund, warten Sie doch einen Augenblick.
Friedrich. Befehlen?
Wenstädt. Ich habe einige Ducaten verloren, helfen Sie mir suchen.
Friedrich. Ach, wenn doch die Dingerchen aufgehen wollten, und wie das Getreide hundertfältige Früchte tragen!
Wenstädt. Sie scheinen den Werth zu kennen?
Friedrich. Ich habe eine unbeschreibliche Achtung vor Allem, was wie Gold aussieht. (Er hat alle sechs aufgehoben.)
Wenstädt. Wie viele sind's?
Friedrich. Sechs — liebe niedliche Stückchen.
Wenstädt. Sie dienen bei Herrn von Flebern?
Friedrich. Aufzuwarten.
Wenstädt. Und sind treu?
Friedrich (mit einem Blick auf die Ducaten). Wie Gold!
Wenstädt. Verschwiegen?
Friedrich (eben so). Wie der geharnischte Mann da b'rauf.
Wenstädt. Sie lieben ihren Herrn?
Friedrich. Ich gehe für ihn durch's Feuer!

Wenstädt. Wollen Sie wohl glauben, daß die sechs geharnischten Männer in seiner Hand reden können?

Friedrich. Der gnädige Herr belieben zu scherzen.

Wenstädt. Sie flüstern mir zu, daß sie gern bei Ihnen blieben —

Friedrich. Mein Gott, sie sollen keine Umstände machen —

Wenstädt. Wenn Sie einmal etwas weniger verschwiegen wären.

Friedrich. Da der metallene Geharnischte anfängt zu reden, so darf ein armer schwacher Mensch wol desgleichen thun.

Wenstädt. Unbeschadet der Liebe und Treue gegen seinen Herrn?

Friedrich. Ach, die liegen ja nicht in Worten, das sind Empfindungen, die hab ich inwendig. Reden will ich schon, nur den heutigen Auftrag — —

Wenstädt. Geben Sie mir das Gold.

Friedrich. Ach die Geharnischten sehen ordentlich verdrießlich aus; die Trennung wird ihnen schwer.

Wenstädt. Es ist gerade der heutige Auftrag, den ich wissen will.

Friedrich (auf die Ducaten). Was solch ein Mann in Waffen Schrecken einjagt, ich kann nicht widerstehen!

Wenstädt. Wohin gehen Sie?

Friedrich (sich vorsichtig umsehend). Ich soll auskundschaften, ob Baron Wilm mit seiner Gemahlin die Maskerade besucht —

Wenstädt. Weiter.

Friedrich. Ich soll genau ihre Masken erforschen, und dann meinem Herrn einen ganz ähnlichen Anzug, wie Baron Wilm trägt, verschaffen.

Wenstädt (für sich). Teufel!

Friedrich. Von dem Allen soll ich keiner menschlichen Seele ein Wort sagen.

Wenstädt. Das Letzte wird prompt gehalten. — (Auf das Gold zeigend.) Das halbe Dutzend gehört Ihnen!

Friedrich. Unterthänigen Dank!

Wenstädt. Haben Sie Lust, ein ganzes daraus zu machen?

Friedrich (lachend). Ich möchte den Menschen sehen, der dazu keine Lust hätte!

Wenstädt. Wenn Sie von Allem genaue Kenntniß haben, so kommen Sie zu mir, und sagen es mir früher als Ihrem Herrn; dann werde ich wieder sechs Ducaten verlieren.

Friedrich. Der gnädige Herr glauben nicht, welche Fertigkeit ich habe, solche Dingerchen aufzusuchen.

Wenstädt. Sie sollen sich nicht einmal bücken.

Friedrich. Heut zu Tage bücken sich vor Ducaten ganz andere Leute, als ich bin.

Wenstädt. Werden Sie kommen?

Friedrich. Sie können auf mich zählen.

Wenstädt. Wohlan! (Giebt ihm eine Karte, und zieht mit dieser das Billet von Betty aus der Tasche, welches auf die Erde fällt, ohne daß er es bemerkt.) Hier ist meine Adresse, bringen Sie mir Bescheid, und ich halte Wort. (Er geht ab)

Friedrich. Die sechs Geharnischten werden mich treiben. (Allein). Halt — Was hat denn der Herr da verloren? — (Er nimmt das Billet auf.) Hm — ein zärtliches Briefchen — vortrefflich — ich habe ihm einen Liebeshandel meines Herrn verrathen, er hat mir Ducaten dafür gezahlt; nun verrathe ich den seinigen meinem Herrn — da werde ich wahrscheinlich wieder belohnt. Ein ehrlicher Mann steht sich am Besten dabei, wenn er zweien Herren dient, und sie alle Beide betrügt. (Er läuft ab.)

Fünfte Scene.

Zimmer bei dem Baron von Ringen.

Baron Ringen. Baronin.

Ringen. Das ließ sich voraussehen.

Baronin. Du bist im Irrthum.

Ringen. Ihr wollt mir nur immer meine Prophezeiungen zu nichte machen.

Baronin. Auguste hat — —

Ringen. Erzähle mir nichts, Du weißt, ich kann das nicht leiden.

Baronin. Du möchtest das ganze Spiel verderben.

Ringen (heftig). Spiel verderben? Wann hab ich denn schon ein Spiel verdorben? Glaubst Du, man müsse mir haarklein wie den Kindern vorbuchstabiren, was im Werk ist? — Eine Bewegung, ein Blick, ein Laut — ich rathe, ich treffe den Nagel auf den Kopf — oder hab ich etwa noch keine Proben von dieser merkwürdigen Gabe abgelegt? Will man Thatsachen wegläugnen? — Lese ich nicht die Zeitung immer einen Tag früher, eh' sie gedruckt wird?

Baronin. Das mag auch nicht so schwer sein, als —

Ringen. Euren Plan zu durchschauen? — Spaß! — Frauenzimmerpläne und Schleier sind immer so luftig, daß ein erträgliches Auge durchdringt; beide sollen das nur hübscher machen, was dahintersteckt.

Baronin. Auguste wird zum erstenmal anders scheinen, als sie ist.

Ringen. Mag sie scheinen, wie sie will, man macht mir kein X für ein U!

Baronin. Ihr Verhältniß zu Brot —

Ringen. Kenn ich durch und durch —

Baronin. Nur auf einer Seite ist wahre Neigung.

Ringen. Ich weiß, ich weiß! Wird sich geben. Die Mädchen sind widerspenstig!

Baronin Du irrst!

Ringen. Du irrst, und nichts als: Du irrst — Auguste gefällt ihrem Bräutigam ungemein, und sie, wie alle Mädchen, mag ihn nicht recht leiden, weil er ihr bestimmt ist.

Baronin (lächelnd). Guter Mann, es ist gerade umgekehrt!

Ringen (heftig). Das hab ich wohl gedacht; wenn ich nur etwas ausspreche, dann ist es nach Eurer Meinung immer gerade umgekehrt. Ich glaube, wenn ich behauptete, nach dem Sonntag kommt der Montag, so würdest Du auch lächeln und sagen: „Nein, guter Mann, nach dem Sonntag kommt der Donnerstag!!" Spielt Ihr nur Eure Komödie, um mich kümmert Euch nicht.

Sechste Scene.

Vorige. Auguste, so gekleidet, daß ihr Wesen etwas Einfältiges an sich trägt; ihr Haar ist schlicht und ohne Schmuck, doch muß die Toilette von der Beschaffenheit sein, daß sie ihren körperlichen Reiz nicht unterdrückt; sie trägt einige Bücher, die sie auf den Tisch legt.

Auguste. Weiß der Vater —?

Ringen. Wenn der Vater auch nicht weiß, so erräth er! Haben wir neulich im Theater nicht Donna Diana spielen gesehen? die wollte auch den stolzen Prinz ins Netz locken, und schmückte sich schäferartig, und hielt die Guitarre so recht schwärmerisch im Arm dabei. Nun geht's mit Sturmschritten auf Deines Cäsar's Herz los. Da wird ein idyllisches Röckchen angezogen, wie ein Schäfermädchen das Haar angestrichen, ein Bouquettchen vorgesteckt!

Da wird geschmachtet und getändelt, bis sein Herz rein zerflossen ist in Zärtlichkeit. — Gefallen ist Dein Ziel, wie überhaupt Euer Ziel immerwährend; gefallen und nichts als gefallen!

Auguste (lächelnd). Guter Vater, jetzt ist's gerade umgekehrt!

Ringen. Da haben wir's, das konnt ich denken! Sie und die Mutter reden recht aus einer Seele! — „Sie irren sich, es ist gerade umgekehrt; nein, ganz anders, Gott bewahre!" das ist mein Abend- und Morgensegen, mein Mittag- und mein Abendbrot.

Auguste. Wenn ich Ihnen albern erscheine, lieber Vater, versprechen Sie mir bis morgen nichts drein zu reden — wollen Sie?

Ringen. Wenn Du mir albern erscheinst, wirst Du Deinem Bräutigam auch albern erscheinen — was wird das Ende von Allem sein? daß Du ihm mißfällst — —

Auguste. Danach strebe ich —

Ringen. Das laß bleiben.

Auguste. Es ist nur Schein. — Bis morgen, lieber, guter Vater —

Ringen. Laß das bleiben, Kind —

Baronin. Gieb nach, guter Mann, bis morgen —

Ringen. Euer Plan geht schief! Hört Ihr, Euer Plan geht schief! ich prophezeihe es, nun könnt Ihr nicht mehr zweifeln!

Siebente Scene.

Bedienter. Vorige.

Bedienter. Graf von Brot — (Ab.)

Auguste. Bitte, lassen Sie mich allein mit ihm.

Ringen. Geht Alles schief, denkt an mich! Ihr hört nicht darauf, aber die Folge wird es lehren, es geht Alles ganz schief!

Baronin. Lassen wir die jungen Leute — —

Ringen. Mir ist's recht, ich will nicht drein reden; aber es geht ganz und gar schief. Ich sag es vorher, damit mich kein Vorwurf trifft. (Die Eltern gehen ab.)

Auguste setzt sich an den Tisch, nimmt ein Buch und hält es vor den Augen, als ob sie recht eifrig lese.

Achte Scene.

Brot. Auguste.

Brot naht sich ihr sehr galant, und da sie nicht auf sein Kommen achtet, ist er genöthigt, dicht zu ihr zu treten. Meine schöne Braut, ich störe?

Auguste *läßt das Buch sinken, steht auf, macht ihm eine Verbeugung und setzt sich wieder nieder.* Ach nein.

Brok. Wenn die jungen Damen in die heitere Ideenwelt eines Lieblingsschriftstellers vertieft sind, muß jede körperliche Erscheinung störend einwirken. Wie wir uns auch bestreben möchten, im wirklichen Leben dem Helden eines solchen Phantasie-Gemäldes zu gleichen, es wird uns nie gelingen; schon unser körperliches Sein steht uns entgegen, da die Damen den Helden einer Dichtung ganz nach dem Wunsche ihres Herzens ausstatten können.

Auguste (schnell). Ich denke mir ihn blond.

Brok. Schon eine Eigenschaft, die mir fehlt.

Auguste. Nehmen Sie's nicht übel.

Brok. Der Natur könnte ich's übel nehmen, daß sie mir ein Haar versagte, wie es der schönen Auguste gefällt. Darf ich wissen, was Sie lesen?

Auguste. O ja. (Sie giebt ihm das Buch.)

Brok (sieht nach dem Titel) Kenilworth — von Walter Scott.

Auguste. Sehr schön.

Brok. Sie sind noch am Anfang.

Auguste. Er scheint —

Brok. Lieben Sie nach dem Schein zu urtheilen?

Auguste. Warum nicht?

Brok. Er trügt oft!

Auguste (nicht ohne feine Ironie). Das sollte ich doch nicht glauben.

Brok. Es ist uns freilich angeboren, möchte ich sagen, aus der Oberfläche eines Gegenstandes seine innere Beschaffenheit erkennen zu wollen; es mag leicht sein bei todten Gegenständen, bei Menschen nicht. Und doch kann man dem Wunsche nicht widerstehen, in dem Gesicht, wie in einem halboffenen Buch, zu lesen, aus den wenigen Hieroglyphen der Züge den Seelen-Inhalt zu erforschen. (Sieht Auguste sehr prüfend in's Gesicht.)

Auguste *sieht ihn an und schlägt sogleich den Blick zu Boden.*

Brok. Warum, schöne Auguste, meiden Sie meinen Blick? (Etwas spöttisch) Sollten Sie Ihrem Bräutigam nicht gestatten, vor der Trauung wenigstens zu sehen, in welcher Farbe die Sterne Ihrer Augen schimmern?

Auguste (ganz abgewendet). Sie sehen Einen so durch und durch.

Brok. Glauben Sie, daß ich das kann?

Auguste. O, gewiß.

Brok. Und ist es nicht gut, wie wir gegen einander stehen, wenn wir uns ganz kennen lernen?

Auguste. O, gehn Sie doch, Sie kennen mich ja schon.

Brok. Und Sie mich?

Auguste. Ach! nein.

Brok. Wenn aber zwei Menschen bestimmt sind, die Lebensstraße Hand in Hand zu wandeln, was ist nothwendiger, als sich gegeneinander aufzuschließen, um zu erkennen, ob beider Gemüth im Einklang steht? — Der Weg ist weit und ungleich, den wir gehen, ach! es muß herrlich sein, wenn zwei gleichschlagende, warme Herzen sich zu der Pilgerschaft vereinigen, im Thale der Mühen fest an einander halten. Und führt die Bahn über die sonnigen Höhen der Freude, öffnet sich die lachende Aussicht mit all' ihren magischen Reize, o dann sollen beide Herzen gleich lebendig die tausendfarbigen Strahlen des Schönen wie in einem Brennpunkt vereinigt auffassen — —

Auguste war dem Strom seiner Rede gefolgt, ihr Auge leuchtet; er hat im Feuer sie nicht bemerkt.

Brok (streicht sich über die Stirn). Ich folge meinem Lieblingstraum — (mit Ironie und Mitleid auf Auguste blickend) ohne zu wissen, ob Sie an dem Gesagten Interesse nehmen.

Auguste erhält durch diese Rede ihre ganze Fassung zurück; mit großer Kälte: O ich bitte.

Brok sieht sie mit zusammengezogenen Brauen eine Weile an, dann seufzt er tief auf. Pause. Er spricht im Ton der gewöhnlichen Conversation: Werden Sie heue Abend den Maskenball besuchen?

Auguste. Nein.

Brok. Sie sind doch eine Freundin des Tanzes?

Auguste. Ich hätte gern tanzen gelernt

Brok. Sie tanzen gar nicht?

Auguste (sehr betrübt). Ach nein.

Brok. Man findet oft, daß die Damen aus Liebe zu irgend einer Kunst alle übrigen verschmähen. Sollten Sie zu keiner Neigung empfinden?

Auguste. Ich wollte so gern singen lernen.

Brok. Das thaten Sie?

Auguste. O ja

Brok. Terpsichore verschmähten Sie, aber Euterpe wurde Ihre Meisterin.

Schein und Sein.

Auguste. Nein, mein Lehrer hieß anders.
Brok (beinah erschroden für sich). Großer Gott!
Auguste. Er meinte, es würde gut gehen, wenn —
Brok. Wenn —?
Auguste. Wenn ich Stimme hätte.
Brok (ironisch). Ja, ohne Stimme läßt sich freilich nicht singen!
Auguste (sehr freundlich ihn ansehend). Nein.
Brok. Das ist beinah so unmöglich, als ohne Herz zu lieben, ohne Wärme zu empfinden, ohne Geist Menschen an sich zu fesseln! (Für sich.) O wie wahr haben diese kalten, schönen Züge geredet — und mir diese Braut — mir!?
Auguste (ihn heimlich bemerkend). Es ist genug.
Brok. Und womit, wenn ich fragen darf, mein Fräulein, beschäftigen Sie sich, wenn Sie allein sind?
Auguste (nimmt das Buch). Ich lese.
Brok. So werden Sie während des Maskenballes diesen Theil wohl auslesen.
Auguste. Ja wohl, ich bin so neugierig.
Brok. Auf den Schluß?
Auguste. Nein auf die Hauptperson.
Brok. Die Hauptperson?
Auguste. Auf den Kenilworth.
Brok (mit verachtendem Spott). Kenilworth ist ja keine Person, das ist ein Schloß, ist ein Ort, wo die Haupthandlung vorgeht.
Auguste. Sollte man das glauben!
Brok. Ich unterstehe mich, Sie dessen zu versichern.
Auguste. Dann wird es wohl so sein. — Herr Bräutigam, ich empfehle mich. (Sie macht ihm einen Knix und geht gerade und langsam in das Nebenzimmer ab.)
Brok sieht ihr starr und bewegungslos nach.

Neunte Scene.

Brok allein.

Brok. Ist es möglich, ist es möglich!? — Gerechter Himmel, dieses Wesen soll an meiner Seite durch das Leben gehn? — diese seelen= lose Schönheit, diese wandelnde Wachsgestalt? — Ist denn kein Ausweg mehr, ist denn kein Zurücktreten mehr möglich!? — Bin ich vom Geschick auserlesen, mit einem Federzug mein eignes

Todesurtheil zu unterschreiben! — Ich möchte mich in alle wilden Zerstreuungen des Lebens stürzen, um die peinlichen Empfindungen zu ersticken, die über mich hereinströmen — Verdruß, Schaam, Widerwille — O trete noch Einer auf und sage, mein erstes Urtheil über dies Mädchen sei falsch — was ich sagte, war Lob gegen das, was ich nun sagen muß — sie war mir gleichgiltig, nun ist sie mir widerwärtig — großer Gott — und doch meine Braut! — Unglücklicher, wohin gehst Du — wenn sie mein Weib ist, und dieser Widerwille steigt bis zum Haß!?

Zehnte Scene.

Ein Bedienter öffnet Wenstädt die Thür. Voriger.

Wenstädt. Ich suche Dich, Eduard.

Brok. Freund, tröste mich, schaffe mir Linderung, verlasse mich nicht mehr, führe mich zu irgend einer geräuschvollen Freude, daß ich vergesse, was ich that, als ich Freiheit, Glück, Alles mit einer einzigen Unterschrift vernichtete!

Wenstädt. Diese Bewegung —

Brok. Laß uns fort —

Wenstädt. Ich wollte Dich bitten, die heutige Maskerade —

Brok. Was du willst, wohin Du willst — zum Maskenball, gern — überall hin, wo sie nicht ist — nur komm fort aus ihrer Nähe. (Er zieht Wenstädt mit sich fort.)

Der Vorhang fällt.

Ende des dritten Aufzugs.

Vierter Aufzug.

Erste Scene.

Abend. Bei Fräulein Schnebder.

Fräulein Schnebder ordnet die letzten Stücke an ihrem Maskenanzug. **Lisette** hilft ihr.

Fräulein Schnebder. Wollte der Bediente durchaus nicht sagen, wer ihn schickte?

Lisette. Nein.

Fräulein Schnebder. Du hast dafür gesorgt, daß meine Antwort sicher bestellt wird? Meine Flatterhaftigkeit und südliche Lebendigkeit sind zu bekannt, als daß ein „Ja" hinreichend wäre, ich muß Alles schriftlich geben.

Lisette. Ihr Billet wurde auf die Minute abgeholt.

Fräulein Schnebder. Gieb mir doch den Brief noch einmal her. (Lisette in's Nebenzimmer ab.) Das ist gerade meine Passion, solche geheimnißvolle Andeutungen gehen mir über Alles. Ich versetze mich durch sie nach Italien, wo der Sammelplatz aller Carneval=Intriguen ist; wie herrlich, wie göttlich muß dort ein solcher Maskenwirrwarr sich ausnehmen, „wo im dunklen Laub die Apfelsinen glühen" — wie Schiller sagt — „kennst Du das Land?" — (mit schwärmerischem Ausdruck) kennst Du es wohl?

Lisette war mit dem Brief wieder eingetreten. Nein, ich bin nie da gewesen.

Fräulein Schnebder. Mein Gott, Lisette, sei nicht so albern — ich frage Dich ja nicht. Ueberhaupt bist Du so schwerfällig, so schläfrig; es ist in Deinen Bewegungen durchaus nichts südlich lebendiges — wie alt bist Du?

Lisette. Zwanzig Jahre.

Fräulein Schnebber. Das entschuldigt allenfalls — man kann von einem Kinde nicht mehr verlangen. Mit den Jahren wird sich das geben! Laß sehen! (Sie liest, indem Lisette leuchtet.) „Wollen Sie eine niedliche Intrigue schürzen helfen, liebens„würdiges Fräulein, so kommen Sie zur heutigen Maskerade, „genau so gekleidet, wie dieser Brief angibt. Sie werden da„durch überraschen und überrascht werden. Ueberbringer holt „Antwort, hoffentlich eine günstige."
(Sie prüft im Einzelnen ihren Anzug und vergleicht ihn mit der Beschreibung des Briefes, der das Detail des Maskeradenkleides der Baronin Wilm enthält.)
Von wem mag dieser geheimnißvolle Brief sein? — Es liegt ganz in meinem Charakter, daß ich der Einladung folge, ohne es zu wissen. Es erhöht den Reiz des Abenteuers, auch bin ich weder neugierig noch ängstlich — aber wissen möcht ich doch, von wem der Brief ist.

Lisette. Man würde es leicht erfahren haben —

Fräulein Schnebber. Auf welche Weise, wie meinst Du?

Lisette. Wenn der Herr sich unterschrieben hätte.

Fräulein Schnebber. Wahrlich, Du bist unausstehlich mit Deiner Kindes=Einfalt! — Aber geschmackvoll ist die Angabe! Es liegt (sie besieht sich im Spiegel) etwas lebhaftes, jugendliches in der Kleidung, ich gefalle mir selbst. Nun sieh einmal, Du schläfriges Ding, Du hast doch nicht den mindesten Sinn für pikante Vergnügen; Du stehst da und starrst in die Welt hinein — Du taugst nicht für mich, Mädchen; ich brauche ein Herz, dem ich mich anvertraue, dem ich in stürmischer Lebhaftigkeit meine Wärme, meine Gluth mittheile — begreifst Du nicht, wie mein Herz jetzt schlagen muß, welch ein Uebermaß von Empfindungen meine wogende Brust durchzieht — kennst Du die Folter erwartender Liebe: „Hört ich das Pförtchen nicht gehen, hat nicht der Riegel geklirrt?!"

Lisette. Ja, mir ist's auch so gewesen.

Fräulein Schnebber. Dir?

Lisette. Als wenn die Hausthür geklappert hätte.

Fräulein Schnebber. Prosaische Personage —

Lisette. Auch ein Wagen ist vorgefahren.

Fräulein Schnebber (mit Emphase). Sie kommt, meine süße Berg; Mädchen ich bin so fröhlich, ich bin so glückselig fröhlich — (in ganz gewöhnlich befehlendem Ton) Leuchte doch, man kann sich ja den Hals brechen auf der Treppe —!

Lisette (nimmt den Leuchter und geht hinaus).

Fräulein Schnebber (gleich wieder im emphatischen Ausdruck). Ich habe eine Ahnung — die Aehnlichkeit unserer Denkungsweise — er ist lange in Italien gewesen; o ihr Götter! — Ich darf der Berg keine Idee davon mittheilen — „Das Schweigen ist der Gott der Verliebten" — oder wie es heißt — gilt gleich viel! — Wenn er's wäre, wenn er's wäre, der unter dem Mantel des Geheimnisses! — Brok mein — welch ein Gedanke; aber werde ich ihm bei meiner Lebhaftigkeit treu bleiben können?

Zweite Scene.

Frau von Berg in der Maske, die Larve in der Hand haltend. **Fräulein Schnebber. Lisette.**

Lisette, nachdem sie der Frau von Berg die Thür geöffnet hat und diese eingetreten ist, setzt den Leuchter auf den Tisch und geht nach Außen ab.

Frau von Berg. Komm ich zu früh oder zu spät, liebe Freundin?

Fräulein Schnebber. Immer willkommen —

Frau von Berg. Was der Tausend! Ihr Anzug ist ja durchaus gegen Ihre heutige Angabe — Warten Sie, Lose, Sie verbergen irgend eine Schelmerei hinter dieser Abänderung —

Fräulein Schnebber. Schelmerei ist mir angeboren, wie Andern die Schwermuth. Drum bin ich auch eine Gegnerin von Allem, was ernsthaft ist. Hab ich dem Wilm nicht eine Lection ertheilt?

Frau von Berg. Die kleine Sophie ist nur gar zu linkisch — That sie doch in der Conversation mit Flederu, wie ein schüchternes Landmädchen.

Fräulein Schnebber. Wird schon aufwachen. Ich kann einmal solche ernsthafte, glückliche Ehe nicht leiden. Da sitzen die Leute den ganzen Tag zu Hause und träumen und empfindeln. Geben Sie Acht, daß es mit Ihrer Nichte nicht auch solch ein seufzender Romankram wird, das Mädchen scheint mir so sensibel —

Frau von Berg. Das weniger, als verschlossen.

Fräulein Schnebber. Brok hätte anders wählen können —

Frau von Berg (mit einem Seufzer). Ja wohl!

Fräulein Schnebber. Er ist zu geistreich, als daß Jugend allein —

Frau von Berg. Aus meiner Seele gesprochen.

Fräulein Schnebber. Glauben Sie, daß er Augusten liebt?

Frau von Berg. Ich überzeugte mich vom Gegentheil.
Fräulein Schnebber (gespannt). Wirklich?
Frau von Berg. Ich glaube sogar, daß ein anderer Gegenstand —
Fräulein Schnebber. Eindruck auf ihn gemacht, bei seiner Lebendigkeit natürlich! Ein Mann wie Brok verlangt —
(Jede spricht mit Beziehung auf sich.)
Frau von Berg. Vollkommene Weltbildung —
Fräulein Schnebber. Südliche Lebhaftigkeit und glücklich, leichtes Blut —
Frau von Berg. Eine glückliche Reife —
Fräulein Schnebber. Witz, Schalkhaftigkeit, frohe Laune und Muthwillen —
Frau von Berg. Und seine Blicke sprachen so deutlich —
Fräulein Schnebber. Daß es der Worte kaum bedurfte.
Frau von Berg (für sich). Ich glaube, sie denkt an sich.
Fräulein Schnebber (eben so). Meine schwerfällige Freundin meint sich selbst.
Frau von Berg. Das wäre zum Todtlachen.
Fräulein Schnebber. Starke Portion Eitelkeit.
Frau von Berg. Sie und Er!!
Fräulein Schnebber. Sie und Er!!
Beide (lächelnd). Die Thörin dauert mich!
Lisette tritt wieder auf. Der Kutscher will nicht länger warten.
Fräulein Schnebber. Wohlan. O wie süß ist es am Arm einer geliebten Freundin —
Frau von Berg. Ich theile Ihr Gefühl. Bleiben wir uns gut!
Fräulein Schnebber. Ein Herz und eine Seele! (Sie küssen sich herzlich und gehen hinaus, Lisette leuchtet.)

Dritte Scene.
Der Maskenball.

Es wird im Hintergrunde ein Cotillon getanzt. Der allgemeine Tanz soll indessen von dem Vordergrunde, als dem Platz der handelnden Personen, durch Säulen getrennt sein. Masken gehen zwischen den Säulen auf und nieder, doch keine komische Charaktere, welche die Aufmerksamkeit des Zuschauers auf sich ziehen könnten.

Aus dem Hintergrunde treten **Brok** und **Wenstädt**, beide in Dominos.

Brok. Laß uns ein wenig Athem schöpfen. (Er nimmt die Larve ab.)
Wenstädt (wie Brok). Noch sehe ich von meinen Gesuchten Niemand.

Schein und Sein.

Vierte Scene.
Zwei weibliche Masken. Vorige.

Die weiblichen Masken sind Brok und Wenstädt vorsichtig gefolgt. Die Aeltere ist einfach als Pilgerin gekleidet, die Jüngere im vortheilhaftesten Costüm, das der Wahl der Darstellerin überlassen ist.

Die Jüngere zur Aelteren, indem sie Brok's Gesicht sieht. Er ist's! (Sie treten ungesehen einige Schritte zurück).

Brok. Ich bin wie plötzlich alt geworden; mit welcher Lust durchstrich ich sonst die Säle, jetzt komm ich mir vor, wie ein Gefangener, der nach einem Lande geführt wird, wo Sclaverei auf ihn wartet — die buntesten Scenen fliegen an ihm vorüber, er bemerkt sie nicht!

Wenstädt maskirt sich. Nimm Deine Larve vor, ich sehe zwei weibliche Masken hinter uns.

Brok (thut es, sieht sich um). Beim Himmel, das ist eine schöne Gestalt! (Die weiblichen Masken gehen nach dem Hintergrunde).

Wenstädt. Vortheilhaft gekleidet.

Brok. Die Toilette macht mich nicht irre; ich verstehe sehr wohl Sein von Schein zu subtrahiren — Sieh den Gang — welch ein Fuß — sie wendet sich — mit welcher Anmuth bewegen sich die Formen — dieser Wuchs, wie kräftig, und doch wie fein! (Er folgt der Maske unverwandt mit seinem Blick).

Fünfte Scene.
Vorige. Fledern. Drei Masken.

Fledern erscheint im Hintergrunde, maskirt wie Wilm im lichtfarbenen Domino, mit drei andern Masken in dunkeln Domino's, denen er Aufträge eilig ertheilt.

Wenstädt. Fledern mit seinen Spießgesellen kommt dort, ich darf ihn nicht aus dem Auge verlieren!

Brok (hört nicht, was Wenstädt gesprochen). Ich bitte Dich, wie kannst Du so eiskalt bleiben, bei dem Anblick dieser körperlichen Vollkommenheit — das ist keine Deutsche —!

Wenstädt. Welch Vorurtheil!

Brok. So ungezwungen, so frei und edel benimmt sich keine Deutsche. Wenn ich meiner Braut gedenke, ihrer Haltung, ihres Schrittes, dieses unausstehlichen Phlegmas in jeder Bewegung — und nun diese Maske! Welcher Abstand, Tag und Nacht, Eis und Glut! Sieh doch. (Einige Dominos haben sich den weiblichen Masken, die bis zu den Säulen getreten waren, genähert.)

Brot. Hast Du gar kein Auge für weiblichen Reiz —

Wenstädt. Herz und Sinn ist bei meiner geliebten Betty; ich bedarf hier des ruhigen Verstandes, ein Bubenstück zu vernichten.

Brot. Sie ist umringt von Herren, sieh, sieh! Wie in einem Treibhaus sich Alles um eine ausländische Pflanze aus wärmerer Zone drängt, so bannt dieses weibliche Wesen alle Augen in einen einzigen Punkt, so überstrahlt sie alle Uebrigen ohne es zu wollen, und zieht desto mächtiger an, je fremder sie erscheint!

Die jüngere Maske tritt hervor aus dem Kreis der sie umringenden Herren mit einem geschmackvoll gekleideten Tänzer, welcher aber im Costüm nicht die mindeste Uebereinstimmung mit seiner Dame haben darf, und stellt sich zum Tanz. Es bildet sich im Hintergrunde ein Halbkreis von maskirten Zuschauern, die einander über die Schönheit der weiblichen Maske ihre Bemerkungen mittheilen.

(Brot und Wenstädt stehen ganz im Vordergrunde auf der Seite.
Während des Tanzes.)

Brot. Sie tanzt wie ein Engel! — Sieh! O, das ist keine Deutsche —! aber wer ist's, wer?

Wenstädt (mit sanftem Vorwurf). Deine Braut — —

Brot. Sprich nicht von ihr, mein Freund. Möchtest Du Jemand, der auf Rußlands Steppen eingeschlummert ist, und von blühenden Hainen und rieselnden Quellen träumt, unsanft aufrütteln und ihm den erstarrenden Schnee zeigen, der ihn umgiebt? O sieh doch, sieh — ist sie nicht schön?

Wenstädt. Bei meiner Ehre, nächst Betty die schönste Gestalt, die ich kenne.

Der Tanz endet Die Tänzerin verliert sich am Arm der Pilgerin
in den hinteren Saal.

Brot. Mein Leben setz ich daran, zu erforschen, wer diese Maske ist! (Er eilt in den Hintergrund und verliert sich im Gewühl.)

(Der Zuschauer-Halbkreis hat sich zerstreut.)

Sechste Scene.

Wilm, wie Flederu maskirt, Sophie, wie Fräulein Schnedder maskirt.
Wenstädt an der Seite, dann Flederu und die drei Masken.

Wilm (sich demaskirend). Was sagst Du zu dem bunten Leben?

Sophie (wie Wilm). Es gewährt einen überraschenden Anblick; aber etwas unheimlich wird mir doch, wenn mich diese vermummten Gestalten umschwirren.

Wilm. Ich glaube, meine Sophie, ich täuschte mich nicht.

wenn ich annahm, daß diese Art von Vergnügungen nicht nach Deinem Geschmack wäre!

Wenstädt tritt lauschend hinter einen Pfeiler.

Sophie. Wenigstens bin ich hier vor den Zudringlichkeiten des Ueberlästigen gesichert, der auf der Promenade nicht von meiner Seite wich. Es lag auf dieses Menschen Antlitz ein solcher Hohn gegen Alles, was weibliche Tugend heißt — ich begreife die Freundlichkeit nicht, mit welcher meine Begleiterinnen ihm begegneten. Zu Hause, mein Karl, ist mir am wohlsten

Wilm. Heil dem Mann, dessen Weib fühlt wie Du.

Die drei schwarzen Masken, welche sich mit Federn eingefunden, nähern sich, während Federn im Hintergrunde lauscht.

Sophie. Eine Freundin wünsch ich mir; die Damen, welche heute bei uns waren, mißfallen mir sehr.

Wilm. Wir sind nicht allein. (Sie maskiren sich.)

Die drei Domino's umringen Wilm.

Erster (zu Wilm). Ich kenne Dich.

Wilm. Ich glaube kaum.

Erster. Du bist der eifersüchtigste Mann in der Stadt.

Wilm. Ich verstehe solchen Scherz nicht, weder mit, noch ohne Maske.

Zweiter. Hast Du Muth, Deine Begleiterin auf eine Minute zu verlassen?

Wilm. Ich sehe keinen Grund —

Dritter. Eine Dame, die Du in Paris gekannt hast, wünscht Dich zu sprechen.

Wilm. Sie kann mich ohne Maske sehen.

Erster (drohend). Othello!

Zweiter und **Dritter** (ebenso). Don Gutierre!

Wilm. Was soll das?

Erster. Du fürchtest Dich nicht allein, Deine schöne Maske dort zu verlassen; es scheint Du fürchtest Männer in jeder Hinsicht.

Wilm. Elender Verdacht!

Alle Drei. So folg uns in den Saal.

Wilm (zu Sophie). Erwarte mich einen Augenblick — —

Sophie (sehr ängstlich). O bleibe, lieber Karl.

Wilm. Sei versichert, ich kehre gleich zurück. (Er wird von den Masken fortgezogen. Kaum gehen diese mit Wilm nach der Tiefe, so kommt von derselben Richtung her Federn, der den ruhigen Gang Wilm's nachahmt. Der Zuschauer soll Wilm noch bemerken.)

Sophie (ihm hastig entgegen). Laß uns fortgehen — was war's mit den Masken?

Flebern. Sie haben mich verkannt.

Sophie (mit großer Angst). Nach Haus, nach Haus — und nie wieder hierher!

Flebern. Ich lasse den Wagen vorfahren. (Er läuft hastig zur Seite.)

Wenstädt (der Alles mit angesehen, sich demaskirend). Gnädige Frau, mein Name ist Wenstädt, ich glaube er verbürgt meine Worte. Sie folgen nicht ihrem Gemahl — sehn Sie sich um, dort entwindet er sich dem Gedränge, ein Frevler hat sein Wesen nachgeahmt.

Sophie. Abscheulich!

Wenstädt. Geben Sie mir den Arm, ich führe Sie zu Baron Wilm; aber lassen Sie uns eilen, sonst geschieht mein Werk nur halb.

Sophie. Fort, fort aus diesem Saal. (Er führt sie eilig in den Hintergrund).

Siebente Scene.

Fräulein Schnebber. Frau von Berg. Dann Wenstädt. Flebern.

Frau von Berg. Liebe Freundin, es war Brot.

Fräulein Schnebber. Nein, sag ich Ihnen, nein — der würde die Tänzerin nicht verfolgen, der weiß sehr wohl, wie seine Dame maskirt ist.

Frau von Berg. Ich irre mich sicher nicht — kommen Sie in den Saal zurück!

Fräulein Schnebber. Einen Augenblick; mir ist ein Band gerissen, das macht meine übergroße Lebhaftigkeit —

Frau von Berg. So kommen Sie nach, ich muß Gewißheit haben. (Sie geht.)

Fräulein Schnebber. Gott sei Dank, daß ich ihrer los bin — sie ist mir zu langsam, zu schwer, mit einem deutschen Wort: zu penibel.

Wenstädt (im Hintergrunde). Vortrefflicher Zufall.

Fräulein Schnebber. Aber das Räthsel will sich nicht lösen — nun bin ich doch allein — nun könnte man mir doch sagen, was ich thun soll —

Wenstädt hinter ihr weggehend, sagt mit dumpfem Geisterton: Folgen und Schweigen! (Er eilt fort.)

Fräulein Schnebber (schreit auf). Ach! — wie bin ich erschrocken!

Flebern (von der Seite). Schnell — der Wagen ist da!

Fräulein Schnebber. Er ist's — o gewiß er ist's — (sie giebt ihm die Hand).

Flebern. Nun Amor, schütze Deine Flüchtlinge! (Will mit ihr fort.)

Wenstädt tritt ihnen entgegen; er ist unmaskirt. Halt, schöne Maske — und Sie, mein Herr — Entführer und Entführte, mit Beiden hab ich zu sprechen.

Flebern. Dieser Scherz scheint mir zur Unzeit —

Wenstädt. Zur Zeit, Herr von Flebern; übrigens ist es ein scherzhafter Ernst, oder ein ernsthafter Scherz, wie Sie es nennen wollen.

Flebern. Wohin soll das führen?

Wenstädt. Zum Guten, hoff ich, wenigstens bestrebe ich mich, nach diesem Ziel zu ringen.

Flebern (ungeduldig). Zur Sache.

Wenstädt. Sie sind im Begriff diese Dame zu entführen, ein Schritt, der durch die heftigste Leidenschaft kaum entschuldigt werden kann, wenn auch über die Hand dieser Dame Niemand zu verfügen hat, als sie selbst.

Flebern. Wie soll ich — das verstehen?

Wenstädt. Demaskiren Sie sich, Fräulein, damit der Herr in Ihren Zügen den Vorwurf lese, daß er sein erstes Liebesgeständniß so romanhaft vermummt stotterte, da die Reinheit seiner Absichten das hellste Licht des Tages nicht zu scheuen hatte.

Flebern. Fräulein? — was ist das? Demaskiren Sie sich um Gottes Willen — wer!? (Er demaskirt sich.)

Fräulein Schnebber (demaskirt sich). Warten Sie, loser Verräther!

Flebern. O all ihr himmlischen Mächte!

Wenstädt. So sprachlos steht die schüchterne Liebe, wenn die Augensterne der Erwählten plötzlich durch die Nacht ihr entgegen flammen. (Zu Fräulein Schnebber.) Verzeihen Sie, mein Fräulein, diese Störung; ich bin nicht gekommen, Sie zu vertheidigen, Ihre Tugend, Ihre Klugheit sind vollkommene Waffen — aber nicht jede Dame möchte diese Waffen in dem Grade besitzen, als Sie — andere Gaben fordert das Haus — andere die Welt. Hüten Sie sich daher, Damen für diese zu gewinnen, die sich nur im Kreise ihrer Häuslichkeit glücklich fühlen; nicht allen ist jener Muth, jene südliche Lebhaftigkeit, jener glückliche, leichte Sinn gegeben, der Sie den Gefahren entzieht. Ihre Begleiterin vermißt Sie; Herr von Flebern wird die Ehre haben, Sie zurückzuführen.

Flebern (für sich). Höll' und Teufel, wer hat mir den Streich gespielt!

Wenstädt (der es gehört, nimmt ihn bei der Hand, führt ihn einige Schritte bei Seite, und spricht halb leise aber fest). Ich, Herr von Flebern, (mit großer Ruhe) Ich, verstehen Sie? Denken Sie und Ihres gleichen über weibliche Tugend, wie Sie wollen, aber wagen Sie nie wieder, über einen so delikaten Gegenstand schonungslos zu reden — am wenigsten erheben Sie Ihr Auge bis zu einer Dame von Tugend und Rang; noch giebt es Männer, die sich nicht fürchten, die Ehre der Damen zu vertreten — ich bitte mich unter diese zu zählen. (Geht ab.)

Flebern. Der Mensch schießt wie der Teufel — sonst — bei meiner Seele — (in großer Verlegenheit bietet er dem Fräulein den Arm, indem er sehr höflich und kalt sagt) Darf ich?

Fräulein Schnebber (giebt ihm den Arm, indem sie freundlich drohend ruft) O, Sie Schalk! (Beide durch die erste Säule ab.)

Achte Scene.

Die Tänzerin aus der fünften Scene kommt durch den zweiten Eingang, von Brok gefolgt; sie hat einen Domino über dem Tanz-Kleide. Die Pilgerin tritt einige Augenblicke später ein, und bleibt während der folgenden Scene am Ausgang stehen

Brok. Bei allen Seligkeiten der glücklichen Liebe beschwöre ich Dich, ehe Du den Ball verläßest, laß mich Dein Antlitz sehen.

Maske. Hüte Dich, vorwitzig zu sein. Vorwitz hat das Paradies verloren!

Brok. Dort versuchte ein Teufel, hier aber versucht ein Engel; ich will das Paradies wiedergewinnen!

Maske. Nur wo Frieden ist, ist Elysium. Laß ihn einziehn in Dein Gemüth, und Du hast es gewonnen!

Brok. Unbegreifliches Wesen, wäre die Zeit der Wunder nicht dahin, so würde ich vor dem Augenblick zittern, wo sich Deine Flügel ausbreiten und Du meinem Blick entschwebst!

Maske. Du vergissest, daß ich ein Weib bin; das Flattern ist nur Männern eigenthümlich.

Brok. Wenn sie nicht lieben

Maske. Lieben sie je?

Brok. Sobald sie Dich kennen, gewiß.

Maske. Du urtheilest schnell — aber auch sicher?

Brok. Ich halte Dich für ein vollendetes Weib.

Maske. Denke daran, daß wir uns an der Stelle befinden, wo Schein mit blendendem Scepter herrscht. Ich trage eine Maske.

Brok. Deine Seele trägt keine.

Maske. Du vertraust sehr kühn auf den ersten Blick in das geistige Leben.

Brok. Er trügt nie!

Maske. Er trügt oft!

Brok. Hier nicht, jetzt nicht, bei Dir nicht! Mir ist, als hätte ich in meiner Brust stets nur einen halben Accord klingen gehört; ihm fehlten die sanften Töne, welche ihn zur beglückenden Lebensharmonie bilden — aus Dir klingen mir diese Töne entgegen; wenn Du fliehest, zerreißest Du meines Daseins Einklang auf ewig!

Maske. Deine Liebe und Dein Haß sind Kinder Eines Blickes. Was ein Augenblick erzeugt und reift, stirbt gewöhnlich im nächsten dahin — wer sich gleich ganz giebt, fordert sich bald zurück. —

Brok. Prüfe mich — nur befreie mich von der Qual des Gedankens, daß Du an meiner Phantasie vorüberziehen könntest, wie ein schönes Traumbild, von dem nichts übrig bleibt, als eine wehmüthige Erinnerung. Werde ich Dich wiedersehen?

Maske. Ja.

Brok. Wann?

Maske. Zu einer Zeit, wo Du es am wenigsten erwartest.

Brok. Wo?

Maske. An einem Orte, wo Du es für unmöglich hältst.

Brok. Bald, ich beschwöre Dich darum. Dein ganzes Sein löst wunderbar einen Schleier von meinem innern Auge. Ich finde in einem weiblichen Wesen die Grazie und Feinheit der Französin, die Lebhaftigkeit der Italienerin — — mehr — mehr — ich finde das, wofür jene Nationen keinen Ausdruck haben, Gemüth mit jenen beseligenden Gaben gepaart. — Wer bist Du, Zauberin, tröste mich, nenne mir Deinen Namen und Dein Vaterland

Maske (mit Selbstgefühl). Ich bin ein Deutsches Mädchen.

Brok. Unwiderstehlich ist das Band, das Seele an Seele knüpft; ich lasse von meinen heißen Bitten ab, Dein Antlitz zu sehen. Die Auflösung des Räthsels meiner Sehnsucht spricht mich so klar, so kräftig aus Deinem Geiste an, daß ich mich Dir weihe unbedingt, ohne zu wissen, welche Züge dieser Geist belebt. Ich schwöre es Dir bei Allem, was mir heilig ist, es hat noch kein Weib diesen Eindruck auf mich gemacht!

Maske. Bist Du Herr Deiner Schwüre?

Brok. Mein Herz ist ungefesselt.

Maske. Nicht Deine Hand?

Brok. Du kennst mich?

Maske. Du bist Graf Brok.

Brok. O, wenn Du mich kennst, so zeige mir den Weg, den ich gehen muß, um Deinem Herzen näher zu kommen.

Maske. Entsage dem Vorurtheil, das Dich gegen Deutsche Mädchen einnimmt.

Brok. Du hast es besiegt. Frankreich und Italien können nichts Herrlicheres bieten als Du bist; überall, wo Du Dich befindest, zauberst Du die kalte Oede zum blüthenreichen Teppich um — ich erkenne in Dir ein glückliches Ziel alles Strebens — keine Bande soll mich hindern, danach zu ringen. Kann ich Dir werth werden? — Nur diese Hoffnung zeige mir!

Maske. Lerne auch darin ein weibliches Gemüth Deines Vaterlandes verstehen. Schwüre der Neigung empfangen wir nur, wenn wir sie empfangen dürfen; wir sagen einem Manne nur dann, daß er uns theuer sei, wenn dies Geständniß keine Pflicht verletzt. Leb wohl! (Sie geht.)

Brok (ihre Hand ergreifend). Nein, so schnell entreiße mir nicht das Glück Deiner Nähe, Grausame. Die Minuten der Begegnung zweier gleichgesinnten Seelen sind gezählt: oft lacht uns nur eine Einzige solcher Blüthen aus dem monotonen Blätterkranz des Lebens entgegen — feindliche Geister streben sie zu verbergen oder vor der Zeit zu zerstören; will ein Engel thun wie diese?

Maske. Wenn Seelen gleich gestimmt sind und sie erkennen sich nicht, schreibt der Mensch es nur zu gern einer bösen Einwirkung von außen zu — oft, (bedeutend) sehr oft nimmt er sich nicht die Mühe des Gefäßes Inhalt zu prüfen, wenn die Form ihn nicht bei dem ersten Anschaun verräth. Hier in dem Gebiete

Schein und Sein.

des Scheins darf ich nicht mehr sagen, hier darf ich nicht mehr hören; wenn wir uns wiedersehen, ist es auf dem Boden des Wahren. Dort, wenn Du recht thust, säe Deine Versicherungen und Schwüre. Ein reines Herz und Treue mögen des Keimes pflegen, und die Gottheit gebe der Pflanze Gedeihen!

Brok (in stürmischem Feuer). Ich folge Dir; ich muß wissen, wer Du bist!

Maske (sehr bestimmt). Du siehst mich wieder — jetzt folgst Du mir nicht — (sanft bittend) Du folgst mir nicht!

Brok. Du hast, geheimnißvolles Wesen, mit einem zündenden Strahl alle guten Gefühle in mir erregt. Es ist, als lös'te sich mein ganzes Herz in unbeschreibliches Vertrauen auf — ich sehe Dich wieder; gehe hin, ich folge nicht.

Maske. Leb wohl! (Sie reicht ihm die Hand, er küßt sie feurig.)

Brok. Auf Wiedersehen! (Die Maske wird von der wartenden Pilgerin empfangen und weggeführt.)

Brok. Diese Nacht hat über mein Leben entschieden! (Er eilt fort.)

Der Vorhang fällt.

Ende des vierten Aufzugs.

Fünfter Aufzug.

Erste Scene.

Bei Baron Wilm.

Wilm. Sophie. Später ein **Bedienter.**

Wilm. Du bist so bewegt, Sophie?

Sophie (an seiner Brust). O, mein Karl, mir ist nach dem Treiben des gestrigen Tages unbeschreiblich wohl in unsrer friedlichen Wohnung; ich fühle mich so sicher und beglückt, wenn Deine Arme mich halten!

Wilm. Ich ging vielleicht zu weit in meiner Sorge um unsere häusliche Ruhe. Du überzeugtest Dich indessen, daß nicht bloß eingebildete Gefahren mich dazu veranlaßten.

Sophie. Nein, Du Guter, ich verlange niemals wieder nach dem Geräusch, wo Eitelkeit in tausendfachen Schlingen auf ein argloses Herz lauert. Bei Dir ist mein Glück, mein Friede — nur einzig Deiner Leitung vertraue ich mein Leben.

Wilm (küßt sie auf die Stirn). Du sollst keinen Wunsch hegen, den meine Liebe Dir nicht gewährte! — Du verlangst nach einer Freundin; ich glaube, es bietet sich heute die Gelegenheit dar, einen kleinen freundschaftlichen Kreis um uns zu bilden. Auguste Ringen, Brok's verlobte Braut, feiert ihren Geburtstag, und wir sind von ihrer Familie eingeladen, den Tag dort zuzubringen. Kleide Dich, meine liebe Sophie, wir fahren dann gleich hin.

Bedienter (tritt auf). Baron Wenstädt wünscht die Ehre zu haben.

Wilm. Sehr willkommen. (Bedienter ab.)

Sophie. Du übernimmst meinen Dank gegen ihn, in wenig Augenblicken bin ich bereit. (Geht ab.)

Zweite Scene.

Wenstädt. Wilm.

Wenstädt. Sie haben gewünscht, mich zu sprechen.

Wilm. Ihr Betragen gegen mich und meine Frau fordert meinen lebhaftesten Dank. — Steht es in meinen Kräften, diesen nicht bloß in Worten auszudrücken, so geben Sie mir ein Mittel an, meine große Verpflichtung zu lösen.

Wenstädt. Gewähren Sie mir Ihre Freundschaft.

Wilm (ihm die Hand reichend). Von ganzem Herzen. Nun nennen Sie mir den Frevler, dessen Bubenstück Sie vereitelten; Sie fühlen, daß er mir Genugthuung geben muß.

Wenstädt. Nimmermehr. Sollte eine unglückliche Kugel das schöne Band, welches Ihre Sophie an Sie knüpft, auf immer zerreißen? Ich habe dafür gesorgt, daß er in seiner Handlung die Beschämung fand; war eine blutige Strafe unausweichbar, so hätte er aus meiner Hand sie empfangen. Ich stellte mich ihm — er schwieg — ich harrte heute den ganzen Morgen, endlich kommt sein Bedienter: was empfange ich? eine Karte, worauf sein Name und darunter pour prendre congé geschrieben steht. — Eine schleunige Abreise hielt er für rathsam, und wahrlich, er that wohl daran.

Wilm. Sie halten mich mit großer Wärme ab, mein Leben in einem Duell zu exponiren, um der Liebe nicht eine schwere Wunde zu schlagen — das Ihrige schien Ihnen minder bedeutend; sollten sich keine schönen Augen nässen, wenn diesem Gefahren drohen?

Wenstädt (niedersetzend). Mein Leben gehört noch keiner Pflicht.

Wilm. Auch keiner Liebe?

Wenstädt. Was gewinnen Sie, wenn ich Ihnen sage: ich liebe und bin geliebt, — und doch zwingt mich die Ehre, jede Hoffnung als einen schönen Traum zu betrachten, dessen Verwirklichung unerreichbar ist.

Wilm. Darf ich die Hindernisse kennen lernen, welche Ihren Muth so sehr niederschlagen?

Wenstädt. Ich habe gestern mit der glücklichsten Nachricht meines Lebens auch diejenige bekommen, welche dieses Glück vernichtet. Der Proceß, den ich führte, ist verloren; ich bin ohne Vermögen, und mein kleines väterliches Gut bleibt mein einziges Besitzthum. Das Mädchen, deren Hand mein Lebensglück gründen würde, ist sehr reich; Sie fühlen, daß ich entsagen muß.

Wilm. Wenn Güter Sie zurückschrecken, lieber Wenstädt, so werde auch ich wohl mit meinem guten Willen umkehren müssen. Sie wissen, daß wir verheiratheten Männer gern Ehestands=Kandidaten werben. Ich wüßte eine passende Partie für Sie.

Wenstädt. Sie scherzen —

Wilm. Auf Ehre! was ich sage, gründet sich auf That=sachen. Verneinen Sie nicht zu schnell die Annahme — das Mädchen ist sehr hübsch —

Wenstädt. Immerhin.

Wilm. Von guter Familie und sehr begütert.

Wenstädt. Ich bitte, enden Sie.

Wilm. Meine Freundschaft haben Sie angenommen — wollen Sie sich so eigensinnig weigern, mein Verwandter zu werden?

Wenstädt (mit erwartender Ahnung). Welche Räthsel!

Wilm (zieht das Billet aus der Tasche, welches Wenstädt früher verloren und zeigt es ihm). Kennen Sie diesen Brief?

Wenstädt. Großer Gott, wie kommt er in Ihre Hände?

Wilm. Ein Herr von Fledern, der vielleicht Ihr Vertrauen mißbrauchte —

Wenstädt. Ich vertraute Niemand auf dieser Erde das zarte Geheimniß an.

Wilm. Dieser Herr von Fledern schickte ihn mir heute Morgen mit einigen unfreundlichen Aeußerungen über Sie. Er beschwor mich, meinen Schwiegereltern von Betty's Verhältniß Nachricht zu geben, um dadurch, nach seiner Meinung, Ihre Hoffnung zu zerstören.

Wenstädt. Nichtswürdiger! (Er nimmt seinen Hut.) Er=lauben Sie mir, daß ich mich entferne.

Wilm. Was wollen Sie thun?

Wenstädt. Ein Paar Stationen fahren, um den Elenden einzuholen. Eine Kugel ist wahrhaftig zu ehrliche Strafe für einen Menschen, der Papiere entwendet, und sie zu solchen Zwecken gebraucht. So wissen Sie denn, sein Bubenstück vereitelte ich auf der Maskerade; die Rache, die er nahm, ist seiner würdig — aber, beim Himmel, er soll büßen!

Wilm. Bleiben Sie, Wenstädt — ich erinnere Sie an Ihre eignen Worte. Soll eine unglückliche Kugel vielleicht das schöne Band zerreißen, welches Betty an Sie knüpft? Trifft den feigen Bösewicht nicht die edelste Strafe, wenn er je wiederkehrt und findet uns in einem glücklichen Familienkreis vereint? — Sie, mein lieber Freund, kannten Ihr Mädchen, aber das wußten Sie doch nicht, daß Betty eine solche Antwort nur dann geben würde, wenn diesen Schritt die geliebten Eltern billigten —

Wenstädt. Ist es möglich!

Wilm. Längst konnten Sie im Hafen sein, hätte nicht eine übertriebene Bescheidenheit Ihre Zunge gefesselt — nun aber ist der Augenblick da — in Segernsdorf erwartet man Sie, als einen geliebten Sohn. Ein guter Mensch breitet die Arme aus und fragt Sie mit herzlicher Liebe: Willst Du mein Bruder sein? — wie werden Sie antworten? (Er breitet die Arme aus.)

Wenstädt (wirft sich ihm an die Brust).

Wilm. Unser Wahlspruch sei: Glück in Ehe und Häuslichkeit; und einen guten Rath will ich Ihnen geben: Hüten Sie sich vor Eifersucht! — (Sie gehen zur Baronin.)

Dritte Scene.

Großer Saal bei Ringen, mit Blumen festlich garnirt. Rechts ist das Zimmer Augustens, welches geöffnet ist. Einige junge Mädchen, zum Theil verkleidet als Bäuerinnen u. d. m. kommen mit Geschenken; sie gehen von der linken zur rechten Seite über die Bühne, indem sie die darauf Befindlichen begrüßen. — Auguste tritt aus dem Zimmer, empfängt sie und führt sie sogleich hinein; sie scheint von Brol wenig Notiz zu nehmen. Auch Baronin Ringen wird von Zeit zu Zeit sichtbar, so daß dem Publikum deutlich wird, diese zwei Personen befinden sich im Zimmer rechts.

Baron Ringen. Brol.

Ringen. Ich versichere Sie, ein starkes Ahnungsvermögen hat auch sein Unangenehmes — Alle Ueberraschung fällt weg. Wenn z. B. meine Tochter den prophetischen Blick geerbt hätte, so wüßte sie Alles, was man ihr schenken wird, und freute sich dann weniger. — Aber Sie scheinen so zerstreut, Herr Sohn, so nachdenkend.

Brol. Mir ist sehr unwohl!

Ringen. Hab ich's nicht gedacht. Man sieht es Ihnen an.

Brol. Ich glaube kaum, daß ich ausdauern werde.

Ringen. Thun Sie Augusten das nicht zu Leide, wegzugehen! Halt — die Hausthürglocke! — Wollen Sie nun ein Pröbchen von meinem Errathungs-Talent? Das ist Fräulein Schnebber und meine Schwester — Ob Lina Bertha auch mitkommt, will ich nicht ganz gewiß sagen — es ist jedoch wahrscheinlich!

Vierte Scene.

Wilm. Sophie. Wenstädt. Vorige.

Ringen. Ah! — Baron Wilm. Kommen Sie, meine kleine, niedliche Frau, ich will Sie sogleich meiner Tochter vorstellen — ich habe Sie kommen sehen, im Geist: nicht so, Herr Sohn? Ich bitte um ihren Arm! (Er führt Baronin Wilm zu Augusten — die sie, in der Thür sichtbar, empfängt — und geht mit ins Zimmer ab.)

Brok (als er sich allein sieht mit seinen Freunden). Helft mir, rathet mir, Freunde, wie errette ich mich — ich bin der Unglücklichste der Menschen!

Wilm und Wenstädt. Was ist Dir?

Brok. Ich täuschte mich selbst, ich hoffte Aufschub — ich zählte auf einen Zufall, auf ein Wunder, das mich von den verhaßten Fesseln befreite — nun ist Alles verloren — meine Verbindung soll heute öffentlich erklärt werden — nun ist Alles vorbei — ich werde geopfert.

Wenstädt. Gegebenes Wort ist heilig, Eduard.

Wilm. Mein Gott, Du liebst Deine Braut nicht?

Brok. Gestern hätte ich mich hingegeben ohne Widerspruch! Aber — diese Nacht, diese selige, unselige Nacht hat meinen Frieden auf immerdar zerstört. O über das hämische Geschick! Nicht eher zeigt es mir, welch unüberschwänglicher Reichthum in der Brust eines deutschen Mädchens wohnen kann, als eine einzige Nacht vor dem Tage, der mich unauflöslich kettet an die Allerärmste ihres Geschlechts!

Wenstädt. Womit soll man Dich trösten, armer Freund?

Brok. Giebt es noch einen Trost für mich? — Beklagt mich, trauert um mich, als um einen Menschen, den man in seiner Blüthe begräbt! (Geht auf und nieder.)

Fünfte Scene.

Baronin Ringen. Vorige.

Baronin (zu Wenstädt und Wilm). Meine Herren, wollen Sie mir erlauben, Sie zu meiner Tochter zu führen; Sie kennen ja die kleine Eitelkeit der Mädchen, die Geburtstags-Präsente müssen allgemein bewundert werden.

Wenstädt und Wilm verbeugen sich und folgen.

Brol. Vergönnen Sie mir, noch ein wenig hier zu verweilen, ich folge sogleich.
Baronin. Ganz wie Sie es wünschen!
Baronin, Wilm, Wenstädt in Augustens Zimmer ab.

Sechste Scene.

Brol allein.

Brol Unmöglich, unmöglich! Jetzt ihr gegenüber stehen, mit diesem zusammengepreßten Herzen — ich kann es nicht! — (Er geht auf und nieder.) Und für wen glüht diese Brust? wessen Bild ist es, das mit Allgewalt mich hinreißt von Recht, Versprechen, Pflicht und Ruhe? Ein geheimnißvolles Mädchen, dessen Züge mir so fremd sind, als seine Verhältnisse! — Soll eine plötzliche Flucht mich dem Netz entziehen, das mich umspannt und jede Lebenskraft lähmt? Suche ich einen entfernten Welttheil auf, wo alle Vorwürfe verklingen auf der ungeheuren Meeresfläche, die mich vom Vaterlande trennt, und wo der Todtgeglaubte seines Versprechens quitt ist? Ach, es wird kein Land und Meer diese heiße Sehnsucht nach Glück der Liebe in meinem Herzen verlöschen, und ich kann Die nicht fliehen, welche ich hasse, ohne auch Die zu verlassen, die mich mit tausend geistigen Ketten liebend hält! Was soll ich beschließen? wohin soll ich mich wenden? Ueberall Zwiespalt, Mißgeschick und Angst!

Siebente Scene.

Die jüngere weibliche Maske war während der letzten Rede, Augustens Zimmer gegenüber, eingetreten, sie steht hinter Brol, doch auf der Seite ihres Eintritts. Ihr Anzug ist derselbe, den sie im vierten Aufzuge, in der achten Scene, trug; nur muß er so eingerichtet sein, daß er in einem Moment abgeworfen werden kann, und dann die Darstellerin sehr einfach und häuslich erscheint. Brol.

Maske. Zum Rechten wende Dich, aus ihm nur keimt Friede.
Brol (erschrickt heftig). Herr des Himmels, Du hier!?
Maske. Ich versprach es.
Brol. In diesem Hause, weißt Du — —?
Maske. Es ist mir wohlbekannt.
Brol. Meine Braut — —
Maske. Ich kenne sie besser, als Du.
Brol. Unerklärliche, was verlangst Du von mir?

Maske. Ich will Dich Derjenigen zurückgeben, der Du angehörst.

Brok. Dir gehöre ich — Dein bin ich — wie willst Du mein Herz von Dir losreißen? wie willst Du möglich machen, was ich für unmöglich erkenne?

Maske. Du wirst einer phantastischen Neigung entsagen und die Maske vergessen über dem Antlitz Deiner Braut.

Brok. Nimmermehr!

Maske. Ich bin verlobt.

Brok. O weh uns Beiden, daß die kalte Pflicht uns trennt!

Maske. O Heil uns Beiden, wenn wir unsre Pflicht er= füllen!

Brok. Verlobt — Du — und liebst den Mann, den man Dir bestimmte?

Maske. Er hat mich sehr gekränkt.

Brok. Eben so leicht mag man unbarmherzig eine seltene Blume knicken, als man Dir, Engel, eine Kränkung zufügt!

Maske. Er verkannte mich.

Brok. Beim Himmel, wer Dich ein einziges Mal sprechen hört, muß die Abkunft Deines Geistes erkennen und Dich anbeten.

Maske. Er verkannte mich, weil ich schwieg.

Brok. Er hätte in Deinen Augen die Sprache Deiner Seele entziffern müssen — und Du liebst den Undankbaren? (Pause.) Du schweigst? (Pause.) Liebst Du — o sag es — sieh ich bebe vor dem Wort — aber sprich es aus — traurige Gewißheit ist immer noch besser, als der entsetzliche Zweifel, welcher ihr vorher= geht. Liebst Du? — —

Maske. Wenn dieser mir bestimmte Mann meinem Herzen theuer wäre, wie dürfte ich es sagen, da er, so ganz geblendet vom Schein, Fehler an mir bemitleidet, die nicht an mir haften — da er mich verwirft, ohne mich geprüft zu haben?

Brok. Ist es möglich — und wie steht es um das Urtheil des Mannes, der so wenig das ächte Gold aus unedlem Metalle aufzufinden versteht? wie beschränkt und arm an Erfahrung muß er sein, dem man eine Perle vorlegt, und er verschmäht sie, weil sie nicht zu gleißen versteht?

Maske (sehr sanft). Urtheile mild auch über ihn — —

Brok (feurig). Nein wahrlich, keine Schonung verdient der Fühllose, der so viel Herrlichem den Rücken kehrt. Und wärst Du unschön von Gesicht, wären Deine Züge entstellt von Zufälligkeiten

— Auge und Gestalt entfalten solchen Reiz des Körpers und der Seele, daß man vor Ueberfülle der Empfindung keines Mangels gedenkt. Du bist geistreich, voll Talent, voll Grazie und Leichtigkeit — ein seltenes Wesen unter Tausenden, und ein Mann darf Dich verkennen? Ihm fehlt Gefühl, Sinn und Geschmack!

Maske. Du hältst mich für gut?

Brok (in großer Bewegung). Du bist's. Dein Ton, die Bewegung Deiner Stimme sprechen es aus. Mehr als diese, der Sinn Deiner Worte — er athmet Tugend und Vertrauen. Mehr als jener, Deine Bildung — sie muß Dich belehrt haben, daß nur in Güte des Herzens Lebensglück besteht — mehr als Alles aber spricht Dich gut die Stimme in mir, die unwiderruflich entschieden hat, daß nur an Deiner Seite mich Frieden und Glückseligkeit erwarten — daß wenn ich Dir entsagen muß, ich elend bin!

Maske (in hoher Bewegung). Du weckst Zutrauen auf in mir — nun darf ich den Zustand meines Herzens Dir entdecken — ich liebe — —

Brok. O wehe mir!

Maske. Ich liebe innig und ewig den Mann, der mich verkannte.

Brok (mit Resignation). So laß uns scheiden. — Wär ich Dir nie begegnet!

Maske. Was willst Du thun?

Brok. Was recht ist — ich erfülle dadurch Deinen Willen, ein sanfter Trost für mein wundes Gemüth.

Maske. Wie wird Augustens Schicksal sein?

Brok. Ich will es versuchen, sie glücklich zu machen — Kann mich das in Deiner Achtung höher stellen?

Maske (im feurigsten Ausdruck). Es wird mein Glück befördern.

Brok. Du liebst — Du liebst — — (er streichelt sich über die Stirn) Trennen wir uns, eh man uns überrascht.

Maske (in gleicher Bewegung). Bleiben wir, daß man uns überrasche!

Brok sieht sie schweigend und groß an.

Maske (in großer Steigerung). Der Mann, der mich verkannte — der Mann, der mein ganzes Herz besaß, als ich ihn zum erstenmal sah — der Mann, der mich haßt und mich liebt — mich verwirft und über meinen Verlust verzweifelt — der Mann — — bist Du!

Brok. Welche Ahnung!

Auguste (wirft im Augenblick die Maske ab und spricht mit natürlicher Stimme). Nun, nimm Deine Schwüre zurück, wenn sie mir nicht gehörten; Deine glühenden Versicherungen empfange sie wieder, wenn die Wahrheit nicht anerkannt, was dem Schein zum Opfer ward.

Brok (in sprachlosem Erstaunen). Himmel — Auguste — Meine Braut (er wirft sich zu ihren Füßen) — meine geliebte, verkannte Auguste!

Auguste. Daß auch ein Deutsches Mädchen s ch e i n e n k a n n, hab ich bewiesen — soll ich nun von fremden Nationen Flittern mir erborgen zu s ch e i n e n — — oder soll ich s e i n.

Brok (steht auf). Sei, was Du bist — werde, was mein Glück unerschütterlich gründet, ein deutsches Weib. Ich bin von meinem Wahne geheilt. Ich weiß und fühle nun in meinem innersten Herzen, daß gerade die Zurückhaltung deutscher Mädchen Bollwerk der Tugend und Treue ist! — Nimm mich auf, vergieb meinem Irrthum und empfange die Schwüre eines Herzens, das Deinen Werth erkannt hat und Dir gehört bis zum Tod! (Er schließt sie inbrünstig an sein Herz.)

Der Vorhang fällt.

Ende des fünften Aufzugs.

Zurücksetzung.

Schauspiel in vier Aufzügen.

Personen.

Frau von Lobeck, Wittwe.
Marie, } ihre Töchter.
Mathilde,
Herr von Lobeck, ihr Schwager.
Anselm Edler von Götze, Rentier.
Baron von Heeren.
Ulrich, } in Frau v. Lobeck's Dienste.
Frau Ulrich,
Ein Hausknecht.

Erster Aufzug.

Ein eleganter Gartensalon mit Mittel- und Seitenthüren.

Erste Scene.

Marie sitzt am Stickrahmen. **Frau v. Lobeck** steht mit **Mathilde** vor einem großen Spiegel und ordnet der Letzteren Toilette.

Frau v. Lobeck. Heut hast Du einmal Deinen beau jour, mein süßes Thildchen! Nicht wahr, Marie? Sieh einmal Deine Schwester an!

Marie. Ja, Mama — Mathilde ist immer sehr hübsch.

Mathilde. Großen Dank, Schwester — ich hätte beinahe gesagt: großen Dank, mein Herr, so galant klang das.

Frau v. Lobeck. Ich werde an Deiner Seite im Volks= garten voll Selbstgefühl umherschreiten. Man soll mir so ein an= muthiges liebes Töchterchen zeigen, wie Du bist — Mathilde.

Mathilde. Ach, es laufen deren genug umher, Mama, solcher erträglich geschmackvoll ausstaffirter Meinesgleichen. Aber, das gestehe ich — denn man gefällt doch immer gern — ich wollte, alle Augen sähen auf mich nur halb so zärtlich, wie die freund= lichen Mutteraugen!

Fr. v. Lobeck (küßt sie). Mein Herzens=Kleinod!

Marie sieht von ihrer Stickerei auf zum Himmel und ein schwerer Seufzer entströmt ihren Lippen.

Mathilde. Nun, Mariechen? Du willst nicht mit uns gehen?

Marie. Ach nein, liebe Schwester, — ich bleibe im Garten.

Fr. v. Lobeck. Das ließ sich denken! (Zu Mathilde) Marie ist nicht gern in unserer Gesellschaft. Einsamkeit ist ihr lieber — ihre Gedanken sind ihr interessanter, als das, was Du oder ich ihr sagen könnte!

Marie. O, nein, Mama, das ist es nicht. Ich —

Mathilde. Gieb Dir keine Mühe, Dich zu rechtfertigen. Willst Du in unserem Garten spazieren, so kannst Du auch im Volksgarten spazieren. Der Unterschied ist bloß, daß Du dort außer andern ganz netten Leuten auch uns Beide antriffst.

Marie. Ich möchte die Arbeit bald vollenden —

Mathilde. Die alte finstere Urne mit der Trauerweide darüber? Freilich, die Unterhaltung ist erschrecklich pikant!

Fr. v. Lobeck (die Achseln zuckend). Es ist ihr Charakter!

Marie (steht von der Arbeit auf). Wenn Sie es wünschen, Mama, so will ich mitgehen.

Fr. v. Lobeck. Nein, meine Tochter, Du hast Deinen freien Willen — Bleibe Du immerhin zu Hause — ich verlange kein Opfer!

Zweite Scene.

Vorige. Frau Ulrich.

Fr. Ulrich. Baron v. Heeren erwartet die gnädige Frau im Vorderhause. —

Marie fährt ein wenig zusammen.

Fr. v. Lobeck. Sehr schön! Er kann uns den Arm geben; (zu Mathilde) komm Kindchen!

Mathilde (geht zu Marie). Warum verschmähst Du uns? Komm mit!

Marie. Geh, liebe Schwester, der Baron wartet!

Mathilde. Also unbeugsam?

Marie (leise). Laß mich, ich habe meine Gründe!

Mathilde (nimmt Marie's Kinn mit der Hand auf und giebt ihr einen herzlichen Kuß). Du bist ein hartherziger, abscheulicher Bösewicht! (Sie wirft noch einen Blick in den Spiegel, dann holt sie die Mutter ein, diese geht mit Mathilden ab, ohne ihrer Tochter Marie einen Blick zu gönnen.)

Marie. Gute Schwester! (Sie steht auf.) Wie sie heiter ist und — glücklich! Mutter liebt sie aber auch so innig! (Sie geht, in schweren Gedanken sich versenkend, in den Garten.)

Dritte Scene.

Frau Ulrich allein. Nachher Hr. v. Lobeck und Hr. Ulrich.

Frau Ulrich. Immer allein — und immer im Grübeln. Ei, das taugt nicht! Ich rede ihr nicht mehr über ihre Traurig=

keit, weil ich sie lieb habe — und sie möchte gar zu gern, daß sie von keinem Menschen beobachtet würde! Ach, es entgeht mir nicht! Du armes Mariechen, Du! (Man hört Herrn v. Lobeck's Stimme: „Packt Euch! Packt Euch! hier brauch ich keine Wegweiser!") Ei, mein Himmel, das ist ja der gnädige Herr Schwager! Ulrich! Mann! fix!

Ulrich (steckt den Kopf aus der Nebenthür). Ehehälfte, was giebt's?

Fr. Ulrich. Lauf hin nach dem Volksgarten. Die gnädige Frau soll nach Hause kommen. Der Herr Schwager ist da!

Ulrich. Wird besorgt, Ehehälfte. (Ab.)

Fr. Ulrich (während Herr v. Lobeck die Thür öffnet, ihm entgegen). Sind es denn der gnädige Herr wirklich — Du mein Himmel, das ist sehr gut!

Vierte Scene.

Herr v. Lobeck. Frau Ulrich.

Herr v. Lobeck. Mit Haut und Haar, mit lustigem Humor, wie immer, Frau Ulrich. Na, nun nehmen Sie das fröhlichste Gesicht an, das Sie in ihrer Vorrathskammer haben und erzählen Sie mir —

Fr. Ulrich. Der gnädige Herr sind über ein Jahr weggewesen. Wie wird sich Ihr Nichtchen freuen!

Herr v. Lobeck. Meine Nichte, sagen Sie? Hab ich nicht zwei?

Fr. Ulrich. Freilich, freilich; aber ich dachte jetzt nur an Marie.

Herr v. Lobeck. Mathilde wird auch nicht scheel sehen, wenn Onkel Lobeck sich wieder hier einquartirt. Sie lacht gern, er lacht auch gern — ich glaube, kein Mensch stimmt mit mir so überein in der Antipathie gegen weinende Augen! Nehmen Sie sich ja in Acht, Frau Ulrich, so lange ich hier bin — kein Lamento — keine Schnupftücher und dergleichen — Sie wissen, das bringt mich gleich in Harnisch!

Fr. Ulrich. Ach, es giebt Dinge, gnädiger Herr, die man ohne Thränen nicht ansehen kann!

Herr v. Lobeck. Wenn man eine Person ist, aus Rührei geformt. Mit Plärren wird nichts gebessert. Wo was Trauriges ist, da muß man helfen, nicht Schnupftücher naß machen!

Fr. Ulrich. Wenn nur zu helfen wäre, gnädiger Herr!

5*

Die liebe Marie — o du meine Güte! Als die gnädige Frau so krank war, und mir der kleine Wurm auf das Land gebracht ward, weil der Vater weit übers Meer gegangen war — hab ich mich nicht wie eine Mutter des Pfleglings angenommen? Hab ich das Kindchen nicht behandelt, eben so zärtlich wie meinen eignen kleinen Wilhelm, den Gott in die Ewigkeit rief? Und nun soll ich das Mädchen vor meinen Augen verwelken sehen, ohne daß mir dadurch das Herz zerbricht? Dann hätt ich Marie so wenig lieb, als die Mutter — und mir — schlüge kein — Herz in der Brust! (Sie weint.)

Herr v. Lobeck (zornig). Donner und der Hagel! Komm ich deswegen so viele Meilen weit her, daß mir ein altes Weib vorheulen soll? Packen Sie sich, Frau Ulrich, wir sind geschiedene Leute!

Fr. Ulrich (will abgehen).

Herr v. Lobeck. Sie sind nicht recht klug!

Fr. Ulrich (bleibt stehen und sagt ohne Weinen). Wohl möglich, gnädiger Herr, aber gut bin ich.

Herr v. Lobeck. Das sind Sie, Frau Ulrich, und ich habe Mariechen lieb wie Sie. Die Schwägerin macht keinen Unterschied zwischen ihren Töchtern; geschähe das, so würde ich ein Wort mitreden — ich habe ein Recht dazu. Deshalb braucht es keines Plärrens, verstehen Sie mich? Marie soll Tochter im Hause sein, wie Mathilde, dafür will ich sorgen.

Fr. Ulrich (sehr freundlich lächelnd). Sie sind ein kreuzbraver Herr.

Herr v. Lobeck (eben so freundlich). Das lob ich mir! Nun haben Sie ein Menschengesicht! Ein weinendes Antlitz ist eine Fratze. Aber wie gesagt, Sie sehen Gespenster!

Fr. Ulrich. Ach, ich weiß mehr, als Andere!

Herr v. Lobeck. Ja, Sie bilden sich allerlei ein.

Fr. Ulrich. Ich weiß, daß die gnädige Frau Marien verheirathen will.

Herr v. Lobeck. Was nicht noch?

Fr. Ulrich. O, es ist ein Skandal! Marie — an einen Herrn, der alt ist und graue Haare hat, wie Sie!

Herr v. Lobeck (lachend). Wie ich? Und das ist ein Skandal? So was laß ich mir gefallen — darüber kann man lachen!

Fr. Ulrich. Nichts für ungut! Der alte Herr hat die

Zurücksetzung. 69

gnädige Frau einmal gerettet, als das Pferd mit ihrem Cabriolet durchgehen wollte.

Herr v. Lobeck (lachend). Und was das Pferd Böses gethan hat, soll Marie wieder gut machen? Kuriose Prätension! Wer ist denn der alte Gymnastiker?

Fr. Ulrich. Er ist so verliebt* in Marie — es ist eine Schande und eine Sünde — — sonst ein rechtschaffener Mann.

Herr v. Lobeck. Sie reden immer den Leuten Uebles nach und versichern dabei, es seien vortreffliche Personen.

Fr. Ulrich. Der gnädige Herr kennen ihn sehr gut. Der alte Götze —

Herr v. Lobeck (lachend). Was, mein alter Freund Götze? Der kniderbeinige Rentier? Ist er des — nun, es ist sonst ein achtungswerther — Lassen wir das gut sein, Frau Ulrich. Wo sind denn meine lieben Anverwandte?

Fr. Ulrich. Mein Mann holt die gnädige Frau. Sie ist mit Fräulein Mathilde und dem jungen Baron von Heeren im Volksgarten.

Herr v. Lobeck. Junge Baron Heeren? Wer ist das?

Fr. Ulrich. O, ein reicher — auch ein braver junger Herr — Fräulein Mathilden's Bräutigam — aber, wenn ich reden wollte —

Herr v. Lobeck (lachend). Dann würde aus dem braven jungen Heeren ein abgefeimter Spitzbube werden —

Fr. Ulrich. Da sei Gott vor, daß ich — nein es ist —

Herr v. Lobeck. Schon gut, Alte! Wo ist Marie?

Fr. Ulrich. Im Garten; ich will sie gleich herschicken, ach, ich hätte Ihnen noch so viel zu erzählen — aber der gnädige Herr sind auch nicht auf den Kopf gefallen — Sie werden schon selber merken, was nothwendig ist. Ich freue mich wie ein Kind, daß Sie hier sind!

Herr v. Lobeck. Dann müssen Sie mir auch nicht wieder was vorweinen wollen!

Fr. Ulrich. Nun sollen der gnädige Herr bloß mein Sonn= tags=Gesicht zu sehen bekommen! (Sie läuft in den Garten ab.)

Fünfte Scene.

Herr von Lobeck allein. Dann Marie.

Herr v. Lobeck. Ich wollt's die Alte gar nicht merken lassen, wie ich Marie liebe — wenn sie auch ein bischen zu ernst=

haft ist! Tolle Idee, daß die Mutter solchen Engel — sie kommt — wenn sie sich nur recht freut, mich zu sehen — und wenn sie nur nicht weint!

Marie (sehr haftig hereinkommend). Mein lieber — lieber Onkel! (An seinem Halse.)

Herr v. Lobeck. Na, da hast Du ihn wieder — Deinen (Er küßt sie.)

Marie. Meinen zweiten Vater!

Herr v. Lobeck. Blitz, Du bist hübsch, Marie — aber blaß bist Du!

Marie (ausweichend). Großer Gott, wie lange ist es her, daß ich Sie nicht gesehen habe — daß wir Sie nicht gesehen haben!

Herr v. Lobeck. Ich dachte auch früher zurückzukommen — aber der Mensch denkt Gott lenkt — und Du weißt, der da droben lenkt just nicht immer dahin, wohin unsere Laune steht. Aber er richtet es doch ganz erträglich ein, man muß nur immer das Ende abwarten.

Marie (bedeutend). Das Ende — ja wohl!

Herr v. Lobeck. Zeigst Du mir auch nun ein recht vergnügtes Gesichtchen, Marie?

Marie (sich zwingend). Das will ich meinen — ich weiß ja, was der Onkel liebt!

Herr v. Lobeck. Du siehst mir so abgezehrt aus! Bist Du auch heiter, zufrieden, Mädchen?

Marie. O ja, ganz heiter, Onkel — vorzüglich in diesem Augenblicke! (Sie legt sich an seine Brust.)

Herr v. Lobeck (sehr schmeichelnd). Dir brennt die Stirn so — mit demjenigen, welchen man zweiten Vater nennt, soll man ganz wahr sein, Mädchen! fehlt Dir etwas?

Marie. Nichts, mein guter Onkel — ich bin vollkommen glücklich — was sollte mir fehlen! — Machen Sie sich ja keine Sorge um mich! Ich weiß, Sie sehen so gerne lächelnde Gesichter — blicken Sie mich an! (Sie zwingt sich zum Lächeln.) Da haben Sie Eines — sind Sie nun beruhigt?

Herr v Lobeck. Wenn Dein Gemüth lächelt — wie Deine Züge — dann bin ich beruhigt, Marie. Aber ich weiß nicht, dies Lächeln kommt mir vor wie die Wintersonne — man sieht sie glänzen, aber man wird nicht warm davon!

Sechste Scene.

Die Vorigen. Mathilde.

Mathilde (kommt eilig herbeigesprungen, thut, als wollte sie auf den Onkel zu laufen, ihn zu umarmen, bleibt aber stehen und macht einen ceremoniösen Knix). Liebster Herr Onkel, ich habe die Ehre —

Herr v. Lobeck. Komm an mein Herz, Thildchen!

Mathilde. Erst die Begrüßung, wie sie der Tanzmeister verlangt — dann (sie umarmt Lobeck) einen zwanglosen Willkommkuß! Halt! böser Onkel, ich habe einen neuen Hut auf — Sie zerdrücken mir den Schirm! (Sie läuft vor den Spiegel und biegt diesen zurecht.)

Herr v. Lobeck (sieht ihr über die Schulter). Der neue Hut freilich verlangt Rücksicht, mehr als der alte Onkel! Aber er steht Dir vortrefflich!

Mathilde (dreht sich sogleich zum Onkel hin, um sich ansehen zu lassen). Finden Sie?

Herr v. Lobeck. Mädchen, Du bist das blühende Leben, die personifizirte Glückseligkeit!. Wie das heranwächst und gedeiht! Der Tausend noch einmal — man wird selbst jung, wenn man diese jugendliche Fülle sieht. Dir geht's gut — danach brauch ich nicht zu fragen!

Mathilde. Das kommt daher, weil ich nicht bin, wie Marie. Ich bin nicht menschenscheu — ich putze mich gern — ich gehe — ich springe — ich tanze — ach, Onkel, wie gern tanze ich! (Sie macht ein Paar Schritte.) Wenn Sie die Schwester dahin bringen könnten, daß sie einmal, ein einziges Mal tanzte. —

Marie. Ich werde gleich müde!

Mathilde. Daß sie aufhörte, die Einsiedlerin zu spielen — sie würde fröhlich werden und rothe Backen bekommen, wie ich habe. Als ein Mädchen müßte sie doch wissen, wie viel rothe Backen werth sind — wer sie nicht hat, preßt sie durch das Bindeband hervor — Gottlob! ich brauche das nicht! Aber man muß nicht tagtäglich im Haus-Garten Botanik studiren, melancholisch und seufzend und langweilig — das macht blaß, das verdirbt allen Teint.

Marie. Ich liebe die Blumen.

Mathilde. J, ich liebe sie auch — so nebenbei!

Herr v. Lobeck. Mir scheint, Du Dämchen nach der Mode, die liebsten Blumen sind Dir diese da! (Er deutet etwas unsanft auf Mathildens Hut.)

Mathilde (zurückspringend). Profane Hände von der Garnitur! Sie ist ein Meisterstück! Da denkt gewiß (sie nimmt den Hut vom Kopfe) Schwesterchen Marie, die Philosophin, ich bin ein rechtes Weltkind, daß ich solche Blumen beschütze. — Herzensschwester, ich kann nicht dafür, daß wir so verschieden denken. Ich liebe Alles, was rosenroth ist, heiter, lebendig — sie alles Trübe, Schwere — Alles, was weinen macht.

Herr v. Lobeck. Weinen? Höre, das gewöhne Dir ab, Marie, sonst bleiben wir keine guten Freunde!

Marie. Sie neckt mich gern, Onkel — aber sie meint's nicht böse!

Mathilde. Ich thu's, weil ich Dich reformiren will, Mariechen, weil Du munter werden sollst! (Zum Onkel) Uebrigens taugt sie viel mehr als ich. Sie hat mehr Verstand, mehr Talent, mehr Gefühl als ich, nur ich habe mehr Frohsinn. Du lieber Gott! Ich muß doch etwas haben!

Herr v. Lobeck (nimmt sie Beide in seine Arme und küßt ihre Stirn). Ihr seid Beide herzensgute Kinder, dem Himmel sei Dank!

Mathilde. Sie sind aber ein recht böser Mann, Onkel, dem Himmel sei's geklagt!

Herr v. Lobeck. Wie so, Muthwille?

Mathilde. Sechs volle Monate auszubleiben, sechs Monate, ist das nicht unverantwortlich?

Herr v. Lobeck. Ein Jahr sage, Du Leichtfuß! Gottlob, die Zeit ist Dir ohne mich, wie ich sehe, nicht lang geworden!

Mathilde. Ein Jahr? Ist es möglich? Ein ganzes Jahr?

Siebente Scene.

Vorige. Frau v. Lobeck von Baron Heeren geführt.

Frau v. Lobeck (hört die letzten Reden). Ein ganzes langes Jahr — ja — der Treulose, der schreibfaule Schwager — ohne eine Zeile Nachricht! Deshalb läßt man auch Thildchen als Courier voranlaufen und nimmt sich hübsch Zeit zum Willkommen! (Sie reicht ihm lächelnd die Hand) Also Willkommen! (Umarmung) Wie geht es, mein guter Schwager?

Herr v. Lobeck. Wie allen Reisenden — trefflich!

Marie (zu Herrn v. Lobeck). Ich gehe, Ihr Zimmer selbst einzurichten, Onkel, das laß ich mir nicht nehmen!

Zurücksetzung.

Herr v. Lobeck. Thue das, mein Kindchen — Du kennst meine Eigenheiten.

Marie ab.

Mathilde. Und ich will dem Onkel zu Liebe mich in ein Hauskleid werfen, von dem er nicht ungünstiger urtheilen soll, wie von meinem neuen Hute!

Herr v. Lobeck. Dem Onkel zu Liebe? (Mit einem Blick auf den Baron) Bloß dem Onkel zu Liebe? Na, geh nur, und mach Dich so hübsch Du kannst — mir zu Liebe!

Mathilde (singend):
  Immer mit leichtem Sinn
  Tanz ich durchs Leben hin! (Ab.)

Frau v. Lobeck. Sie haben die Sonate noch nicht durch= genommen heute, Baron — lassen Sie Ihre Schülerinnen nicht aus dem Auge!

Baron v. Heeren (küßt ihre Hand). Mit Ihrer gütigen Erlaubniß! (Er geht an Lobeck vorüber und sagt leise): Ich bitte nachher um ein Paar Worte, mein Herr.

Herr v. Lobeck. Gern zu Dienst, mein Herr. (Begrüßung.)

Baron v. Heeren (den Mädchen nach ab).

Achte Scene.

Frau v. Lobeck. Herr v. Lobeck.

Frau v. Lobeck. Nun, Schwager, wie finden Sie die Mädchen?

Herr v. Lobeck. Mir lacht's Herz im Leibe bei ihrem Anblick.

Frau v. Lobeck. Sie kommen recht à propos. Ich steh im Begriff sie zu verheirathen.

Herr v. Lobeck. Wahrhaftig? Das ist recht schön, das! Mit wem denn?

Frau v. Lobeck. Mathilde ist dem jungen Mann bestimmt, den sie so eben hier sahen.

Herr v. Lobeck. Er liebt das Mädchen?

Frau v. Lobeck. Er ist ganz bezaubert! Sein Gut liegt neben dem meinigen. Vor einiger Zeit trat er mir sehr freundlich einen Strich Landes ab; dies knüpfte die Bekanntschaft. Er besuchte uns, erst selten, dann öfter, später täglich. Er war so zuvor= kommend gegen Mathilde, voll der zartesten Aufmerksamkeiten —

ich mußte, da man über seine Besuche anfing zu glossiren, ihn endlich fragen, ob er Absichten hege — da versicherte er mit Feuer, er würde sich glücklich schätzen, zu unserer Familie gezählt zu werden.

Herr v. Lobeck. Er nannte Mathilde nicht? Wer sagt denn, daß gerade sie —

Frau v. Lobeck. Ei halten sie mich für so kurzsichtig, daß ich den jungen Mann nicht durchschaue?

Herr v. Lobeck. Sie müssen allerdings besser wissen, wie die Sachen stehen, als ich, der ich eben ins Haus trete! Nun — und Marie, wem soll denn Marie gehören?

Frau v. Lobeck (etwas verlegen). Ich denke, ich habe eine sehr vernünftige Wahl getroffen.

Herr v. Lobeck. Hoffentlich, Schwägerin, hoffentlich. Aber Sie kennen mich, ich habe manchmal einen Disputirgeist.

Frau v. Lobeck. Der Mann ist zwar eben nicht jung — —

Herr v. Lobeck. Aber eben recht alt?

Frau v. Lobeck. Er ist just nicht sehr hübsch —

Herr v. Lobeck. Aber häßlich, wie der Teufel?

Frau v. Lobeck. Ein braver, gutberufener Mann — ich spreche gar nicht von seinem Vermögen.

Herr v. Lobeck. Das fehlte auch noch! Alt und häßlich ist er schon — wenn er noch arm und ein Taugenichts dabei wäre, bekäme ja Marie ein wahres Scheusal!

Frau v. Lobeck. Er ist rechtschaffen — und das zählt viel!

Herr v. Lobeck. Zugestanden. Aber — antworten sie mir einmal, liebe Schwester — bin ich ein rechtschaffener Mann? Ich?

Frau v. Lobeck (lächelnd). Welche Frage!

Herr v. Lobeck. Antworten Sie!

Frau v. Lobeck. Nun, ja — ja —

Herr v. Lobeck. Dennoch hat meine Rechtschaffenheit keinem hübschen Mädchen Lust zur Heirath gemacht, es ist eine alte grau=haarige Rechtschaffenheit. Die Mädchen wollen eine junge, schwarz=gelockte — sie sind einmal so!

Frau v. Lobeck. Sie scherzen!

Herr v. Lobeck. Ist es möglich, daß der alte Götze —

Frau v. Lobeck. Sie wissen davon? Nun, dann kennen Sie auch wohl den Dienst, den er mir geleistet?

Herr v. Lobeck. Ihnen, ganz gut. So danken auch Sie dem Herrn — und heirathen Sie ihn selbst.

Frau v. Lobeck. Er liebt aber Marien!

Herr v. Lobeck. Er liebt? Was will er denn mit seiner Liebe? Gehn Sie doch!

Frau v. Lobeck. Er hat um sie angehalten.

Herr v. Lobeck. Hat er? Nun dann müssen Sie ihn — gewiß abweisen?

Frau v. Lobeck. Wie so?

Herr v. Lobeck. Weil das darthut, daß er ein Narr geworden ist. Sie werden doch Marien keinem Narren geben? Nein, Frau Schwester – laffen Sie das gut sein!

Frau v. Lobeck. Ei, bewahre. Es ist ja Alles abgemacht. Er hat ja meine Einwilligung — und Marie wendet nichts ein.

Herr v. Lobeck. Wahrscheinlich aus Anhänglichkeit an Sie —

Frau v. Lobeck. Nein, ohne Ueberredung — ohne Zwang —

Herr v. Lobeck. Sie opfert sich auf — — das sieht ihr ähnlich. Aber, Frau Schwester, haben Sie auch die Folgen bedacht? Nein, Sie bestehen darauf nicht!

Frau v. Lobeck. Ich sehe schon, Herr Schwager, Sie haben Lust, Krieg mit mir zu führen — es war sonst immer Ihre Lieblingsunterhaltung, mir widersprechen. Aber bei dieser Gelegenheit habe ich nur Eines zu bemerken (lächelnd, aber bestimmt): die Heirath gefällt der Mutter, dem Bräutigam — sie wird der Braut gefallen und demnach — auch dem Onkel! Das ist das Ende vom Liede!

Herr v. Lobeck. Sehr klar und kurz — in der That! Ich muß etwas weiter ausholen. Sie kennen mich, ich bin gewiß seelengut — gewiß nachgiebig — wenn Vernunft in den Dingen ist — aber —

Frau v. Lobeck. Auch recht eigensinnig, wenn —

Herr v. Lobeck. Wenn man mir Unvernunft verkaufen will.

Frau v. Lobeck. Herr Schwager!

Herr v. Lobeck (ziemlich ernsthaft). Marie ist meines Bruders Tochter. Sie erbt mein halbes Vermögen, Mathilde die andere Hälfte. Dies, scheint mir, giebt mir das Recht, mitzureden, wenn es sich um Mariens Lebensglück handelt. Giebt's mir das Recht nicht gutwillig, so bin ich der Mann, der sich das Recht nimmt! Sie, Frau Schwägerin, sind eine ganz vortreffliche Frau. Sie haben mit Zärtlichkeit an meinem Bruder gehangen. Sie sind wohlerzogen, gutherzig, mitleidig mit fremdem Kummer.

Frau v. Lobeck. Ich fange an, mich zu fürchten, Herr Schwager. Wenn Sie mit solchem Lobe beginnen, so pflegen Sie gewöhnlich —

Herr v. Lobeck. Ahnt Ihnen etwas? Na, das ist mir lieb, so erschreckt Sie's nicht so sehr!

Frau v. Lobeck. Also — was soll ich hören?

Herr v. Lobeck. Sie haben alle guten Eigenschaften — aber Eine fehlt Ihnen!

Frau v. Lobeck (ein wenig betroffen). Und — die wäre?

Herr v. Lobeck (mit großem Nachdruck). Sie haben für Marie nicht die Liebe, welche Marie verdient!

Frau v. Lobeck (wendet sich ab).

Herr v. Lobeck. Diese Wahrheit liegt mir auf dem Herzen seit meines Bruders Tode. Ich habe Zeit gehabt, mich darauf vorzubereiten, sie Ihnen zu sagen. Nun habe ich sie Ihnen gesagt — wenn Sie können, zeihen Sie mich des Irrthums Sie können es nicht, Frau Schwester — Ihr niedergeschlagener Blick sagt: ich hab's getroffen!

Frau v. Lobeck. Bruder! Sein sie nicht ungerecht mit mir, wie andere Leute, die mich nur oberflächlich kennen. Sie kennen mich ganz, durch und durch! Klagen Sie mich nicht an, wenn ich Ihnen ein Geständniß ablege — verurtheilen Sie mich nicht — bedauern Sie mich

Herr v. Lobeck. Reden Sie, Frau Schwester, reden Sie!

Frau v. Lobeck. Es ist wahr, eine unwillkürliche Neigung zieht mich lebhafter zu Mathilde, als zu Marie. Diese Neigung wird mächtiger, je mehr mein Verstand, mein Gewissen mir Vorwürfe darüber machen. Ich will stets ein gleiches Herz für beide Kinder haben und — ich kann es nicht. Vielleicht ist Marie mir entfremdet worden, da eine langwierige, schwere Krankheit mich nöthigte, sie auf das Land zu geben. Diese zwei Jahre Entfernung — gerade in der Periode, wo die Mutterpflichten beschwerlich, aber auch so unaussprechlich süß sind, äußern vielleicht solche traurige Nachwirkung. Mathilde ist nie von meiner Seite gekommen, sie hat keine andere Mutter gehabt, wie mich — dies kettet mich so an sie. Aber niemals hat der Vorzug mich zu ungerechten Handlungen gegen Marie verleitet — ja — (bewegt) ich schwöre es vor Gott, der nächst Ihnen allein dies Bekenntniß hörte, so weit ich dessen fähig war, habe ich sie stets als meine Tochter behandelt!

Herr v. Lobeck. Wer zweifelt daran? Aber es giebt kleine Beweise von Gunst — werden diese Einem zugewendet, wo Zwei gleichen Anspruch daran haben, so drückt man einen Dolch wiederholentlich in die Brust des Vernachlässigten — und solche Wunde kann —

Frau v. Lobeck (in großer Aufregung). Das habe ich mir selbst tausendmal gesagt! Unzufrieden mit mir, empört über mein eignes Thun, habe ich mir vorgeschrieben, Marie Genugthuung zu geben — absichtlich in Gegenwart Mathilde's überhäufte ich sie mit Liebkosungen, ich zog sie auf mein Knie, ich befahl mir, sie zu lieben, wie ich die liebe, welche mit Lächeln solchen Scenen zusah — ich preßte krampfhaft Marie an ein Herz, wo ihr der Himmel ihre Stelle angewiesen — vergebens — (die Thränen stürzen ihr aus den Augen) das verständige Mädchen wurde nicht getäuscht — sie sah mir mit Wehmuth in das Auge: „Du zwingst Dich, Mutter, und Liebe läßt sich nicht erzwingen". Sie blieb kalt — wie — o du großer Vater im Himmel — wie ich selbst innerlich — war! (Sie weint).

Herr v. Lobeck (sehr unmuthig). Ich bitte Sie, liebste Frau Schwägerin, lassen Sie nur das Weinen weg (Er kehrt sich ab, und murmelt) Bin ich denn heute behext, daß Alles weint, was mir in den Wurf kommt? (Ohne sie anzusehen.) Trocknen Sie Ihre Augen, Frau Schwester — ich kann sonst nicht für mich einstehen, daß ich so höflich bleibe, wie man mit Damen sein muß, es ist einmal meine Aversion. Sind Sie fertig? Kann ich mich umsehen?

Frau v. Lobeck. Ich weine nicht mehr!

Herr v. Lobeck (sieht sie an). Na, Gott sei Dank! Dann kann man vernünftig weiter reden. Sie sind eine liebe gute Frau — und gegen die unwillkürliche Zuneigung läßt sich so wenig schelten, wie gegen einen Traum, der Einem kommt, und man hat ihn nicht gerufen. Aber die Heirath — Frau Schwester — die Heirath — das ist ein Arrangement des Verstandes — das ist eine Handlung gegen Marie, die kein „unwillkürlich" entschuldigen kann! Geben Sie sich gefangen!

Frau v. Lobeck. Wenn Marie im Mindesten Unzufriedenheit zeigt — ich bestehe darauf nicht —

Herr v. Lobeck (giebt ihr herzlich die Hand). Ich kenne ja meines seligen Bruders gute Friederike — ich kenne sie — und ich schätze sie!

Frau v. Lobeck. Aber Herr von Götze, welcher glaubt —

Herr v. Lobeck. Ueberlassen Sie das mir. Ich rede mit ihm. So recht freundschaftlich — und — deutsch!

Frau v. Lobeck. Habe ich nun nicht in Ihren Augen verloren, Herr Schwager —

Herr v. Lobeck. Wegen des Verhältnisses zu Ihren Kindern — gar nicht — Frau Schwägerin — aber das trag ich Ihnen nach, daß Sie mir etwas vorgeweint haben.

Frau v. Lobeck. Gebe Gott, daß ich einst Marien so aus vollem Herzen anlächele, wie ich Sie jetzt für Ihre Freundschaft anlächeln kann! (Sie schüttelt ihm lächelnd die Hand.)

Herr v. Lobeck. Brav, Frauchen, brav! (Er umarmt sie.) Der liebe Gott wird Alles einrichten, wie es sein soll.

Frau v. Lobeck geht, nachdem sie ihrem Schwager die Hand freundlich gedrückt hat, zu ihren Töchtern ab.

Neunte Scene.

Herr v. Lobeck allein. Dann Ulrich.

Ein musterhaftes Weib! Aber ein bischen verdrießlich bin ich doch geworden — über die Schnupftuchgeschichte! Heda! Ist Niemand da?

Ulrich kommt phlegmatisch, aus dem Seitenzimmer. Was befehlen der Herr v. Lobeck?

Herr v. Lobeck. Sagen Sie dem jungen Baron v. Heeren, daß ich zu seinen Diensten bin.

Ulrich. Ganz wohl, Herr v. Lobeck!

Herr v. Lobeck. Dann gehen Sie zu Herrn von Götze.

Ulrich. Sogleich, Herr v. Lobeck!

Herr v. Lobeck. Ich lasse ihn bitten, sich auf der Stelle herzubemühen.

Ulrich. Auf der Stelle — verstanden, Herr v. Lobeck.

Herr v. Lobeck. Was ist denn das für eine Manier? Ich weiß, wie ich heiße — warum hängen Sie denn immer noch etwas an Ihre Redensarten an?

Ulrich. Es ist eine unartige Angewöhnung, Herr v. Lobeck.

Herr v. Lobeck (fängt an zu lachen). Sie sind ein Original.

Ulrich. Ich will es mir abgewöhnen, Herr v. Lobeck! (Ab.)

Herr v. Lobeck (laut lachend). Gottlob! Nun wird das Essen schmecken — der Mann ist mir lieber wie alle weinenden Weiber! (Geht ab.)

Der Vorhang fällt.

Ende des ersten Aufzugs.

Zweiter Aufzug.

Dekorationen wie im ersten.

Erste Scene.

Herr v. Lobeck (aus der Seitenthür). Ulrich (aus der Mittelthür).

Herr v. Lobeck. Nun?

Ulrich. Herr von Götze wird in der Minute hier sein, Herr v. Lobeck.

Herr v. Lobeck. Haben Sie dem Baron nicht Bescheid gesagt?

Ulrich. Nein, Herr v. Lobeck.

Herr v. Lobeck (lächelnd). Warum denn nicht, Herr v. Ulrich.

Ulrich. Wenn der Baron mit einem Fräulein am Klavier sitzt, darf ich nicht stören, Herr v. Lobeck.

Herr v. Lobeck. Also nachher — Herr v. Ulrich.

Ulrich. Gewiß, Herr v. Lobeck. (Geht nach der Thür und will hinaus gehen).

Zweite Scene.

Herr v. Götze tritt eben ein und läuft gegen Ulrich. Herr v. Lobeck.

Herr v. Götze. Zum Teufel, können Sie nicht sehen?

Ulrich. Bitte um Vergebung, Herr v. Götze.

Herr v. Götze. Ist Herr v. Lobeck nicht da?

Ulrich. Da ist Herr v. Lobeck, Herr v. Götze! (ab)

Herr v. Götze. Sieh da, mein lieber Freund Lobeck — ich bin wahrhaft entzückt, Dich zu begrüßen.

Herr v. Lobeck. Kennst Du Deine alten Freunde noch? Du erinnerst Dich mit Vergnügen derjenigen, welche während der Freiheitskriege geboren sind? J, das nimmt mich Wunder!

Herr v. Götze. Wie kommst Du mir vor? Hast Du Hypochondrie mitgebracht aus dem Norden? Du bist so verändert?

Herr v. Lobeck. Du bist auch verändert, Freund!

Herr v. Götze. Zu meinem Vortheile.

Herr v. Lobeck. Ich kann's nicht sagen, Alter.

Herr v. Götze. J, so lasse doch Deine Freiheitskriege und die Beiwörter „Alter" und dergleichen weg —

Herr v. Lobeck. Bist Du denn jünger geworden?

Herr v. Götze. Ich habe mich in meinem Leben nicht so wohl und kräftig gefühlt — so lebensmuthig — wie jetzt. Es sprudelt ordentlich in mir!

Herr v. Lobeck. Ach, mache mir nichts weiß!

Herr v. Götze. Ich habe mich conservirt — Freund — würde ich denn sonst —

Herr v. Lobeck. Ein Cabriolet aufhalten können, wenn das Pferd durchgehen will?

Herr v. Götze. Hat man Dir erzählt? Ja, es war ein gefährliches Stück Arbeit. Aber in Gegenwart von Damen thut man das Aeußerste. Das gefällt, mein guter Lobeck, das nimmt für uns ein. Ich hab es wohlfeil erkauft, mit einem Schlag an den Kopf —

Herr v. Lobeck. Vor den Kopf.

Herr v. Götze. An den Kopf, Freund — hier — unbedeutend — hat gar keine Spuren hinterlassen.

Herr v. Lobeck. Doch, lieber Götze, doch!

Herr v. Götze. Ich sage Dir nein, nicht die kleinste Narbe!

Herr v. Lobeck. Das Uebel sitzt innerlich, Götze. Man hat versäumt, Dir eine Ader zu öffnen — und da hat ein Erguß auf das Gehirn stattgefunden. Dein Gehirn ist nicht ganz in Ordnung, Götze.

Herr v. Götze. Wie, zum Henker, soll ich das nehmen?

Herr v. Lobeck. Laß uns ernsthaft reden, alter Freund.

Herr v. Götze. Du kommst mir so spitzfindig vor — so curios!

Herr v. Lobeck. Sage mir einmal, was thust Du hier im Hause und was beabsichtigst Du hier im Hause?

Herr v. Götze (etwas verschämt). Binnen 14 Tagen — hoffe ich, Dich meinen Onkel zu nennen.

Herr v. Lobeck. Mich?

Herr v. Götze. Ja.

Herr v. Lobeck. So liegt Dir daran nicht, ob ich aufhöre, Dich „Freund" anzureden?

Herr v. Götze. Wunderlicher Kauz! Kann Dein Neffe Dir nicht auch Freund sein?

Herr v. Lobeck. Es ist also wahr. Du — Du — willst Dich verheirathen?

Herr v. Götze. Das will ich, mein Lieber, allerdings!

Herr v. Lobeck. In Deinem Alter?

Herr v. Götze. Ich bin nicht älter, als Du!

Herr v. Lobeck. Ich? Will ich denn in den Ehestand? Habe ich denn die Dreistigkeit, einem jungen Mädchen zuzumuthen, daß sie mir ihre zarte, weiche Patschhand in meine runzlige, grobe Rechte legen soll? Werf ich denn so alle Weisheit über Bord, daß ich meine grauen Haare dem muthwilligen Burschen Amor anvertraue? Alter Freund, welch ein Wahnsinns-Teufel ist in Dich gefahren?

Herr v. Götze. Ganz und gar nicht, Du Schwarzgucker, Du! Glaubst Du, ich bin solch ein Narr, daß ich anfange zu schmachten, zu liebeln? Keineswegs. Marie gefällt mir — Marie ist nicht glücklich hier im Hause. Mathilde wird ihr vorgezogen — deshalb grämt sich das arme Mädchen ab. Man muß sie aus dieser Lage befreien. Auf welche Weise? Man heirathet sie! Das ist ja ganz einfach!

Herr v. Lobeck. Solche Gedanken haben Dich bestimmt?

Herr v. Götze. Anfangs, ja. Die Theilnahme ist aber endlich mehr geworden, als Theilnahme — ich gesteh's! Warum soll ich nicht auch von der Liebe kosten, wie andere Menschenkinder? Und ich denke, besser spät, als gar nicht! Doch wäre ich zu so verwegenen Plänen nicht gelangt, wenn ich nicht wüßte, Marie ist wirklich unglücklich!

Herr v. Lobeck. Du bist ein guter Mensch, Götze — aber — kommt Marie nicht aus dem Regen in die Traufe, wenn sie Dich zum Manne kriegt?

Herr v. Götze. Potz alle Hagel! Ich bin immer noch ein Mann bei der Stadt!

Herr v. Lobeck. Bei der Stadt — aber nicht bei einer jungen Frau! Sieh uns einmal Beide an — es ist nichts mehr mit uns!

Herr v. Götze (unmuthig). Jeder muß am Besten von sich selbst wissen —

Herr v. Lobeck. Die Eitelkeit macht Dir Flausen vor.

Herr v. Götze. Ich habe Geld genug! Meine Frau mag wünschen, was sie will — sie kann Alles haben!

Herr v. Lobeck. Alles — Götze? Das ist ein gewichtiges Wort!

Herr v. Götze. Aber, lieber Freund —

Herr v. Lobeck. Du hast zu Deinem verrückten Streich der Mutter Einwilligung. Was sagt aber Marie selbst dazu?

Herr v. Götze. Heute noch befrage ich sie darum. Ich darf es — und ich will es.

Herr v. Lobeck. Und wenn sie Dich so ansieht, wie eine Speise, an welcher man sich gestern eine Indigestion gegessen?

Herr v. Götze. Abscheulicher Vergleich!

Herr v. Lobeck. Wenn sie, Alter?

Herr v. Götze. Dann — dann — na, dann bleib ich Junggeselle — das versteht sich! Wenn sie mich aber so ansieht, wie eine gute Hausmannskost, mit der man in hungrigen Zeiten gerne für lieb nimmt? He?

Herr v. Lobeck. Dann — ja dann will ich gesegnete Mahlzeit wünschen!

Herr v. Götze (giebt ihm die Hand). Großen Dank Herr Onkel, ich bin meiner Sache gewiß.

Dritte Scene.

Vorige. Baron v. Heeren.

Herr v. Götze (welcher Heeren bemerkt). Da kommt noch ein Neffe — da kannst Du auch gesegnete Mahlzeit wünschen!

Herr v. Lobeck. Ja, der sieht aus, wie ein Neffe, Alter, der hat Gesicht und Gestalt für einen Neffen. Wir Beide aber, wir geben nur ein Paar recht schöner Onkel ab — weiter nichts!

Baron v. Heeren hat sich genähert.

Herr v. Götze. Ei, mein werther Herr Baron — ich grüße Sie bestens!

Baron v. Heeren (sehr kalt). Ergebener Diener, Herr v. Götze.

Herr v. Götze (leise). Seit ich solches Glück bei den Weibern mache, werden die Männer kalt gegen mich. Ich muß mich darüber trösten. (Er geht in die Seitenthür ab.)

Vierte Scene.

Baron v. Heeren. Herr v. Lobeck.

Herr v. Lobeck. Sie hatten mir etwas zu sagen, Herr Baron.

Baron v. Heeren. Ich bitte Sie, mich nicht so fremd zu benennen. Mein Verhältniß in diesem Hause — die Schilderung, welche man mir von Ihnen entwarf, lassen mich innig wünschen, daß Sie den Ton eines Vaters gegen mich annehmen möchten.

Herr v. Lobeck. Gut gesagt das, und auch gut empfunden — denn ich lese in Ihren Zügen, daß Ihr Wort von innen kommt. (Er reicht ihm die Hand.) Als der Mann einer meiner Nichten sollen Sie mir ein lieber Neffe sein.

Baron v. Heeren (feurig). Werd' ich? Werd' ich?

Herr v. Lobeck. Ei, ich zweifle nicht, daß Sie persönlichen Anspruch auf meine Zuneigung haben — ich muß Sie nur erst kennen lernen.

Baron v. Heeren. Sie sollen mich kennen lernen — in dieser Unterredung — aber leider von keiner vortheilhaften Seite.

Herr v. Lobeck. Was?

Baron v. Heeren. Ich habe Ihnen ein Geständniß zu machen, das vielleicht — Herr v. Lobeck, Sie wissen, Liebe entschuldigt viel!

Herr v. Lobeck (lachend). Ich weiß — ja, ich habe gewußt! Mit der Liebe gehts, wie mit dem Latein, ist man erst ein hübsch Stückchen Weges davon weg, so muß man die Conjugationen von vorn anfangen! So viel aber weiß ich, daß Sie Mathilden die Cour gemacht haben.

Baron v. Heeren (verlegen). Das heißt —

Herr v. Lobeck. Das heißt, Sie haben sie zum Gegenstand einer ausgesuchten Galanterie erwählt?

Baron v. Heeren. Ja —

Herr v. Lobeck. Sie haben ausschließlich mit ihr getanzt, sie geführt?

Baron v. Heeren. Ja —

Herr v. Lobeck. Mit ihr gesungen und gespielt — Sie sind ihr tagtäglich nicht von der Seite gekommen?

Baron v. Heeren. Ja —

Herr v. Lobeck. Mit einem Worte: Sie sind in sie verliebt.

Baron v. Heeren. Nein, mein Herr.

Herr v. Lobeck (erstaunt). Nein? Wie? Und wollen sie doch heirathen?

Baron v. Heeren. Ich habe mich in ein unseliges Netz verstrickt! Nach meinem Herzen möcht ich sie nicht heirathen.

Herr v. Lobeck. In der That, mein Herr Baron — auf den ersten Anblick präsentirt sich mir nicht nur eine unvortheilhafte Seite — sondern ein unvortheilhaftes Ganze.

Baron v. Heeren. Sie haben noch eine Nichte, Herr v. Lobeck!

Herr v. Lobeck. Marie?

Baron v. Heeren. Marie, ja Marie — sie ist es, die ich liebe, die ich anbete.

Herr v. Lobeck (nicht unangenehm überrascht). Marie? Aber nach Ihrem Betragen —

Baron v. Heeren. Als ich zuerst in das Haus kam, war Marie abwesend. Ich kann sagen, Mathilde in ihrer herzigen Munterkeit gefiel mir wohl. Ich fing an, mit dem Gedanken mich vertraut zu machen, daß Mathilde wohl als Gattin wünschenswerth sei — ruhig, ohne alle Leidenschaft, behielt ich das Ziel im Auge. Allein als dann später Marie erschien, ach, wie soll ich den Eindruck beschreiben, den dies Wesen auf mich hervorbrachte. Diese rührende Wehmuth, diese sinnige Zurückhaltung, diese überirdische Schönheit!

Herr v. Lobeck (sich vergessend). Ja, sie hat nicht ihres Gleichen!

Baron v. Heeren. Nein, sie steht einzig da, wie die Sonne am Firmament! Mir blieb keine Besonnenheit mehr, um zu überlegen — ich liebte sie — sie allein und für ewig!

Herr v. Lobeck. Aber Sie haben um Mathilden angehalten?

Baron v. Heeren. Niemals.

Herr v. Lobeck. Sie haben Mathilden von Liebe vorgeschwatzt?

Baron v. Heeren. Keine Sylbe!

Herr v. Lobeck. Gilt gleich — Sie haben sich doch stets an diese adressirt?

Baron v. Heeren. Konnt ich anders? Wollt ich in Mariens Nähe verweilen, mußt ich nicht dem Liebling der Mutter schmeicheln? Zog ich mich von ihr zurück — schloß sich mir dann nicht die Thür?

Herr v. Lobeck. Was, zum Henker, kann ich in der Sache thun?

Baron v. Heeren. Man liebt Sie, man schätzt Sie — ja, man —

Herr v. Lobeck. Fürchtet mich auch ein Bischen?

Baron v. Heeren. Versagen Sie mir Ihre Unterstützung nicht!

Herr v. Lobeck. Ich bin nicht Herr vom Hause.

Baron v. Heeren. Meine Verzweiflung — Marie soll dem Herrn v. Götze angehören.

Herr v. Lobeck. Werden Sie geliebt, mein Herr?

Baron v. Heeren. Wenn ich einer innern Stimme —

Herr v. Lobeck. Keine falsche Bescheidenheit — werden Sie von Marien geliebt?

Baron v. Heeren. Ich glaube hoffen zu dürfen.

Herr v. Lobeck. Man glaubt leicht, was man wünscht!

Baron v. Heeren. Meine Blicke begegneten oft den ihrigen.

Herr v. Lobeck. Wenn Sie mit Mathilde am Klavier saßen?

Baron v. Heeren. Marie schien mich zu verstehen — o Gott! Sie hat so viel Geist und so viel Gemüth — sie ist ein Engel!

Herr v. Lobeck. Das ist sie! Aber Mathilde hat nun einmal ihr Herz auch an Sie verloren, mein junger Herr!

Baron v. Heeren. Nein.

Herr v. Lobeck. Mathilde liebt Sie nicht?

Baron v. Heeren. Auf mein Ehrenwort, nein! Sie heirathet mich, weil es so recht passend ist — sie hat es mir selbst gesagt.

Herr v. Lobeck. Nun, dann ist nicht alle Hoffnung verloren!

Baron v. Heeren. Nicht, nicht? (an Lobeck's Halse) Gütiger Mann — liebster, liebster Onkel! Sie geben mir das Leben wieder. Ich will Sie verehren, wie meinen zweiten Vater!

Herr v. Lobeck (gerührt). He! holla! So weit sind wir noch nicht! Der Blitzjunge hat Leben und Feuer — ich glaub's, daß er im Stande ist — ein Wesen wie Marie glücklich zu machen! Wir wollen mit einander meinen Freund Götze ausstechen!

Baron v. Heeren (umarmt ihn noch einmal). Sie sind mir vom Himmel gesendet! Meine Freude hat keine Grenzen — Sehen Sie, mir — stehen die Thränen im Auge —

Herr v. Lobeck (läßt ihn los und läuft von ihm weg.) Das verbitt ich mir! Es sollen Ihnen keine Thränen im Auge stehen — Ein Mann! Donner und der Hagel! Herr, lassen Sie mich

das noch einmal erleben! Thränen! Wischwasch! Wir sind wahr=
haftig geschiedene Leute! Wie kann man weinen, wenn man sich
freut! Schämen Sie sich!

Baron v. Heeren. Schaffen Sie mir nur das nothwen=
dige „Ja" von der Mutter — und ich will lachen, daß die
Wände beben!

Herr v. Lobeck (immer noch verdrießlich). Erst sollen Sie
lachen, zum Kukuk — das Ja wird sich finden!

Baron v. Heeren. Wird es? Ha ha ha! Sie guter wun=
derlicher Onkel — Ha ha ha! Nun, an Lachen soll's nicht fehlen!
Ha ha ha!

Herr v. Lobeck. Ha ha ha! Brav so! Ha ha ha! Man
kommt! Wir wollen uns im Garten auslachen!

Beide. Ha ha ha! (In den Garten hinab.)

Fünfte Scene.

Frau v. Lobeck. Marie.

Frau v. Lobeck. Mein Kind, hier sind wir ungestört.
Du stehst jetzt auf einem Punkte Deines Lebens, wo Du einen
Lieblingswunsch Deiner Mutter erfüllen kannst. Herr v. Götze
wünscht ohne Zeugen mit Dir zu reden. Du bist zu verständig,
um nicht die Veranlassung zu errathen —

Marie (etwas erschrocken). Ich glaubte, daß mir etwas bevor=
stehe — aber so nahe glaubte ich es nicht.

Frau v. Lobeck. Ich bin weit entfernt, Marie, von meiner
mütterlichen Gewalt Gebrauch machen zu wollen, um ein Ja von
Dir zu erpressen. Nur das kann ich Dir nicht verschweigen, ich
habe Herren von Götze meine Zustimmung gegeben. Daß eine
Zurückweisung mich compromittiren — daß ich dadurch gekränkt
werden würde — tief gekränkt — siehst Du ein. Handle nach ruhi=
ger Ueberlegung, mein Kind — ich lasse Dir noch ein Viertel=
stündchen Zeit. (Sie giebt Marien die Hand, Marie zittert heftig.) Du kannst
Dir jetzt meinen Dank verdienen, Marie, meinen lebhaften Dank,
— sei dessen eingedenk! (Sie geht ab.)

Sechste Scene.

Marie (allein). Könnt ich das? Könnt ich mir ein
Wort der Liebe von diesen Lippen erwerben? Eine Umarmung,
welche wirklich nicht vom winterlichen Hauche angeweht wäre?

Nun denn, so will ich es auch! Schweige, du schlagendes Herz in meiner Brust — wie soll ein Anderer dich verstehen, wenn du sogar im Mutterbusen kein Echo findest! — Dort aber will ich meine Stelle einnehmen — ich muß es! Ein Mädchen ohne Liebe der Mutter — eine Blume ohne Sonne und ohne Thau — welk — welk! „Du kannst jetzt meinen Dank verdienen" — (mit leuchtendem Blick) Ich will Deinen Dank verdienen, Mutter!

Siebente Scene.

Marie. Baron v. Heeren (sehr aufgeregt und dringlich).

Baron v. Heeren. Marie — Sie hier? Ich bitte Sie mir einen Augenblick zu schenken.

Marie (nimmt einen heitern und leichten Ton an, um ihren Gemüthszustand zu verbergen). Ei, ei, das klingt ja ganz feierlich — und wichtig!

Baron v. Heeren. Einen Augenblick allein — einen günstigen, glücklichen Augenblick!

Marie. Wissen Sie auch, daß ein jedes Tête à Tête mit einer andern Dame — wie mit mir — einer kleinen Untreue gegen meine Schwester ähnlich sieht!

Baron v. Heeren. Ich habe ernst mit Ihnen zu sprechen, Marie.

Marie (die den Ernst vermeiden will). Aber ich kann mir schon vorstellen — ich werde wieder irgend eine kleine Zänkerei zwischen Euch Beiden schlichten müssen. Der Friedensrichter hat nie mehr zu thun, als mit einem jungen Verlobten=Paare. Nun, in diesem Falle soll Ihnen die Untreue vergeben sein.

Baron v. Heeren. Ich kann Mathilde nicht untreu werden.

Marie. Ich weiß ja wohl — ich scherzte blos!

Baron v. Heeren. Sie verstehen mich nicht, Marie.

Marie. Ich dächte doch —

Baron v. Heeren. Ich kann Mathilde nicht untreu werden — denn ich liebe sie nicht.

Marie (in freudiger Ueberraschung sich ganz und gar vergessend). Nicht?! (sie faßt sich schnell und nimmt den Ton des höchsten Befremdens an) Nicht?

Baron v. Heeren. Marie, wenn ich nun an Mathildens Seite nur stets geweilt hätte, damit ich von der Mutter gelitten wurde — damit ich des unbeschreiblichen Glückes genießen konnte, einen andern Gegenstand, dem ich in der Stille mein Herz geweiht habe, heimlich zu betrachten —

Marie (bebend). Sie hätten — meine Mutter — meine Schwester — getäuscht?

Baron v. Heeren. Ich kenne das Gewagte, das Verwerfliche meines Benehmens — ich sehe ein, daß ich mein Ziel mir dadurch hinausgerückt habe — ich fühle die Entrüstung der Frau von Lobeck, wenn sie das Geheimniß erfährt. Aber ich konnte nicht anders. Geblendet von der Seligkeit der Gegenwart, sah ich die drohende Zukunft nicht mehr. Ich schwelgte in dem Glücke, täglich die Züge der Geliebten sehen zu dürfen, jede ihrer kleinsten Bewegungen aufzufassen, das unbedeutendste Wort mir einprägen zu dürfen — wenn ich allein war — in dem Garten zu wandeln, wo sie gewandelt — an den Stellen zu träumen, wo sie geträumt hatte — ich bildete mir ein, am Abend aus dem Dufte einer Blume ihren Athem mich anwehen zu fühlen, weil ich sie am Morgen auf diese Blumen hingebeugt fand.

Marie (blaß, wie eine Leiche). Sie entsetzen mich — Herr Baron!

Baron v. Heeren. Marie, die Minute ist entscheidend! Ihr guter Onkel hat mich zu diesem Zwiegespräch berechtigt. Mein Herz liegt offen vor Ihnen da. Zeigen Sie mir das Ihre, Marie. Schüchternheit, falsches Zartgefühl, wenn immer an ihrer Stelle, sind in unserer Lage zerstörend, tödtlich — Marie — ich liebe Sie — Sie, einzig und ewig!

Marie (hält sich an einem Stuhle fest). Großer Gott des Himmels, stärke meinen Muth!

Baron v. Heeren. Antworten Sie mir, was darf ich hoffen? Was muß ich fürchten?

Marie. Mich? Mich?

Baron v. Heeren. Sie müssen dessen gewahr worden sein, Marie; wenn auch Tausende die Blicke nicht begreifen, diejenige, der sie gelten, liest klar in ihnen!

Marie (mit großer Ueberwindung). Dies ist ein Unglück, Herr Baron. Und ich mag so gern an einem Unglück zweifeln.

Baron v. Heeren. Ein Unglück?

Marie. Meine Mutter wird Ihnen niemals verzeihen!

Baron v. Heeren. O, sagen Sie mir, wie Sie gegen mich denken —

Marie. Ich liebe meine Mutter.

Baron v. Heeren. Aber mich, Marie — fühlen Sie gegen mich —

Marie (sich selbst stärkend, voll Nachdruck). Einer Mutter Dank, einer Mutter Liebe zu verdienen, ist die heiligste Pflicht —

Baron v. Heeren. Marie, haben Sie kein Wort des Trostes, kein Wort der Hoffnung für mich?

Marie (faßt einen Entschluß). Herr Baron —

Baron v. Heeren. Es scheint mir, daß Ihr himmlisches Auge dem meinigen nicht feindlich begegnete — es erschien mir —

Marie. Der Schein trügt, Herr Baron. Die Eitelkeit verleitet zu Auslegungen.

Baron v. Heeren. Marie!

Marie. Es — schmerzt mich, Ihren Traum zerstören zu müssen.

Baron v. Heeren. Marie!

Marie (mit Selbstbeherrschung). Ich kann Ihrer feurigen Zuneigung nichts entgegensetzen, als Schwesterliebe. Die Theilnahme an Ihrem und Mathildens Glücke war es, welche aus meinen Blicken sprach. Ein lebhafteres Gefühl für Sie in meiner Brust hervorzurufen, ist mir — nicht möglich (sie starrt vor sich nieder).

Baron v. Heeren. Sie lieben — einen Andern?

Marie (im dumpfen Tone der Verzweiflung). Ja, mein Herr.

Baron v. Heeren. Dies kann Götze doch nicht sein? Nein, nein, es ist unmöglich!

Marie (wie eben). Warum unmöglich? Es ist der Retter, der Freund meiner geliebten Mutter.

Baron v. Heeren. Sie wählen — ihn?

Marie. Ich wähle ihn.

Baron v. Heeren. Freiwillig?

Marie. Ganz freiwillig.

Baron v. Heeren. Sie glauben an seiner Seite das Glück zu finden —

Marie (mit einem Blicke zum Himmel). Das Glück, das ich suche, werde ich an seiner Seite finden — ja!

Baron v. Heeren (verwundert). Dann freilich ist Alles anders! Dann habe ich keine Einwendung mehr — dann bleibt mir nichts übrig. Ohne Ihre achtungswerthe Familie zu beleidigen, kann ich nicht mehr zurück. Ich will Ihren Herrn Onkel benachrichtigen, und — um Mathildens Hand anhalten.

Marie (mit übermenschlicher Anstrengung). Dies wird meine Achtung gegen Sie steigern, und die Liebe, welche ich Ihnen gewidmet habe — die leidenschaftslose, friedvolle Liebe einer Schwester ausdauern machen — bis zum Grabe.

Achte Scene.

Vorige. Ulrich.

Baron v. Heeren (bittend). Marie!

Ulrich. Die gnädige Frau fragt nach Ihnen, Herr Baron v. Heeren.

Baron v. Heeren (in großer Angst, macht einen Schritt gegen Marie, faltet bittend die Hände und sieht sie mit wehmüthiger Zärtlichkeit an).

Marie (begegnet seinem Blicke, zwingt sich das Auge niederzuschlagen, und macht ihm ein ernstes und graziöses Kompliment).

Baron v. Heeren (seufzt tief auf, sieht zum Himmel hinauf, und geht nach einer Verbeugung zu Marie ab).

Ulrich. Herr v. Götze bittet um die Erlaubniß, Fräulein Marie.

Marie (hält sich an einer Stuhllehne fest). Ich erwarte ihn mit Vergnügen.

Ulrich. Mit Vergnügen, Fräulein Marie?

Marie. Und gleich.

Ulrich. Und gleich, Fräulein Marie. (Er geht ab.)

Neunte Scene.

Marie allein. Zuletzt Götze.

Marie wirft sich erschöpft auf den Sessel, bedeckt mit beiden Händen das Gesicht, und bleibt einen Augenblick in dieser Stellung; dann streicht sie langsam ihre Stirn, und blickt vor sich, wie Jemand, der aus einem Traume erwacht. Es war ein Traum! Ein fürchterlich schöner Traum! Er liebt mich! (sie steht auf) Und ich — und ich? (in Begeisterung) ich ent= sage ihm — mit lächelndem Munde entsage ich ihm — o Mutter, mehr kann Dein Kind nicht für Dich thun — ich bin wohl würdig, daß Du mich an Dein Herz schließest! An das Mutterherz! (mit krankhafter Heftigkeit) Nun mußt Du mich lieben, Mutter, Du mußt! (Götze öffnet die Thür) Ach! (Sie erzwingt ruhige Haltung und ein lächelndes Antlitz.)

Zehnte Scene.

Marie. Herr v. Götze.

Herr v. Götze (sich mit etwas jugendlichen Geberden, aber ja nicht caritirt, nähernd, verlegen). Mein schönes — Fräulein Mariechen — Sie —

Marie (mit Freundlichkeit). Sieh da, Herr v. Götze.

Herr v. Götze (für sich). Sie hat gelächelt! Ein Centnergewicht ist mir von der Brust! (laut) Hat Ihre Frau Mama mit Ihnen gesprochen, süße Marie?

Marie (freundlich). Wovon, Herr v. Götze?

Herr v. Götze. O Gott! Von einem unbedeutenden Gegenstande — ist eigentlich gar nicht der Rede werth — von mir!

Marie. Ja, mein Herr!

Herr v. Götze. Ist es nicht unbescheiden, wenn ich so frei bin — zu fragen, was Sie Ihrer Frau Mama zur Antwort gegeben haben?

Marie. Daß ich keinen schöneren Beruf habe, als ihrem Willen zu gehorchen.

Herr v. Götze. Sie sagen „gehorchen" Fräulein Marie. Sie lieben ihre Mutter! Wenn diese Ihnen beföhle, in einen Abgrund zu springen — Sie gehorchten auch dann?

Marie (rasch). Ja, mein Herr.

Herr v. Götze. Und so bin ich also der Abgrund — und die Hochzeit ist der Sprung?

Marie. Welch ein Vergleich! Sie sind ein achtungswerther Mann — der vertraute Freund meines lieben Onkels — ich fühle mich geehrt durch Ihren Antrag — er ist mir willkommen!

Herr v. Götze. Sie willigten ein ohne — wie soll ich sagen — (für sich) da fällt mir des abscheulichen Lobeck fatales Bild mit der Speise ein! (laut) ohne — ohne — Aversion?

Marie. Sie sind zu bescheiden, mein Herr!

Herr v. Götze. Bin ich auch, Mariechen — daran ist — mit einem Worte, es kostet Ihnen keine Ueberwindung, meine Gattin zu werden?

Marie. Gewiß nicht, Herr v. Götze.

Herr v. Götze. Keine Ueberwindnng ist aber noch nicht „gern"!

Marie. Ich werde die Ihrige, aus freier Wahl und gern.

Herr v. Götze. Du Himmelchen! Das klingt wie die schönste Flöten-Melodie — aber daß ich die Augen offen habe, stört so häßlich. Sie sagen „gern", aber Sie sehen dabei —

Marie. Leidend aus? Ich bitte Sie, darauf keine Rücksicht zu nehmen. Schon seit längerer Zeit sind meine Nerven angegriffen — ich bin körperlich nicht wohl.

Herr v. Götze. Reden Sie frei heraus, liebe Marie — ich möchte nicht um die Welt, daß Sie gegen Ihre Neigung — ich will nicht sagen, daß ich ein Monstrum bin, aber der Geschmack ist verschieden. Sagen Sie ehrlich und ohne Nebengedanken: werden Sie glücklich sein können, wenn Sie mich zum glücklichsten aller Menschen machen?

Marie. Ich werde glücklich sein.

Herr v. Götze. Sie sind meine erste Liebe, Fräulein Mariechen. Sie kommt freilich etwas spät — aber dafür kann ich ja nicht! Wie Sie mich da vor sich sehen, bin ich Ihnen also wirklich recht — ich kann's vor Freude gar nicht glauben!

Marie. Sie haben mein Jawort — und ich halte mein Versprechen.

Herr v. Götze (küßt mehrere Male ihre Hand). Ach, liebe Engels-Marie — Sie machen mich vor Glückseligkeit um 30 Jahre jünger! (Er hält sich den Mund zu) Sie machen mich trunken, will ich sagen! Ich darf Ihrer lieben Mama den Entschluß ankündigen! Ich darf Ihrem Onkel — was wird der schauen, wenn er hört, daß die schöne Marie den alten Götze — (er hält sich den Mund zu).

Marie. Den allgemein geachteten Freund ihrer Mutter —

Herr v. Götze. Zum Mann nimmt. (Er küßt ihr wieder die Hand.) Ich danke millionenmal. Ich bin stolz, ich bin selig! Geben Sie Acht, wie geschwinde ich laufe, die Liebe ist mir wie Quecksilber in die Glieder gefahren — ich nehme es mit dem jüngsten Ballet-Tänzer auf! (Er läuft ab.)

Elfte Scene.

Marie allein. (Sie steht starr da und holt tief und schwer Athem.)

Ich leide — o ja, ich leide! Aber ich werde nicht lange leiden — nein, nicht lange, mein Vater im Himmel! Und wenn Du mich rufest, so wird der Segen meiner Mutter mich begleiten! So wird die Thräne meiner Mutter auf mein kaltes Antlitz herniederfallen. Diese Thräne wird auch die Blümchen benetzen, die meiner Gruft entblühen. Sie war ein treu gehorsam Kind, wird sie sprechen — ich liebte sie! — Nun leide ich nicht mehr! (Sie steht mit krampfhaft freundlichem Lächeln da und erwartet die Hereintretenden).

Zwölfte Scene.

Marie. Herr v. Lobeck. Herr v. Götze.

Herr v. Götze. Komm, Du ungläubiger Thomas! Ueberzeuge Dich! (Zu Marie) Ich bitte Sie, liebes Mariechen, sagen Sie's dem Herrn selbst — mir lacht er ins Gesicht und sagt: Sie hätten mich zum Narren!

Herr v. Lobeck. Marie, rede! hast Du ihm Dein Ja gegeben? Ist das glaublich, ist das wahr, ist das möglich?

Marie (mit erzwungenem Lächeln). Herr v. Götze hat mein Ja, allerdings. Was ist hierin so Erstaunenswerthes?

Herr v. Götze. Darin ist nichts Erstaunenswerthes!

Herr v. Lobeck. Du wählst ihn — Du — ihn?

Marie. Nun ja.

Herr v. Götze. Nun ja — da hörst Du's!

Herr v. Lobeck. Mit Freuden giebst Du Dich — ihm hin?

Marie. Mit dem besten Herzen.

Herr v. Götze. Mit dem besten Herzen — Thomas!

Herr v. Lobeck. Also — Du liebst ihn?

Marie. Ich bin ihm gut, ja —

Herr v. Götze. Sie ist mir gut, ja! Na, wenn Du's noch nicht glaubst —

Herr v. Lobeck. Ich muß wohl. Aber ich glaube, wir führen eine Komödie: „die verkehrte Welt" auf. Wenn Du denn durchaus entschlossen bist — so kann ich nichts dazu sagen, als des Menschen Wille ist sein Himmelreich! Aber, Herr Neffe, mache Sie glücklich!

Herr v. Götze. Nach Kräften, Freund Onkel!

Dreizehnte Scene.

Die Vorigen. Frau v. Lobeck. Baron v. Heeren. Mathilde. Zuletzt Frau Ulrich.

Fr. v. Lobeck (sehr heiter). So ist denn Alles in Ordnung, so wider Erwarten schnell! So fröhlich werden wir lange nicht zu Mittag gegessen haben! (Sie geht zu Marie und drückt ihr die Hand.) Ich bin mit Dir zufrieden, meine liebe Tochter!

Marie (beugt sich heftig auf die Hand und küßt sie leidenschaftlich). O, meine Mutter!

Fr. v. Lobeck. Auch hier steht ein Paar, das von Ihnen, meine Herren, den Glückwunsch erwartet.

Marie (wird blaß und schwankt).

Frau v. Lobeck. Herr Baron v. Heeren wird Geduld haben mit dem Muthwillen des losen Töchterchens, nicht so? (Sie wendet sich an diesen.) Glauben Sie mir, wenn Mathilde als Braut Sie auch gern ein wenig neckt -- als Frau wird sie deshalb nicht weniger nachgiebig sein, als Marie.

Baron v. Heeren steht vernichtet und starrt in Zerstreuung den Boden an.

Fr. v. Lobeck. Ich glaube, Sie sind wirklich ein klein wenig erzürnt über die scherzhafte Weise, mit welcher mein Thildchen —

Mathilde. Ei, ich habe Ursache zu zürnen, Mama. War doch der Herr so zerstreut und abwesend — daß ich beinahe hätte glauben mögen, er sinne über ein Trauerspiel oder dergleichen nach, und die Muse habe ihn dergestalt gefangen genommen, daß er mir armen Erdenkinde gar keine Aufmerksamkeit schenken könne! Was gilt die Wette — er hört jetzt schon wieder nichts von allen meinen schönen Redensarten!

Fr. v. Lobeck (zu Heeren). Strafen Sie die Spötterin! Geben Sie ihr den Arm!

Baron v. Heeren ist in Gedanken versunken und hört nicht.

Fr. v. Lobeck. Ich bat Sie, Mathilden den Arm zu geben.

Baron v. Heeren fährt auf, bietet Mathilden, welche schäkernd erzürnt thut, den Arm und geht mit ihr nach der Thür.

Herr v. Götze. Und Sie, süßes Mariechen? (Er offerirt ihr den Arm.)

Marie hatte die Augen geschlossen und stürzt ohnmächtig dem Onkel in die Arme.

Herr v. Lobeck. Na ja, da haben wir's! Marie ohnmächtig! O Du sanftes, liebes Herz! Hülfe! Wasser! (Er setzt Marien in einen Sessel). (Alle beschäftigen sich mit der Kranken.)

Herr v. Götze. Ein Arzt, um des Himmels Willen — ein Arzt! (Er läuft hinaus.)

Fr. v. Lobeck. Was ist geschehen?

Mathilde. Schwester, meine gute Schwester! Frau Ulrich! Frau Ulrich! (Frau Ulrich stürzt herbei.)

Ende des zweiten Aufzugs.

Dritter Aufzug.

Dieselbe Dekoration.

Erste Scene.

Frau Ulrich. Ulrich mit Pulver, welches er aus der Apotheke geholt hat. Kommen mit einander zur Mittelthür herein.

Fr. Ulrich. Laß einmal sehen! (Sie nimmt ihm die Pulver ab.) Ich will ihr gleich eines davon geben. Aber Pulver sind es nicht, die ihr helfen können!

Ulrich. Was denn, Ehehälfte?

Fr. Ulrich. Wovon sprach ich mit Dir gestern Abend?

Ulrich. Ich weiß kein Wort mehr davon!

Fr. Ulrich. Ich sagte: heirathet der Baron Mathilden, so ist diese Heirath Mariens Tod!

Ulrich. Eine fremde Heirath? Ich dachte, man könnte den Tod nur haben von seiner eigenen — Ehehälfte!

Fr. Ulrich. Du bekümmerst Dich um nichts! Du verstehst Einen nicht! Machst Du Dir denn gar nichts daraus, wenn sie Marien hinaustragen auf den Kirchhof?

Ulrich. Sie ist ja nicht todt, Ehehälfte.

Fr. Ulrich (ärgerlich). Nun, wenn sie schon todt wäre — dann hülfe freilich nur ein Gebet zu Gott. Aber noch lebt sie — und man muß das Seinige thun, sie zu heilen, ihr die Gesundheit wiederzugeben!

Ulrich. Habe ich nicht das meinige gethan, Ehehälfte? Habe ich nicht das Pulver aus der Apotheke geholt?

Fr. Ulrich. Ach, die Pulver hat der Herr Doktor nur verschrieben — um etwas zu verschreiben —.

Ulrich. Verstehe! Die helfen nicht und schaden nicht, Ehehälfte.

Fr. Ulrich. Was Marien munter und fröhlich machen kann, das holt man aus keiner Apotheke! Die gnädige Frau sollte zärtlich mit ihr sein — sollte ihr liebkosen — das wäre die beste Medizin!

Ulrich. Der Tausend, Ehehälfte! Die Medizin ließe ich mir auch gefallen, wenn ich einmal krank würde.

Fr. Ulrich. Und die Heirathsgedanken mit Götze sollte sie aufgeben —

Ulrich. Ja, heirathen hat noch niemals viel zur Gesundheit beigetragen, Ehehälfte.

Fr. Ulrich. Du hast gar kein Mitgefühl — Du begreifst nicht — wenn Du Deinen Magen pflegen kannst und schlafen, wie ein Block — dann läßt Du Gott den guten Mann sein, und fünf gerade.

Ulrich. Ja, Ehehälfte! (Auf seinen Bauch schlagend) und das schlägt auch an bei mir!

Fr. Ulrich. Pack Dich fort — ich sehe Marie kommen. Du kannst mir doch nichts helfen!

Ulrich. Nein, Ehehälfte! (Er geht phlegmatisch hinaus.)

Zweite Scene.

Frau Ulrich. Marie in weißem Festkleide.

Frau Ulrich. Nun, mein liebes Mariechen! Willst Du auch ein Pulver nehmen? Komm, Kindchen, das wird Dir gut thun!

Marie geht geisterhaft und schleichend, man sieht ihr bei jeder Bewegung die Anstrengung an. Nicht doch, Frau Ulrich, mir fehlt ja nichts mehr.

Fr. Ulrich. So sagst Du immer zu mir, Kind —

Marie (lachelnd). Ei, siehst Du nicht, daß ich mich zu meiner Verlobung geputzt habe — ich habe ein Fest=Kleid angezogen!

Frau Ulrich. Das ist nicht der erste Braut=Staat, der ein gebrochenes Herz bedeckt — und Du wirst mir, Deiner alten treuen Pflegemutter, nicht aufreden wollen, daß Du heiter bist!

Marie. Meine gute Frau Ulrich — man kann zu keiner Heiterkeit kommen, wenn man immer kränkelt — ich habe einen so schwachen Körper!

Fr. Ulrich. Du hast gesunde Nahrung gehabt als Kind, Marie, Dein Körper ist nicht schwach. Kummer hat sich angelegt, wie Rost an das Eisen und frißt ihn mürbe! Und so wird Gottes schönes Werk zerstört — weil wir Alles in uns hinunterschlucken,

Keinem, auch dem redlichsten Menschen nicht unser Herz zeigen, wie es ist — in unserer eigensinnigen Verschlossenheit gehn wir zu Grunde.

Marie (legt ihre Hand auf Frau Ulrichs Arm). Wohlwollende, theilnehmende Seele! Du kannst mir doch nicht helfen!

Fr. Ulrich. Aber trösten kann ich — und mitfühlen, Kind, — und das ist sehr viel, wenn man Leiden hat — es erleichtert eine Last, wenn zwei daran tragen — und dann kann ich in meinem schlichten Verstande auch wohl ein Auskunftsmittel finden, und mit dem Finger da hindeuten, wo Hoffnung für Dich ist!

Marie (zeigt ernst zum Himmel hinauf). Dort!

Fr. Ulrich. Ei, behüte der liebe Herrgott! Soll ein achtzehnjähriges junges Blut die Hoffnung auf den Tod setzen? Hat noch die Freuden der Welt nicht kennen gelernt — muß erst anfangen zu leben — und denkt an das Aufhören? Hier unten ändert sich gar manches urplötzlich, mein Kind; der gute Mensch soll nimmer verzagen, er soll vertrauensvoll sich an Gott wenden mit seinem Flehen — aber beileibe nicht um den Tod, Marie — das ist frevelhaft, und das schneidet denen, die es gut mit uns meinen, messerscharf und tief in die Seele! (Sie weint.)

Marie umarmt sie schweigend und mischt ihre Thränen mit denen der Alten.

Fr. Ulrich. Mein gutes, gutes Herzchen! Hoffnung, Hoffnung immergrün....

Marie schüttelt wehmüthig den Kopf.

Fr. Ulrich. Ei, Töchterchen — ich darf Dich immer so nennen — Du bist dem alten Götzen noch nicht angetraut — und Mathildens Hochzeit mit dem jungen Baron ist um acht Wochen hinausgeschoben worden, das kann ich Dir ins Ohr sagen.

Marie erröthet überrascht und lächelt.

Fr. Ulrich. Dies Lächeln steht Dir schön, Kind, das kommt aus dem Herzen! Hat's die erfahrene Frau Ulrich getroffen? Acht Wochen machen viel Wassers den Strom hinablaufen, und da läßt sich noch Allerlei Gram mit hineinwerfen, daß er fortschwimmt, weit, weit fort von Dir! — Deine Mutter kommt. Jetzt können wir nicht weiter von unserem Hoffnungs=Kapitel reden. Aber verlasse Dich auf Deine treue Pflegerin, wenn sie Dir etwas Gutes hinterbringen kann, so thut sie's geschwinde. Mußt aber niemals wieder den Tod herbeiwünschen, Mädchen, ja niemals, hörst Du? Hörst Du?

Marie drückt ihr schweigend die Hand.

Fr. Ulrich geht ab.

Dritte Scene.

Marie. Frau v. Lobeck.

Frau v. Lobeck (ein wenig verstimmt). Nun, wie geht's Marie? Das ist ein recht unglücklicher Zufall! Mußt Du uns den schönen fröhlichen Tag so verderben! Wie hatt' ich mich auf heut Abend gefreut — alle Verwandte habe ich herbitten lassen, um ihnen die Doppel=Verlobung anzuzeigen. (Sie zuckt die Achseln.) Deinetwegen wird wohl müssen abgesagt werden!

Marie (von dem lieblosen Tone tief erschüttert). Wie so, abgesagt? Ich bin ja gesund — ich bin ja vergnügt.

Frau v. Lobeck. Der Arzt meint, in seinem ganzen Register finde er kein Heilmittel für Dein Uebel. Er gab zu verstehen, daß Du an schwärmerischen Einbildungen littest. Die kann man be= kämpfen, Tochter, wenn man sich zusammennimmt. Du mußt Dich Deinen Grübeleien nicht so hingeben, Du mußt der Einsam= keit entsagen, Du mußt die Dinge leichter nehmen — dadurch machst Du Dich Deiner Umgebung angenehmer. Wahrlich, Du mußt Dich aufraffen!

Marie (schwindelt und sinkt in das Sopha, vor welchem sie stand). Ja, liebe Mutter!

Frau v. Lobeck. Ja, sagst Du, und kannst Dich nicht aufrecht erhalten — sprich — fühlst Du Dich wirklich so schwach?

Marie. Ermüdet, Mutter, nichts weiter. Wenn ich nur einen Moment ausruhen darf, so sammle ich schnell neue Kräfte.

Frau v. Lobeck. Das ist vernünftig, Marie. Der Geist hat große Herrschaft über den Körper. Wer sich bei der geringsten Unpäßlichkeit niederlegt, verschlimmert seinen Zustand. Wie fühlst Du Dich — leichter, nicht wahr?

Marie (mit schmerzlicher Ironie). Ganz, ganz leicht

Frau v. Lobeck. Muth, Tochter! Versuche es, aufzu= stehen. Du denkst Dich kraftloser, als Du bist — es geht, es geht gewiß, wenn Du nur willst.

Marie. Das denk ich auch! (Sie thut sich Gewalt an, um sich zu erheben, aber vermag es nicht.)

Frau v. Lobeck. Warte, ich will Dich unterstützen. Setze einmal einen recht starken Willen daran, der Mensch kann viel! (Sie faßt Marie unter den Arm, um sie in die Höhe zu heben.) Nun, frisch! Du mußt auch etwas thun!

Marie (mit übergroßer Anstrengung). Ja, liebe Mutter, ja! (Sie hatte sich etwas erhoben und sinkt zurück.)

Frau v. Lobeck. Aber, Du mein Gott — Du bist unvermögend — Oder willst unvermögend sein! Leidest Du wirklich, Marie? —

Marie (mit einem Tone, in welchem Vorwurf und Schmerz liegen). Schrecklich! Mutter!

Frau v. Lobeck. Ja, dann freilich muß ich die Hoffnung auf heut Abend schwinden lassen! Ich soll kein ungetrübtes Vergnügen genießen!

Vierte Scene.

Vorige. Herr v. Lobeck.

Herr v. Lobeck. Wie sieht denn das Mädchen wieder aus?

Marie lächelt.

Herr v. Lobeck. Ei, was! Wenn Du mit Gewalt Deinen Mund zum Lächeln verziehst, das giebt Deinen Augen kein Feuer, das giebt den Wangen keine Röthe. Frau Schwägerin, nichts von Verlobung heute!

Frau v. Lobeck. Wenn dieser traurige Zustand anhält — natürlich! Aber es ist noch lange hin bis acht Uhr, Marie sinkt schnell zusammen, aber sie erholt sich auch eben so schnell — wenn sie sich besser fühlt.

Herr v. Lobeck. Und wenn sie auf einem Bein tanzte, doch keine Verlobung — ich habe meine Gründe.

Frau v. Lobeck. Es ist sehr unangenehm.

Herr v. Lobeck. Wollen Sie ein solches Gesicht als das einer Braut präsentiren? Soll es heißen, Sie sind eine Rabenmutter, die ihr Kind gewaltsam ins Unglück bringen will?

Marie (mit geschlossenen Augen). Onkel! Onkel!

Frau v. Lobeck (sehr pikirt). Mein Bewußtsein ist unbeschwert. Da ist Marie. Sie soll sagen, ob eine Drohung, ob auch das leiseste Zwangsmittel angewendet ward —

Marie. Nein, nein!

Frau v. Lobeck. Aber ich bin gewohnt, ihretwegen unverdiente Vorwürfe zu ertragen.

Herr v. Lobeck. Ich mache Ihnen keinen Vorwurf, Frau Schwägerin. Verhüten will ich die Vorwürfe, die Sie sich zuziehen müßten, wenn Sie heut Abend —

Frau v. Lobeck. Ich lasse absagen — gleich — was verlangen Sie noch?

Herr v. Lobeck (trocken). Nichts.

Marie hat sich bleich zurückgelehnt, und liegt mit geschlossenen Augen da.

Frau v. Lobeck. Nun denn, so waren diese verletzenden Worte überflüssig, welche eine Bitterkeit erzeugen, die dann den lieblosesten Auslegungen unterliegt. Sei ruhig, meine Tochter, von der Verlobung soll nur die Rede sein, wenn Du von ihr zu sprechen anfängst. (Sie geht mit sichtbar sehr übler Laune ab.)

Fünfte Scene.

Herr v. Lobeck. Marie. Dann Fr. Ulrich.

Herr v. Lobeck ist höchst indignirt über seine Schwägerin; er steht im Begriff, ihr etwas Hartes nachzurufen, da fällt sein Auge auf Marie; er beherrscht sich, geht einige Male auf und nieder, dann tritt er zu Marie hin: Wie ist Dir, Marie?

Marie (schlägt die Augen auf und sagt freundlich). Mich schmerzt es, daß ich Ihnen Verdruß bereite.

Herr v. Lobeck. Du thust es, Marie, aber auf andere Weise, als Du glaubst. Du bist zu gut — Du bist zu sanft! Ich ärgere mich über Deine Milde, und wenn Du so fortfährst, so wirst Du mich ins Grab ärgern!

Marie. Bin ich nicht ein unglückliches Mädchen! Ich gebe allen Menschen, die ich liebe, nichts als Kummer!

Herr v. Lobeck (schmeichelt ihr). Ist nicht Deine Schuld, Kindchen! Na, sei nur ruhig, ich will schon durch den Sinn fahren, wo's nöthig ist. Fühlst Du Dich ein bischen besser? Du weißt, wie sehr Dein alter Onkel sich freut, wenn er Dich munter sieht! Willst Du nicht in Dein Zimmer gehen, um ein wenig zu ruhen, Marie?

Marie. Das möcht ich wohl — wenn ich könnte!

Herr v. Lobeck. Frau Ulrich! — Sieh einmal zu, ob die kleinen niedlichen Füßchen gehorsam sein wollen — (er hilft Marie aufstehen, sie erhebt sich mit lächelndem Antlitz) Na — das ist brav. Da stehen wir ja wieder fest wie ein Grenadier.

Marie schwankt.

Herr v. Lobeck. Nicht Euch! (Er hält sie fest.) Das geht! Nun — langsam: vorwärts marsch!

Marie versucht einen Schritt zu thun; es gelingt ihr.

Frau Ulrich glaubt, es sei Marie nun wieder etwas zugestoßen; mit weinerlicher Stimme: Du mein lieber Himmel! Ist schon wieder —

Herr v. Lobeck. Na, na! Fangen Sie nur nicht etwa mit Weinen an! Es ist alles gut. Marie soll ein Viertelstündchen schlummern, leihen Sie ihr den Arm.

Frau Ulrich (freundlich). Mit tausend Freuden — komm, mein Mariechen, komm!

Herr v. Lobeck. Sie sind eine brave Frau, Frau Ulrich!

Fr. Ulrich hat Marie genommen, und geht langsam mit ihr nach der Seitenthür; dabei sieht sie auf Mariens Gesicht und dies erpreßt ihr Thränen.

Marie im Weggehen, reicht Herrn v. Lobeck die Hand: Sie guter, guter Onkel!

Herr v. Lobeck. Halt Dich wacker, Marie! ... (Er sieht, daß Frau Ulrich sich die Augen trocknet.) Frau Ulrich! Plagt Sie dieser und jener! Wart, ich will Ihre —

Frau Ulrich sieht sich freundlich um.

Herr v. Lobeck. So! Nun hat's bei der braven Frau sein Bewenden.

Marie und Frau Ulrich ab.

Sechste Scene.

Herr v. Lobeck (allein). Es ist, wie ich dachte! Sie liebt Heeren — sie wird geliebt — und opfert sich auf, um die Zuneigung der Mutter zu gewinnen! Abscheuliches Mädchen! Wenn sie nicht so krank wäre, ich wollte ihr den Text lesen — dem eigensinnigen, verstockten Bösewicht — aber ein Engel ist sie! Ich will dafür sorgen, daß den Engel der Himmel so bald noch nicht kriegt! Er hat deren genug — wir haben nur eine Marie.

Siebente Scene.

Herr v. Lobeck. Mathilde. Baron v. Heeren.

Herr v. Lobeck! Ah! Eben recht! (Geht den Kommenden entgegen, nimmt sie beide an der Hand und führt sie vor.) Kommt einmal her, lieben Kinder. Mathilde! Du bist ein argloses heiteres Geschöpf — Wir Beide (zu Heeren) kennen einander ja gut! Höre, Mathilde. Man kommt im Leben am weitesten mit der Wahrheit. Du ahnest nicht, in Deinem leichten Sinne — was diesen Sinn für immerdar umdüstern könnte. Wenn Du den Herrn heirathest, so bricht ein Dir verwandtes weibliches Herz!

Mathilde (erstaunt). Wie ist das, Onkelchen?

Herr v. Lobeck. Ein treffliches Mädchen=Herz bricht — und dem Herrn thust Du auch keinen großen Gefallen.

Baron v. Heeren (bestürzt). Gott — mein Geheimniß —

Mathilde (schnell). Ihr Geheimniß? Also hat die Sache Grund? Ich thu Ihnen keinen Gefallen, wenn ich Ihnen meine Hand reiche? Was sage ich, keinen Gefallen! Ein Persönchen wie ich bin, muß ein Mann wie ein Gnadengeschenk vom Himmel empfangen! Ihr habt mich schön verrathen und verkauft.

Baron v. Heeren entschuldigt sich pantomimisch.

Herr v. Lobeck. Räche Dich, Thildchen, sag's dem Herrn von der Leber weg, daß Du ihn auch nicht liebst — mache keine Umstände, er ist ein Mann, er kann eine Dosis Derbheit vertragen!

Mathilde (lachend). Nach dem, was ich eben mit Schaudern vernommen —

Herr v. Lobeck. Du liebst ihn nicht? Wie?

Mathilde. Nein, Onkel, es ist mir nicht eingefallen. Ich habe ihm dies schon öfter gesagt — aber er wollte mich nun einmal heirathen — was war da zu machen?

Herr v. Lobeck. Du hättest ihn genommen?

Mathilde. Warum nicht? Ich habe mir ihn betrachtet und mich gefragt, ob, wenn wir Beide zusammen auf der Straße gingen, die Leute wohl sagen möchten: Seht, das ist ein hübsches Paar! Mir kam dies wahrscheinlich vor! Da es unser Loos nun doch einmal ist, daß wir zarte Pflänzchen an einen Stab „Mann" gebunden werden, damit uns der Wind nicht umweht, so dachte ich: Je nun, der Stab sieht ganz erträglich aus — laß Dich an ihn binden!

Herr v. Lobeck. Weiter nichts?

Mathilde. Weiß Gott, weiter nichts!

Herr v. Lobeck. Thildchen, ich schaffe Dir einen Mann, der brillanter auftritt neben Dir — (zu Heeren) Sie verzeihen! Ich habe einen Vetter — Rittmeister bei den Gardehusaren — drei Orden — 26 Jahr — bildhübsch — einen schwarzen Schnurrbart — laß den Heeren laufen!

Mathilde. Ich halte ihn ja gar nicht fest — wenn er nichts dagegen einwenden will.

Herr v. Lobeck. Reden Sie doch, Baron, reden Sie!

Baron v. Heeren. Ich würde allerdings das Glück, an Ihrer Seite durch das Leben zu gehen —

Herr v. Lobeck. Darauf brauchst Du nichts zu geben, Thilbchen — das ist die Ueberschrift: „Hochverehrtes Fräulein!" — façon de parler — aber was nachkommt —

Baron v. Heeren. Allein — wenn ich wahr sein soll — mein Herz gehört einer Andern —

Herr v. Lobeck. Marie!

Mathilde. Marie? (Höchst erfreut.) Das ist ganz vortrefflich! Sie lieben die gute, stille Marie! Ei, nun sind Sie mir erst werth geworden! Erschrecken Sie nur nicht — ich will Sie gewiß nicht heirathen. Da! (Sie reicht ihm die Hand.) Meine Hand darauf, ich heirathe Sie nicht! Ich freue mich wie ein Kind, daß Marie — (sie springt dem Onkel an den Hals) Onkelchen, das haben Sie gut gemacht!

Baron v. Heeren. O, mein Fräulein — Sie sind so wohlwollend — so nachsichtig — so liebenswürdig —

Mathilde. Daß Sie Gott danken, wenn Sie meiner los werden! Ha ha ha! Nun laufe ich sogleich zur Schwester, und erzähle ihr die ganze Geschichte. Was gilt die Wette, wenn sie auch in ihrem Leben nicht gelacht hat, so lacht sie, sobald ich ihr verkündige, daß ich nun plötzlich einen Obrist-Lieutenant mit neun Orden heirathen will —

Herr v. Lobeck. Einen Rittmeister mit drei Orden, Windbeutel.

Mathilde. I, das kommt so genau nicht darauf an! Wenn ich ihr sage, sie habe nun nichts Eiligeres zu thun, als es mit ihrem alten Götze sans comparaison so zu machen, wie es der Herr Baron mit mir gemacht hat — ihn zu verabschieden — und geschwinde Frau Baronin von Heeren zu werden. Auf der Hochzeit tanze ich mit dem Herrn Schwager die Polonaise, und dazu will ich mich in eine Toilette werfen — Onkel — in eine Toilette, daß der Herr Bräutigam in der Stille ausrufen soll: Ich habe nun meine Marie, aber ein bischen beneide ich doch den bekreuzten Herrn Rittmeister, um das brillanteste Kreuz, das Hauskreuz, um Mathildchen Lobeck — Das soll meine Rache sein! (Sie will forthüpfen.)

Herr v. Lobeck. Halt, Springinsfeld! Mama darf von der Sache noch nichts erfahren!

Mathilde (steht still). Bin ich von heute? Liebesgeschichten müssen die Mama's immer zuletzt erfahren — die Mama's und die Onkels — ausgenommen solche — wie hier Einer steht. (Sie giebt ihm einen Kuß.) Solche liebenswürdige Onkels, die bild= schöne Rittmeister zu Cousins haben! (Sie läuft davon.)

Achte Scene.

Herr v. Lobeck. Herr v. Heeren.

Herr v. Lobeck. Ich sehe Götze kommen. Bringen sie ihm ohne Scheu den bittern Trank bei. Den schwierigern Theil der feindlichen Schlachtordnung nehme ich auf mich — die Mutter!

Baron v. Heeren. Bester, giltiger Mann! Wie soll ich Ihnen danken?

Herr v. Lobeck (leise). Dadurch, daß Sie Marie glück= lich machen! (Er geht ab.)

Neunte Scene.

Baron v. Heeren. Herr v. Götze mit einem Hausknecht, der zwei Cartons trägt.

Herr v. Götze. Gut, mein Freund, nun geben Sie nur her! (Der Hausknecht giebt Götze die Cartons, empfängt ein Trinkgeld und entfernt sich.)

Baron v. Heeren (nähert sich Götze mit dem Ausdruck von Ver= legenheit). Mein Herr —

Herr v. Götze. Ich grüße Sie, Herr Schwager. Was in aller Welt ist Ihnen passirt — Sie sehen ja so — gedrückt aus! Düster! Ja, da passen wir nicht zu einander! Kein Geburtstagskind= chen ist so fröhlich, wie ich bin! Sie müssen mir das nicht übelnehmen — ich liebe — und ich bin geliebt — das ist mir etwas Neues. Sie müssen auch nicht denken, ich sei ein alter Thor! Die Wärme des Herzens bestimmt das Alter, und das meinige schlägt so — hol mich der Fuchs — ich bin ein junger Kerl von fünfundzwanzig Jahren! (Er setzt die Cartons auf den Tisch.)

Baron v. Heeren. Um so schlimmer, mein Herr —

Herr v. Götze. Was? Wollten Sie mich lieber als Schwager sehen, geplagt vom Zipperlein?

Baron v. Heeren. O nein, ich wünsche Ihnen Glück zu Ihrem Wohlbefinden —

Herr v. Götze. Sie wünschen mir Glück und doch ist es desto schlimmer —

Baron v. Heeren. Ich weiß es nicht, auf welche Weise ich Ihnen die Nachricht —

Herr v. Götze. Mein Gott — wäre etwas vorgefallen? —

Baron v. Heeren. Bereiten Sie sich auf das Schlimmste —

Herr v. Götze. Mariens Krankheit — reden Sie —

Baron v. Heeren. Soll ich — ohne Schonung —

Herr v. Götze. Sie spannen mich auf die Folter — Marie ist —

Baron v. Heeren. Ist todt —

Herr v. Götze (erstarrt). Todt!

Baron v. Heeren. Wenn sie Ihre Gattin wird!

Herr v. Götze. Wenn sie meine Gattin wird? — Nun, hör Einer solch Gerede!

Baron v. Heeren. Der Arzt hat diesen Ausspruch gethan.

Herr v. Götze. Der Arzt? Was weiß denn der —?

Baron v. Heeren. Es ist noch ein anderer Umstand!

Herr v. Götze. So? was ist denn für ein Umstand?

Baron v. Heeren. Sie wollen Alles wissen — Ich liebe Marie.

Herr v. Götze. Sie?

Baron v. Heeren. Schon seit lange!

Herr v. Götze. Und der Arzt findet, Ihre Person würde dem Leben Mariens keine Gefahr bringen! Das ist ein sauberer Doktor!

Baron v. Heeren. Man glaubt, Marie habe Neigung zu mir — und verberge diese aus Liebe zu ihrer Mutter — und diese gewaltsame Beherrschung ihres Gefühls würde ihrem Leben gefährlich werden können!

Herr v. Götze. Das wäre ja schrecklich!

Baron v. Heeren (mit Wärme). Sie sind ein edler Mann, Herr v. Götze, an diesem Ausruf erkenne ich es. Ich fühle mit Ihnen das Schmerzliche Ihrer Stellung.

Herr v. Götze. Es ist hart! Wahrhaftig, es ist sehr hart! Ich habe mich nun schon an den Gedanken gewöhnt — ich habe Verlobungs-Präsente eingekauft — ich schwärmte zum ersten Male in einer Liebeshoffnung — ich sah mich beneidet an der Seite einer reizenden jungen Frau, (mit Feuer) umgeben von lieben (er will „Kindern" sagen und macht die Pantomime, welche dies bezeichnet, aber er schämt sich vor Heeren, und hebt geschwind die Hand, welche kleine Wesen andeuten soll, so hoch, daß sie erwachsene Personen andeutet) von lieben und achtungswerthen Freunden — und soll nun das Alles fahren lassen!

Baron v. Heeren. Sie wollen entsagen, Herr v. Götze?

Herr v. Götze. Nein, ich will nicht, ich muß, wenn die Sachen so stehen. — Ich hätte sie geheirathet, um ihr Glück zu gründen, nicht, um sie elend zu sehen. Ueberzeuge ich mich davon — denn mein werther Herr, Sie erlauben, daß ich noch einigen Zweifel hege — dann (er zuckt die Achseln) will ich Marien — lieber glücklich mit einem Andern sehen, als tobt mit mir!

Baron v. Heeren. Sie sollen sich überzeugen!

Herr v. Götze (nimmt die Cartons auf). Wir wollen die schönen Präsente irgendwo in einen Winkel stecken. — Machen Sie, daß Sie in den Ehestand kommen, junger Mann, ein alter Junggesell ist überall das fünfte Rad am Wagen!

Baron v. Heeren. Ich bitte um ihre Freundschaft, Herr v. Götze, Sie haben meine vollste Achtung gewonnen!

Herr v. Götze (giebt ihm betrübt die Hand). Da! Sie können nichts dafür! Aber bei dem Freundschaftshandel komme ich verwettert zu kurz. Männerfreundschaft statt einer **reizenden jungen Frau** — ein gutes, **tugendhaftes Glas Wasser** statt moussirenden Champagners — Na, profit, Wassermann! (Sie schütteln einander die Hände und gehen ab.)

Zehnte Scene.

Herr v. Lobeck. Marie aus dem Garten.

Marie (in großer Aufregung). Nein, Onkel, nie, nie! Ich liebe Heeren nicht — ich halte an meinem Worte — ich will an meinem Worte halten! Soll ich die Ursache sein, daß jede Hoffnung meiner Mutter zertrümmert wird? Soll ich mich anklagen lassen als die Friedensstörerin — als die ungerathene Tochter?

Herr v. Lobeck. Marie, nimm Vernunft an — oder Du bringst Deinen alten Onkel gegen Dich auf! Wenn mir das Blut aufwallt — Marie — ich bin rasch in meinem Thun — ich habe alles Mögliche versucht — ich packe meine sieben Sachen zusammen — ich geh auf und davon!

Marie. Sie wollen mich auch verlassen? (Sie legt sich mit ihrem Kopf auf seine Schulter.) Dann bin ich **ganz** verlassen!

Herr v. Lobeck. Das sollst Du nicht sein, Marie. Ich habe eine Idee. Ich will Dich mit mir nehmen. Antworte mir einmal so offen, als ob Du Dein Herz vor Gott ausschüttetest.

Glaubſt Du nicht, daß es Dir heilſam wäre, von hier zu gehen? Meine Hand ſoll Dich führen — es iſt eine Vaterhand, Marie!

Marie. Onkel!

Herr v. Lobeck. Sprich unverhohlen — gingeſt Du gern?

Marie. Ich ginge gern — aber ich gehe nicht, weil ich Sie liebe.

Herr v. Lobeck. Wie ſo das?

Marie (mit ſchmerzlichen Zügen). Erlaſſen Sie mir die nähere Erklärung!

Herr v. Lobeck. Nein, Kind, ich befehle Dir, mir nichts zu verſchweigen — im Namen Deines verſtorbenen Vaters!

Marie. Ich will Ihnen den Schmerz erſparen, mir unterweges als einer Leiche die Augen zudrücken zu müſſen!

Herr v. Lobeck. Marie!

Marie (mit kalter Verzweiflung). Ja, Onkel, ich fühle — mich ſterben. Hier (ſie deutet auf das Herz) nagt ein Schmerz, der leiſe entſtand und der von Tag zu Tag ſtärker wird! Erſt vergangene Nacht habe ich wieder unbeſchreiblich gelitten. Gegen Morgen ward mir ſo, daß ich nicht glaubte, die Sonne wieder zu ſehen. Als ich ſie dennoch ſah — hab ich Gott nicht gedankt dafür!

Herr v. Lobeck. Du willſt ſterben, unglückliches Kind?

Marie. Ich werde ſterben, Onkel!

Herr v. Lobeck. Was vergiftet Dein junges Leben, Mädchen, rede!

Marie. Ich ſoll mit Ihnen wahr ſein, wie mit Gott? — Wohlan. Die Lieblofigkeit meiner Mutter tödtet mich.

Herr v. Lobeck. Du ſetzeſt Dir Dinge in den Kopf, Marie —

Marie. Nein, Onkel, täuſchen Sie mich nicht. Ich zähle achtzehn Jahre. Keine kindiſchen Einbildungen befangen meine Seele. Meine Mutter — liebt mich nicht. Als Kind habe ich dies nicht empfunden. Aber ſobald mein Verſtand hell wurde, ſah ich ein, daß ich zurückgeſetzt ward. Mit meiner Empfindlichkeit ſtieg die Kälte meiner Mutter. So wurden meine Stunden, die ſchönſten ſonſt, welche ein Mädchen zu durchleben hat, eine Kette von Leiden und Thränen. Unvorſichtiges Mitleid von fremden Perſonen fügte meinem Jammer noch die drückendſte Demüthigung hinzu — meine Lage wurde unerträglich. Ich verdoppelte meine Aufmerkſamkeit für die Mutter, ich ging mit mir ſelbſt zu Rathe, worin ich gefehlt haben möchte gegen sie — ach! ich fand kein Unrecht in meinem Herzen!

Herr v. Lobeck. Das glaube ich gern.

Marie. Ich bin nicht so beschränkt, daß ich nicht bemerkt haben sollte, wie meine Mutter selbst gegen diese — Abneigung in einen Willenskampf getreten ist. Mit ihren erzwungenen Liebkosungen stieß sie mir einen Dolch in die Brust, ihre Umarmungen erregten mir Grauen. Ich entzog mich ihnen — und litt still — aber litt tief! O diese Jahre des verschlossenen Grames waren endlos lang! Onkel, Sie wissen es nicht, was es heißt, von einer Mutter nicht geliebt zu werden, von einer Mutter! Die Verzweiflung bemächtigte sich meiner — aber damals konnte ich noch schlafen. Und im Schlafe kam der Engel als tröstender Traum zu mir und trocknete meine Zähren. Mir träumte, meine Mutter sei todt und habe mich gesegnet. Ich dichtete diesem Phantom eine brennende Mutterliebe an. Ich fühlte mich geherzt, ich hörte mich bei Zärtlichkeitsnamen rufen — ich war glücklich! Nun aber — (mit starrem Blicke und großer Bitterkeit) ist auch dieser Engel von mir gewichen — der Schlaf flieht mein Auge — der helle Tag hat keine Liebe für mich — die düstere Nacht nichts als höhnende Gespenster — ich habe kein Geschäft mehr auf Erden, als — zu sterben! (Sie sinkt auf den Sessel und liegt einen Augenblick regungslos da.)

Herr v. Lobeck (geht auf die Seite und redet mit sich selbst). Hier ist eine Krisis! Hier fordert's ein drastisches Mittel! Es handelt sich um Leben oder Tod! (Er tritt zu Marie, stützt seinen Arm auf die Lehne des Sessels und sagt eindringlich.) Marie, vielleicht sind die Anforderungen, welche Du an meine Schwägerin stellst, nicht gerecht — vielleicht hält Dich ein Irrthum umgarnt — ich erinnere mich einer Begebenheit — ich will sie Dir erzählen — aber Du mußt mir auch zuhören, Kind.

Marie. Ich höre, lieber Onkel!

Herr v. Lobeck. Ein junger Mann, ehe er sich in eine ernsthafte Verbindung mit einem Weibe einließ, unterhielt ein Verhältniß mit einem Mädchen, die tief unter seinem Stande war. Die Folge war die Geburt eines Töchterchens, aber die Mutter starb bald darauf. Der Mann, von beängstigendem Bewußtsein getrieben, hielt es für die heiligste Pflicht, als Vater für das kleine schuldlose Wesen zu sorgen und schwor, wenn er sich eine Gattin erwähle, nur dann das Ja auszusprechen, wenn diese feierlich gelobt haben würde, seinem Kinde Mutter zu werden, und unter keinen Umständen diese Uebereinkunft zu verrathen. Nach zwei Jahren fand er ein solches Wesen, sie liebte ihn, erhob sich über das Vorurtheil, leistete das Versprechen und ward die Seine.

Marie. Das war edel von ihr!

Herr v. Lobeck. Was er aber hätte voraussetzen können, geschah. Seine Gattin beglückte ihn ebenfalls mit einer Tochter, und nun trat der Pflegling in den Hintergrund. Die Mutter richtete ihre ganze Zärtlichkeit gegen das eigene Kind, ohne jedoch gegen das angenommene in Thatsachen zu fehlen. Aber der Vater kränkte sich über die Zurücksetzung seiner ältesten Tochter — er starb und vermachte seinem Bruder das Geheimniß, ihm die Verwaiste an das Herz legend.

Marie. O, das ist betrübend! Und hat der Onkel diesen letzten Willen erfüllt?

Herr v. Lobeck. Ja, mein Kind — wenigstens hat er seine Nichte geliebt wie ein Vater.

Marie. Es war also ein so wackerer Mann, wie Sie sind, Onkel?

Herr v. Lobeck. Und er wird sie lieben, bis auch er hinüber geht!

Marie. Das Mädchen lebt noch?

Herr v. Lobeck. Sie lebt — aber sie will dem Onkel seine letzten Tage verbittern, sie wünscht sich den Tod!

Marie (steht auf). Himmel!

Herr v. Lobeck. Begreifst Du nun, Marie?

Marie. Dies unglückliche Kind —

Herr v. Lobeck. Bist Du!

Marie (zitternd). Und Frau v. Lobeck —

Herr v. Lobeck. Ist nicht Deine Mutter!

Marie (stürzt auf die Knie und breitet die Arme gegen den Himmel aus). Allliebender Vater — ich danke dir!

Herr v. Lobeck. Siehst Du nun ein, daß Du Deiner Pflegemutter Unrecht gethan hast.

Marie (in Schwärmerei). Ich habe eine Mutter — droben, sie blickt liebend auf mich hernieder — sie war der Engel meiner Träume! Ich werde leben — ich werde glücklich sein!

Herr v. Lobeck (hebt sie sanft auf). Wirst Du? Marie? Wirst Du? So segne Gott die Entdeckung!

Marie. Nun will ich mit Ihnen reisen, nun will ich fröhlich werden, nun will ich Ihnen das Leben erheitern. Sie sollen mir von meiner Mutter erzählen, recht oft und recht viel — sie hat mich ja geliebt! Es ist, als ob eine Centnerlast von meiner Brust gefallen wäre! Kommen Sie, Onkel, wir wollen in den Garten, ich will allen Blumen leise erzählen, daß ich eine Mutter gefunden habe — und einen Vater — Sie! In die Luft, Onkel, sie haben mir das Leben wiedergegeben. Ich habe Eltern, ich bin keine Waise mehr! (Sie wirft sich an seine Brust.)

  Herr v. Lobeck. Gott sei gelobt — der mir diesen Gedanken verlieh.
(Sie gehen Arm in Arm ab.)

Ende des dritten Aufzugs.

Vierter Aufzug.

Dieselbe Dekoration.

Erste Scene.

Frau Ulrich. Marie in sehr heiterer Stimmung. Nachher Herr v. Götze.

Marie. Hast Du gehört, meine gute Pflegerin? Ich reise mit dem Onkel! Ach, wie freu ich mich, zu reisen! Nach der Schweiz — da wollen wir auf die Berge klettern; nach Italien — so soll ich alle die Alterthümer zu sehn bekommen — o, wie schön wird das Alles sein!

Fr. Ulrich. J, du meine Güte! Was ist denn mit Dir vorgegangen, Mariechen, Du bist ja wie ausgewechselt! Was hab ich ein Vergnügen daran, Dich so froh zu sehn!

Marie. Ich werde nun wieder ganz gesund werden — die Reise wird mich stark machen und frisch und roth! Ich werde — umarme mich, Margareth!

Fr. Ulrich (umarmt Marie herzlich). Gott dem Herrn sei Dank! Du bist ganz muthwillig geworden.

Marie. Nun suche meine Sachen zusammen. Meinen Hut-Carton — mein Album — meine Kassette! Du weißt, wenn der Onkel einmal sagt „reisen", dann muß man schnell sein wie ein Staats-Courier!

Götze öffnet die Thür und guckt herein.

Fr. Ulrich. Gleich, mein liebes Kindchen! Und wenn ich Dich auch ungern scheiden sehe — so will ich mich doch mit fröhlichem Herzen drein ergeben — weil Du wohl bist — und weil ich die Gewißheit habe, du kommst wieder mit Bausbacken, und so glänzenden Aeugelchen, daß sich Mathilde daneben verstecken muß! Gleich soll Alles besorgt werden! Gleich! Gleich! (Sie trippelt fort und versieht sich erst in der Thür, dann nimmt sie die richtige und geht hinaus.)

Zweite Scene.

Marie (allein.) Nun will ich noch allen meinen lieben Blumen Adieu sagen, der guten, herzigen Schwester! — und meiner — und ihrer Mutter. Gott, ich habe ein Unrecht gegen diese gut zu machen! Ich gehe nicht fort, ohne es zu thun — gewiß nicht. Auch will ich ihm Lebewohl sagen — er ist ja gut — so gut! Ach, werde ich ihn wiedersehen? Begleiten wird er mich doch überall hin — meine Phantasie wird ihn oft genug mir vormalen! Er glaubt, er ist mir gleichgültig — nur meinen Blumen will ich in die Ohren flüstern, daß ich — ihn liebe! (Sie geht in den Garten.)

Dritte Scene.

Herr v. Götze (mit den Cartons). Er? — Ihn? — Ach, wer mir sagt, wer der „Er" ist! Ich kann so gut „Er" sein wie Heeren! Ich bin zu geschwinde gewesen in meiner Gutmüthigkeit! Ich sehe so alt gar nicht aus! Ich kann immer noch für einen Vierziger passiren! (Er will sich das Haar ordnen und verschiebt die Perrücke.) Die fatale Perrücke verschiebt sich immer! (Er setzt die Cartons weg und ordnet die Tour.) So viel ist gewiß, Marie sieht gar nicht danach aus, als ob sie am Tode wäre. Am Ende haben sie mir etwas weiß gemacht — um mich abzuschrecken! Ich will von Marie selbst hören, wie die Sachen stehen — und — bin ich geliebt — geliebt — ach! — wie klingt das schmelzend! — bin ich der „Er" und der „Ihn" — dann lache ich sie doch noch aus! (Er nimmt die Cartons, geht nach der Gartenthür und lauscht.) Sie springt von Blume zu Blume — ich stelle mich hinter das Gebüsch und passe den Augenblick ab! (Er thut, wie er gesagt.)

Vierte Scene.

Herr v. Lobeck. Baron v. Heeren.

Herr v. Lobeck. Beruhigen Sie sich, junger Mann. Die Reise soll nicht von langer Dauer sein. Erst soll Marie gesund werden, dann darf man an Heirath denken!

Baron v. Heeren. Es ist grausam nach der mir gewährten Hoffnung.

Herr v. Lobeck. Geduld, Ausdauer — Freund!

Baron v. Heeren. Ich gräme mich krank, wenn ich Marie nicht mehr sehe.

Herr v. Lobeck. Sie soll Ihnen schreiben!

Baron v. Heeren. Papier statt ihres Himmels-Blickes.

Herr v. Lobeck. So soll Sie Ihnen nicht schreiben!

Baron v. Heeren. Ich überlebe die Trennung nicht —

Herr v. Lobeck. O, Sie scheinen mir nicht gar so schwächlich!

Baron v. Heeren. Sehen Sie, die Thränen stehen in meinen Augen.

Herr v. Lobeck (zornig). Schon wieder? Plagt Sie der Kukuk? Unterstehen Sie sich, und weinen Sie mir was vor! Potz Element, Herr, sind Sie ein Mann? Solch einen weinerlichen Gatten soll Marie nicht haben! Ein Mann und Thränen! Ich hätte Lust, den Götze —

Baron v. Heeren. Nein, nein — ich lache — lieber, wunderlicher Herr von Lobeck. (Er zwingt sich zum Lachen.) Ha ha ha! Bemerken Sie, daß ich lache! Entziehen Sie mir nicht Ihr Wohlwollen, ich will niemals wieder Thränen blicken lassen! Vergeben Sie!

Herr v. Lobeck. Das heißt männlich gesprochen! Marie kommt, nehmen Sie sich zusammen!

Fünfte Scene.

Vorige. Marie aus dem Garten. Als sie in die Thür treten will, kommt Götze hinter dem Gebüsch hervor und will sie mit ängstlicher Verlegenheit anreden. Marie bemerkt ihn nicht. Götze sieht die Männer und springt geschwinde wieder hinter das Gebüsch. Er lauscht während der folgenden Scene. Dann Herr v. Götze.

Herr v. Lobeck nimmt Marie, die sich vor Heeren verbeugt, bei der Hand: Mariechen, hier siehst Du einen jungen Mann, der Dir seine innige Liebe gestanden hat. Damals waren noch ganz aparte Verhältnisse! Jetzt ist's anders. Wenn man mit einem Fuße in dem Reisewagen steht, muß man nicht langes Brimborium machen, am wenigsten aber weinen! Laß einmal hören, wie denkst Du gegen ihn?

Baron v. Heeren macht eine bittende Pantomime.

Marie. Nach dem, was mir Mathilde vertraut hat — darf ich — wohl bekennen, daß ich eine herzliche Achtung vor ihm hege.

Herr v. Lobeck. Nun, junger Herr — sind Sie zufrieden? (Götze steht mit seinen Cartons dem Publikum sichtbar da.)

Baron v. Heeren. Marie hat nur von Achtung gesprochen, Herr v. Lobeck.

Herr v. Lobeck. Ei was! Im Mädchen=Dictionnaire steht, so bald es einen Mann in Ihren Jahren betrifft: „ich achte Sie" als gleichbedeutend mit „ich liebe Sie!" Gieb's heraus, Marie! Er muß wissen, woran er ist! Du bist ihm von Herzen gut, gesteh's!

Baron v. Heeren. Marie, liebste Marie — ein einzig kleines Wörtchen. Sind Sie mir gut?

Marie. Mein Onkel ist mein Vater; wenn er —

Herr v. Lobeck. Gieb Dir keine Mühe, er läßt Dich nicht los! Heraus mit der Sprache!

Marie. Ich —

Herr v. Lobeck. Also nein?

Marie. Das sagte ich nicht!

Herr v. Lobeck. Also „Ja?"

Marie hält Heeren verschämt die Hand hin und lispelt: Ja! — (Sie wendet sich ab.)

Baron v. Heeren faßt entzückt die Hand und bedeckt sie mit Küssen.

Herr v. Götze läßt vor Schreck mit Geräusch die Cartons fallen.

Herr v. Lobeck. Horch! Wir sind nicht allein!

Herr v. Götze springt hinter das Gebüsch.

Herr v. Lobeck. Kommt, liebe Kinder! Die Schwägerin könnte in der Nähe sein! Wir wollen das Uebrige in Mariens Zimmer verhandeln!

Baron v. Heeren. Ich bin der glücklichste der Menschen! O Marie, süße Marie, wenn Du mein geliebtes Weib bist — (rasch zu Lobeck) Wann wird sie mein Weib sein?

Herr v. Lobeck. Wenn der Prediger Amen gesagt hat! Ich denke, ich habe Dir einen braven Mann ausgesucht, Marie, sein gutes Herz trägt er auf dem Gesichte!

Marie (sich vergessend). Gewiß, Onkel, gewiß! (Schlägt die Augen nieder.)

Herr v. Lobeck. Wirklich? Nun, Du mußt das beurtheilen können!

Baron v. Heeren schließt die verschämte Marie an sein Herz.

Herr v. Lobeck (trennt sie). Genug jetzt der gegenseitigen Achtungsbezeigungen! Das sind ein paar freundliche Gesichter!

Aber solche laßt auch in der Ehe sehen! Da verzeihe ich das Weinen nun und nimmermehr!

(Er schließt sie an das Herz und geht mit ihnen ab.)

Sechste Scene.

Herr v. Götze (kommt verzweiflungsvoll mit den Cartons herein). Nun weiß ich, woran ich bin! Ich müßte sehr dumm sein, wenn ich nun noch irgend einen Zweifel hegen sollte! Könnte ich nur die ganze Geschichte geschwind vergessen; aber es erinnert mich Alles an die verdammte Freiwerberei! –Ich war so rüstig — so jugendlich — so froh! Das „Ja" ist mir in das Bein gefahren als Gicht; in den Magen, und hat den Appetit todt gemacht; in den Kopf als Migräne! Was mache ich mit den schönen Putz=Gegenständen? Bezahlt hab ich sie. — So lange sie in meiner Nähe sind, hör ich immer aus den Cartons einen Kobold spotten: „Ach! Alter Hagestolz! Marie, und Du!" — und dann kichert's drinnen. Ins Feuer mit dem Plunder! Nein, es kann doch einer Menschenseele Vergnügen machen — aber alt muß die Menschenseele sein, mit jungen will ich nichts zu thun haben! Der ersten alten Menschenseele, welcher ich begegne, schenke ich den Kram!

Siebente Scene.

Herr v. Götze. Ulrich trägt einen kleinen Koffer, und setzt diesen im Zimmer nieder.

Herr v. Götze. Sieh da! Ulrich! Was machen Sie da?

Ulrich. Fräulein Marien's Koffer hab ich herabgetragen, Herr v. Götze.

Herr v. Götze. Und nun?

Ulrich. Ruh ich aus, Herr v. Götze.

Herr v. Götze. Ulrich! Ich will Ihnen eine große Freude machen.

Ulrich. Immer zu, Herr v. Götze.

Herr v. Götze. Sie müssen aber keinen Menschen mehr bei seinem Namen nennen — dann will ich Ihnen das schenken, was in diesen Schachteln steckt.

Ulrich (hebt den Cartondeckel und guckt lächelnd hinein). Ah! Ein Weiberkleid — von Seide! (Sieht in den zweiten.) Spitzen! Blitz — das soll mein sein? O, für diesen Preis will ich Sie niemals wieder nennen, Herr v. Götze!

8*

Herr v. Götze. Da! Nehmen Sie's! Aber rücken Sie es mir schnell aus den Augen! Machen Sie sich eine schöne Stunde damit bei Ihrer Frau!

Ulrich. Wie komme ich aber zu dieser Güte, Herr — hm hm!

Herr v. Götze. Ich schenke es Ihnen nicht aus Güte — ich schenke es Ihnen aus Wuth!

Ulrich. Aus Wuth — hm hm!

Herr v. Götze. Daß ich keine Frau kriege!

Ulrich. Wenn Sie Eine kriegten, würden Sie noch wüthender werden, Herr von — hm! Bedanke mich — viel tausendmal. (Er geht mit seinem Koffer und den Cartons ab.)

Achte Scene.

Herr v. Lobeck. Herr v. Götze.

Herr v. Lobeck. Na, da bist Du ja, alter Freund! Ich muß Dir doch sagen, daß ich mit Dir sehr zufrieden bin!

Herr v. Götze. Ich kann Dir leider nur das Gegentheil sagen!

Herr v. Lobeck. Sage darauf los — aber handle nur als Ehrenmann, dann bleiben wir die Alten!

Herr v. Götze. Da bleiben wir auch was Rechtes! Lobeck, ich war wirklich in Marie verliebt.

Herr v. Lobeck. Du kannst ihr keinen schöneren Beweis Deiner Liebe geben, als wenn Du sie **nicht** heirathest.

Herr v. Götze. Ich möchte weinen, wenn ich —

Herr v. Lobeck. Untersteh Dich und mache solche dumme Streiche.

Herr v. Götze. Wenn sich dies für einen kräftigen, gesunden Mann schickte!

Herr v. Lobeck. Recht, Alter! Ich will Dir sagen, was sich schickt.

Herr v. Götze. Nun?

Herr v. Lobeck. Du gehst zu meiner Schwägerin, verwendest Dich für Heeren und für Marie!

Herr v. Götze. Heeren! Ein so unreifer junger Mensch! Er hat ja noch —

Herr v. Lobeck. Keine grauen Haare wie —

Herr v. Götze. Ich?

Herr v. Lobeck. Wie ich — wenn Du es so lieber hörst. Wär's so, dann solltest Du Dich nicht verwenden. Er ist aber jung — geliebt — brav — Du bist alt, nicht geliebt und auch brav — mein bewährter Freund dazu — Du gehst.

Herr v. Götze. Marie —

Herr v. Lobeck. Marie hält Dich des Edelmuthes fähig und wird ihn Dir danken!

Herr v. Götze. Es ist ein schweres Stück Arbeit!

Herr v. Lobeck. Mag sein! (Er faßt seine Hand.) Es ist ein Stück Arbeit — das oben im Himmel Dir zu gut geschrieben wird.

Herr v. Götze. Du bist ein pfiffiger Satan! Du weißt meine Gutmüthigkeit zu bearbeiten! Deine Erfahrung siegt über meine. Du bist älter, als ich —

Herr v. Lobeck. Zwei Monate!

Herr v. Götze. Sei still! Davon will er auch nicht hören! (Er giebt ihm die Hand.) Na, Du sollst sehen, daß nicht allein die Liebe, daß auch die Freundschaft Gewalt über mich hat — ich will gehen, und Marie glücklich machen!

Herr v. Lobeck (umarmt ihn). Sage mich, alter Junge — Marie ist mein ander Ich!

Herr v. Götze (seufzend). Ich hätte sie auch auf andere Weise glücklich gemacht.

Herr v. Lobeck. Auf Deine Weise, Freund, das ist aber nicht die gute, Alter, — geh, geh. (Er schiebt ihn sanft hinaus.)

Neunte Scene.

Mathilde aus Mariens Zimmer. Herr v. Lobeck.

Mathilde. Ach, Sie böser Onkel! Was machen Sie für Ravage? Sie wollen fort? Und Marie soll mit Ihnen? Und alles das Hals über Kopf! Onkelchen, wer hat Ihnen etwas zu Leide gethan?

Herr v. Lobeck. Niemand, mein Kind — die Nothwendigkeit gebeut! —

Mathilde (schmollend). Ist das mein Dank! Ich gebe die schönsten Heirathspartien auf — ich thu Ihnen Alles zu Gefallen, was ich kann — und dafür gucken Sie nur eben in unser Haus, reisen weiter — und nehmen Schwesterchen mit fort? Onkel, ich gebe Ihnen mein Lebtage keinen Kuß mehr.

Herr v. Lobeck. Wirst schon, mein Kind! Später sollst Du auch den Grund erfahren.

Mathilde. Ich bin so verwettert neugierig! Was ich später erfahren soll, das muß ich gleich erfahren! Bitte, bitte! Was ist geschehen? Die Schwester thut freilich ganz heiter — aber sie wird uns sicher schmerzlich vermissen — und ich werde sie schmerzlich vermissen, ich habe sie, weiß es Gott, aus voller Seele lieb, und dann —

Herr v. Lobeck. Und dann?

Mathilde. Dann werfen sie Mariechens schöne Garderobe so unbarmherzig wild in die Kasten und Schachteln — das wird Alles ruinirt — wenn sie auspackt, findet Sie die Seide voll von Brüchen, und die Blonden eingerissen, die Hüte verdrückt! Reisen! So etwas will überlegt sein! (Gebieterisch) Onkel, Sie bleiben da!

Herr v. Lobeck. Kann nicht, Kind — frage nicht, füge Dich!

Mathilde. Onkel, Sie bleiben gewiß da und Marie mit Ihnen.

Herr v. Lobeck. Ich sage Dir, nein, nein, nein! Und nun mache mir den Kopf nicht warm!

Mathilde. Ich will Ihnen den Kopf warm machen, ich will Ihnen Alles zum Tort thun, wenn Sie auf die Reise bestehen. Seit ich wegen allerlei Muthwilligkeiten keine Schläge mehr kriege, habe ich keine Thränen vergossen. Nun fang ich an zu weinen, und höre gar nicht wieder auf, damit sie wenigstens recht verdrießlich in den Wagen steigen.

Herr v. Lobeck. Ich sehe Dich nicht an — und reise.

Mathilde. Ich gehe um sie herum, und schluchze Ihnen etwas vor!

Herr v. Lobeck. Ich halte mir die Ohren zu — und reise!

Mathilde. Ich heirathe Heeren selbst — wenn Sie unbeugsam sind.

Herr v. Lobeck (faßt Mathildens Hand, und sagt mit Nachdruck, leise). Möchtest Du gern eine Leiche im Hause haben?

Mathilde. Onkel!

Herr v. Lobeck. Willst Du Deine Schwester gesund behalten, so lasse mich ziehen — ich reise ihretwegen.

Mathilde. Marie — krank?

Herr v. Lobeck. Rettungslos — wenn nicht — Gebirgsluft sie herstellt —

Mathilde (umarmt den Onkel gerührt). Reisen Sie mit Gott,

Onkel! Ich wollte Sie ärgern durch Thränen — Nun will ich gehen — um Sie durch ein weinendes Auge nicht zu betrüben.

Herr v. Lobeck (nimmt ihren Kopf und küßt sie auf die Stirn). Wackeres — liebes Geschöpf!

Mathilde geht betrübt hinaus.

Zehnte Scene.

Herr v. Lobeck. Frau Ulrich mit mehreren Päckereien.

Frau Ulrich (welche die Thür nach Mariens Zimmer offen gelassen). Sehen Herr v. Lobeck einmal dahin! Wie sie trippelt! wie munter die Füße sich bewegen! Sie hat sogar gesungen — ganz leise für sich — „dort erblick ich schöne Hügel" oder wie es heißt — das ist uns in zehn Jahren nicht zu Gehör gekommen.

Herr v. Lobeck. Schon gut, Frau Ulrich — tragen Sie die Dinge hinaus —

Elfte Scene.

Frau v. Lobeck. Herr v. Lobeck.

Frau v. Lobeck. Herr Schwager, ich kann vor Erstaunen keine Worte finden.

Herr v. Lobeck geht und legt vorsichtig die Thür von Mariens Zimmer ins Schloß.

Frau v. Lobeck. Marie liebt Heeren — Mathilde weiß davon — Sie wissen darum. Es werden Reise-Anstalten getroffen — und — was das Befremdendste ist, Sie wollen die Tochter aus der Mutter Hause nehmen, unbekümmert, ob diese mit solchen Maßregeln einverstanden ist oder nicht.

Herr v. Lobeck. Werthe Frau Schwester. Bei Gefahren geschehen außerordentliche Schritte. Scheine ich rücksichtslos zu handeln, so stütze ich mich auf meine Ihnen bekannte Sinnesart. Ich will Ihr Bestes — zweifeln Sie nicht daran.

Frau v. Lobeck. Ich habe als Mutter Rechte, die ich nicht aufopfern darf.

Herr v. Lobeck. Sie haben als Mutter Befürchtungen, denen Sie Alles aufopfern müssen!

Frau v. Lobeck. Ich kann Sie nicht abhalten, wenn Sie unser Haus verlassen wollen — Sie wissen, wie gern Sie hier gesehen sind — Marie aber — ist mein Kind!

Herr v. Lobeck. Allerdings.

Frau v. Lobeck. Marie bleibt.

Herr v. Lobeck. Nein, Frau Schwester, Marie geht mit mir.

Frau v. Lobeck (äußerst pikirt). Wer giebt Ihnen ein Recht zu solcher determinirten Sprache?

Herr v. Lobeck. Mein seliger Bruder gab es mir. Gott hat es bestätigt — und Ihr Benehmen zwingt mich, darauf zu bestehen. Verlangen Sie keine weitere Erklärung.

Frau v. Lobeck. Und wenn ich sie verlange?

Herr v. Lobeck. So will ich sie geben, Madame, und sehen, wie weit Ihre Charakterfestigkeit und die meinige Probe halten.

Frau v. Lobeck. Ich muß bringend darum bitten.

Herr v. Lobeck. Um Ihrer selbst willen — bestehen Sie nicht darauf —

Frau v. Lobeck. Ich habe nichts zu fürchten.

Herr v. Lobeck (leise, damit ihn Marie nicht höre, aber mit schwerem und furchtbaren Nachdruck). Der Arzt hat mir vertraut, was er aus Schonung Ihnen verschwieg. Marie lebt kein Jahr mehr — sie stirbt an der Auszehrung —

Frau v. Lobeck (entsetzt). Himmel!

Herr v. Lobeck. Sie wird getödtet — durch ihre eigene Mutter.

Frau v. Lobeck. Gott!

Herr v. Lobeck. Es giebt Wesen, Madame, deren zarte Organisation Kälte der Mutter nicht ertragen kann. Heiße Kindesliebe geben und dafür stets erzwungene Freundschaft empfangen, dies greift in das Leben, dies vertrocknet den Quell der Jugend, dies stürzt ins Grab! Marie hat sich mir vertraut. Vergangene Nacht erst war sie dem Auslöschen nahe —

Frau v. Lobeck (bebend). Und Du schweigst, unglückseliges Kind!

Herr v. Lobeck. Ihre Liebe zu Heeren opferte sie der Mutter — den Schlaf der Nächte opferte sie der Mutter — die Mutter ist damit nicht zufrieden — sie will mehr! Sie will ihr Leben! Wohlan, nehmen Sie es, lassen Sie Marie nicht reisen, so tragen Sie die Verantwortung droben. Wir sind Beide nicht mehr jung. Ich werde vor Gott treten und sagen: „Ich wollte sie retten!" Wagen Sie den schauerlichen Gedanken, sagen zu müssen, ich habe mein Kind in der Blüthe der Jugend in die Gruft gestoßen! Nun wählen Sie! (Er geht sehr schnell hinaus.)

Zwölfte Scene.

Frau v. Lobeck. Gleich darauf Marie.

Frau v. Lobeck. Marie! Meine Tochter! O großer Gott, nun ich am Verluste stehe, sagt mir mein Herz erst, was Du mir bist!

Marie kommt heiter aus ihrem Zimmer.

Frau v. Lobeck geht ihr entgegen und ergreift ihre Hand: Marie, wie geht Dir's — Du scheinst weniger blaß — auch bewegst Du Dich rüstiger. Marie — das tröstet mich — das freut mich innig.

Marie (entzieht ihr sanft die Rechte). Sie sind so gütig.

Frau v. Lobeck. Du willst reisen, Kind? Wenn es Deiner Gesundheit zuträglich ist — so muß ich Dich wohl entbehren. Glaubst Du, daß die Reise heilsam sein werde?

Marie. Ich hoffe es. Aber vorher habe ich noch einige Worte mit Ihnen zu sprechen — ich werde mich für lange entfernen — für immer.

Frau v. Lobeck (zitternd). Für immer?

Marie. Ja. Ich kann Ihnen keine bessere Genugthuung geben für alle die Mühe und Sorgen, die ich Ihnen bereitet, für die Verleumdungen, die ich Ihnen zugezogen habe.

Frau v. Lobeck. Du — mir?

Marie. Wenn ich gewußt hätte! Was habe ich Ihnen für stillen Kummer gemacht mit meinen unbegründeten Ansprüchen. Eine Andere an Ihrer Stelle hätte mich gehaßt, hätte mich vielleicht aus dem Hause gestoßen. Drängte ich mich nicht unberufen zwischen das geliebte Kind und die Mutter? Sie haben meiner gepflegt, Sie haben mich mit Sanftmuth behandelt, an allen Vergnügungen Theil nehmen lassen. Heiterkeit und Anerkennung wären mir Pflicht gewesen, und ich trieb meine Forderung so hoch, daß ich auch an Ihrem Herzen gleichen Antheil mit Mathilde haben wollte!

Frau v. Lobeck. Ich verstehe Dich nicht.

Marie. Es ist Zeit, daß ich mich entferne, daß ich mit meinem betrübten Antlitz Ihrer gerechten Zärtlichkeit gegen Mathilde nicht mehr im Wege stehe. Ihr Wohlwollen hat mir ja tausendmal mehr gewährt, als ich verdiente — es stand bei Ihnen, mich wie eine Fremde zu behandeln.

Frau v. Lobeck. Fremde?

Marie. Nun sich mir das Räthsel gelöst hat — sind alle leisen Vorwürfe aus meinem Herzen gewichen, und ich hege gegen Sie nur ein heißes Gefühl, das der Dankbarkeit. Ich bin so glücklich, daß der Stachel entfernt ist, nur eines fehlt zu meinem Glücke — Ihre Vergebung!

Frau v. Lobeck. Was hätte ich Dir zu vergeben, Marie?

Marie. Meine Unkunde, gnädige Frau, denn meine Ungerechtigkeit entsprang aus ihr! (Sie beugt sich auf Frau v. Lobeck's Hand.)

Frau v. Lobeck (bebend). Gnädige Frau? Warum nennst Du mich nicht —

Marie. Ich weiß Alles.

Frau v. Lobeck. Nenne mich Mutter, Marie.

Marie. Man hat mir ja vertraut —

Frau v. Lobeck. Was, um des Himmels Willen?

Marie. Daß Sie nicht meine Mutter sind!

Frau v. Lobeck. Marie!

Marie. Ich sollte Ihnen verschweigen, daß ich das Geheimniß erfahren. Ich kann Ihnen nichts verschweigen. Gab Sie die Natur mir nicht zur Mutter, so wies doch eine unvertilgbare Liebe in meinem Busen Ihnen die Mutterstelle an. Keine sterbliche Seele soll ein Wort von mir wiedererfahren — aber entlassen Sie mich gütig, Ihr Abschiedswort sei meine Verzeihung.

Frau v. Lobeck. Marie — Du töbtest mich mit diesem unbegreiflichen Wahn — Marie — ich beschwöre Dich, nenne mich Mutter — bei dem Allmächtigen, ich habe ein Recht auf diesen Namen, oder ich werde es haben — Du sollst an meiner Liebe erkennen, daß ich Dir das Leben gab — daß Du mein Kind bist.

Marie (immer noch fremd). Ein Eid bindet Ihre Zunge —

Frau v. Lobeck. Kind meiner Liebe, erstgebornes, theures Kind — ein Schleier fällt von meinem Herzen, ich wache aus meinem Traume auf! Bei der Hoffnung, die ich hege, daß Du mir erhalten werdest, bei meiner Zärtlichkeit für Dich — gieb mir wieder, was mein ist, was keine Schätze der Welt mir ablaufen können, mein Heil, mein Stolz — den Namen der Mutter!

Marie (zweifelhaft). Ich — habe ja kein Recht —

Frau v. Lobeck. Grausame Tochter — vergiltst Du mir nicht alles Leid, das ich in Dein Herz senkte, tausendfältig in dieser fürchterlichen Minute? Willst Du mich knien sehen vor Dir und mich betteln hören um den Muttername? (Sie macht eine Bewegung, als ob sie dies thun wollte, Marie hält sie ab.)

Dreizehnte Scene.

Vorige. Herr v. Lobeck. Mathilde. Heeren und Götze treten leise hinter den Sprechenden ein.

Frau v. Lobeck. Bin ich Deine Mutter? Sieh mir ins Auge, Tochter — blickt so nicht ein Mutterauge auf das Kind? (Sie ergreift stürmisch der Tochter Hand, und preßt sie auf das Herz.) Fühle das Klopfen hier — ist das nicht ein Mutterherz, das für Dich schlägt? Fühle in die eigene Brust und horche auf jeden Pulsschlag — er wird Dir sagen — er muß Dir sagen: „Sie ist es, die mir das Dasein gab — die mich liebt, wie kein Mensch auf Erden — denn ich bin ihr Kind!" (Sie sieht Marie in verzweiflungsvoller Erwartung an.)

Marie. Dieser Blick! Ewiger Vater, wie ich ihn nie gesehen — Dieser Ton, den ich heut zum ersten Male höre — der mein ganzes Wesen mit Jubel und Entzücken durchströmt — diese ausgebreiteten Arme. (Sie sieht sich um und bemerkt den Onkel.) Onkel, Sie haben mich betrogen — ich bin ihr Kind — Sie ist meine Mutter! (Sie stürzt an ihrer Mutter Herz, lange schweigende Umarmung.)

Herr v. Lobeck. Dein Herz spricht wahr, Marie! Es war eine Lüge! Mein Bruder im Grabe vergebe Sie mir! (Er trocknet seine Augen.) Sie hat gute Frucht gebracht! Jetzt seh ich (Euch Allen Eure Thränen nach) — sind doch meine alten Männeraugen vor Freuden feucht geworden! Halten Sie sie fest, Frau Schwester — recht fest — dann aber geben Sie sie dort hin (auf Heeren zeigend) und Ihren Segen dazu.

Frau v. Lobeck vereinigt schweigend die Liebenden.

Heeren und Marie. O unbeschreibliches Glück!

Frau v. Lobeck (wechselweise Marien und Mathilden ans Herz drückend). Meine Kinder! Meine geliebten Kinder!

Mathilde. Habe ich's nicht gesagt? Dageblieben, Onkel!

Herr v. Lobeck. Dageblieben! Ich halte Wort! Nun zeigt mir aber lachende Gesichter! (Sie sehen ihn Alle lächelnd an, außer Götze. Heeren steht Arm in Arm mit Marie, Frau v. Lobeck reiht sich Arm in Arm an das Paar mit Mathilden an.)

Herr v. Lobeck. Auch Du, alter Freund —

Herr v. Götze. Mich will kein Mensch umarmen!

Herr v. Lobeck. Wahrhaftig? Komm her, wackerer Junge — hier schlägt Dir ein Freundes-Herz entgegen! In diesem Familienkreise treffe Niemand mehr eine Zurücksetzung! (Er umarmt Götze herzlich.)

Frau v. Lobeck (legt beider Töchter Haupt an ihren Busen mit einem feierlich gelobenden Blicke zum Himmel). Keine Zurücksetzung mehr.

Gruppe.

Ein Tag vor Weihnacht.

Gemälde aus dem Bürgerleben

in zwei Aufzügen.

Personen.

Copist Müller.
Seine Frau.
Karl ⎫
Rietchen ⎭ ihre Kinder.
Lina, Müllers Nichte.
Muhme Lebrecht.
Eduard Braun, Supernumerar
Ein Executor.
Zwei Gerichtsdiener.
Ein Bedienter.

Erster Aufzug.

Ein sehr ärmliches Zimmer. Die Fenster sind überfroren. Rechts steht ein Stickrahmen. Auf dem zur Linken sich befindlichen Schreibpulte liegt ein großes schwarzes Gesangbuch, dessen Kanten mit altmodischem Silber schwer beschlagen sind, und welches durch ein silbernes Schloß zusammengehalten wird. Morgen; es ist noch nicht ganz hell.

—

Erste Scene.

Müller sitzt am Pulte bei der brennenden Lampe und schreibt. Er haucht von Zeit zu Zeit in die Hände, um diese zu erwärmen. Endlich überzählt er die geschriebenen Bogen. (Eins, zwei, drei, vier (er zählt still weiter) elf; elf Bogen sind's. Nicht mehr? Hm? Zweiundzwanzig Groschen. Je nun, doch eine kleine Beihülfe (er besieht den letzten Bogen). Freilich ist die Arbeit von heut Morgen nicht sehr current — der Herr Procurator hat mich schon einige Male darüber getadelt; aber wie sollen die Buchstaben fest und zierlich dastehen, wenn der Schreiber sich selbst kaum aufrecht erhalten kann! (Er haucht in die Hände.)

Zweite Scene.

Lina. Müller.

Lina kommt hastig aus der Seitenthür. Ach, liebster Vater, sein Sie nicht böse — ich habe die Zeit verschlafen, es ist noch nicht geheizt. Bitte, sagen Sie der Mutter nichts. Da steht der Rahmen mit der Haube noch. Ich unbedachtsames Mädchen! (Sie räumt mit großer Eile den Rahmen weg.) Wäre Mutter erwacht, hätte ich mir alle Freude verdorben! Väterchen, zürnen Sie mir? (Sie schmeichelt ihm).

Müller (steht auf). Laß Dich ansehen, Lina. Deine Augen sind geschwollen. Du sollst nie wieder bis über Mitternacht beim Sticken sitzen.

Lina. Was thut's! Ich wasche sie mit eiskaltem Wasser, gleich sind Sie sie wieder klar, wie vorher.

Müller. Du bist ein gutes, fleißiges Kind; doch mußt Du überlegen, daß es der Mutter am heiligen Abend ihre Ueberraschung trübt, wenn Du ihr eine Arbeit giebst, die Deine Gesundheit gekostet.

Lina. Väterchen, ich bin so gesund! Mir schmeckt Essen und Trinken, und meinetwegen könnten Fenster und Thüren offen bleiben, ich weiß von Kälte nichts.

Müller (haucht in die Hände). Heiz ein, Mädchen, Mutter schilt gern und sie wird gleich aufstehen.

Lina. Wenn Sie auch schilt, lieber Vater, bitte, verrathen Sie nicht, daß ich die Nacht über gearbeitet habe — ich will Alles geduldig anhören, nur verderben Sie mir meine Freude nicht. (Sie geht zur Mitte hinaus.)

Dritte Scene.

Müller, dann seine Frau.

Müller. Freude im Geben! Wenn man ihr zu Weihnachten doch auch ein kleines Vergnügen machen könnte — Geld, Geld! Das ist immer der Anstoß! (Es ist hell geworden, er löscht die Lampe aus).

Frau (hastig aus der Seite). Guten Morgen, Vater. Wo ist die Line? (Sie fühlt den Ofen an). Der Ofen kalt, Du bei der Feder, ei, mein Himmel, mit verklommenen Fingern! Das junge Blut schläft recht Gottvergessen in den Tag hinein, wenn der Ernährer arbeitet und friert.

Müller. Mache kein Wesens um ein Bischen Kälte.

Frau (heftig). Kein Wesens? Kein Wesens? Ich will Ordnung haben. Die Line soll's erkennen, daß wir sie wie das eigne Kind aufziehen. Bei armen Leuten muß man keine Mamsell spielen wollen — und geschieht das, so will ich Wesens drum machen, siehst Du!

Müller (um sie abzulenken). Mein Frühstück, Mutter.

Frau. Deinetwegen könnte sie schlafen bis zum hellen Mittag — das weiß ich sehr wohl — Du sagst ihr kein hartes Wort — mag hingehen, aber nicht dazwischen reden sollst Du, wenn ich ihr die Untugenden verweise.

Müller. Krieg ich auch mein Theil?

Frau (im Eifer fortfahrend). Mit Fug und Recht. O, ich habe die Augen überall. Meinst Du, ich wüßte nicht, was passirt? Geb ich der Mamsell Line einmal ein Bischen deutlich meinen Willen zu verstehen, wäge ich dabei meine Wörter alle nicht mit der Goldwage ab, gleich hat sie Thränen bei der Hand — dann brauche ich nur den Rücken zu wenden und ich bin gewiß, Du gehst zu ihr, kneipst sie in die Backen, streichelst sie und sprichst: „Nimm's nicht zu hoch, Line, sie brummt auch mit mir!" — Ist's wahr oder ist's nicht wahr?

Müller. Daß Du mit mir brummst, das ist wahr.

Frau. Du hast Dir recht vorgenommen, mich zu ärgern. Das ist nicht schön von Dir. Du solltest fühlen, wie weh mir heut ums Herz ist — morgen heiliger Abend — und wir können den Kindern kein Stückchen einlaufen!

Müller. Mutter, mich hungert und ich will ausgehen.

Frau (sehr gereizt). Mich hungert nicht, wenn ich daran denke. Ihr Männer bekümmert Euch wenig um Kummer, der die Kinder betrifft. Mögen die Würmchen weinen am Fest-Abend, Ihr Männer geht in die Kanzlei, stopft Euch die Ohren zu mit Rescripten und Decreten, oder wie der Kram heißt — die Mutter hat dann die Sorge für sich allein. (Während dieser Rede hat sie einen Teller aus dem Schranke genommen, ein Stück schwarzen Brotes abgeschnitten, Salz und ein Messer dazu gelegt; sie bringt es unmuthig und hastig ihrem Manne. Er beginnt das Brot mit Heiterkeit zu verzehren, die Frau geht zum Ofen und fühlt ihn an.)

Frau. Noch immer kalt? So kalt, wie Männerherzen, wenn die Kinder jammern! Nein, das ist doch zu arg! Line! Line! hat die Mamsell keine Zeit, die Hände zu rühren? (Während der letzten Worte geht sie durch die Mittelthür hinaus, man hört sie draußen mit Lina schelten.)

Müller zeigt durch Kopfschütteln beim Verzehren des Brotes seine Mißbilligung über die Heftigkeit seiner Frau.

Vierte Scene.

Karl und Rickchen (aus dem Seitenzimmer). Müller.

Die Kinder. Guten Morgen, Vater. (Sie küssen ihm die Hand.)

Müller. Guten Morgen, Siebenschläfer. (Während des Folgenden verzehrt er den Rest seines Frühstücks.)

Kinder. Ach, Vater, morgen ist der heilige Christ-Abend!

Müller. So?

Karl. Und was haben wir gesehen!

Rietchen. Ach, so was Schönes!

Karl. Der Färber im Vorderhaus muß ein vornehmer Herr sein. Drei Körbe voll Spielzeug haben sie zu ihm hineingetragen — Soldaten und Säbel —

Rietchen. Puppen und Kleider!

Müller setzt den Teller weg, das Gespräch ist ihm unangenehm.

Karl. Und zwei Pyramiden — so hoch! — mit tausend Lichtern!

Rietchen. Und Gold, lauter Gold.

Müller. Geht, Kinder, geht; es ist Schulzeit.

Karl. Wird denn der heilige Christ bei uns auch einkehren, Vater?

Rietchen. Wir sind ja auch folgsam und gut!

Müller. So wird der Segen nicht ausbleiben — nun geht mit Gott.

Karl und Rietchen (springen zur Thür hinaus). Abieu, Mutter, wir gehen in die Schule! (Ab.)

Fünfte Scene.

Müller. Frau und Lina.

Frau (in der Thür den Kindern nachrufend). Nehmt Euch vor den Wagen in Acht. Im Schnee hört man die Räder nicht, auch gleiten die Pferde — haltet Euch auf der Seite, hört Ihr? Ja, das springt und juchheit die Treppe hinab; man predigt lauter tauben Ohren.

Lina kommt herein, sie bringt sich eine Arbeit mit, setzt sich zum Fenster, wo sie emsig zu schaffen beginnt; sehr betrübte Blicke fallen dazwischen auf die überfrornen Scheiben.

Frau (mit einem Blick auf Lina in ihrer Rede fortfahrend). Die Jugend ist heutzutage gar zu gescheidt — man hat ein rechtes Kreuz mit den jungen Leuten! Nichts als Sorge, Aerger und Noth, weiß der liebe Himmel!

Müller. Laß gut sein, und antworte mir; ich frage nicht ohne Grund: Wie stehts um die Kasse?

Frau. Das Allernothwendigste für die Feiertage zu bestreiten, mag sie ausreichen; aber auch nur das Allernothwendigste. Von einem Braten oder einem Stück Kuchen kann keine Rede sein.

Müller. Na, na, wer weiß.

Frau. Wer weiß? Ich weiß es; Du bist immer voll Hoffnung und Deine Hoffnung wird immer zu Schanden.

Müller. Bei extraordinären Gelegenheiten müssen extraordinaria herbei!

Frau (in freundlicher Erwartung). Ja, Vater!

Müller (nimmt das Gesangbuch vom Pulte und zeigt auf das Silber). Was steht da?

Frau. Ei, ich kenne den Spruch: „wenn die Noth am größten ist, ist auch die Hülfe am nächsten."

Müller. Wie meinst Du wohl, daß Braten und Kuchen für die Festtage herbeikämen?

Frau (freundlich). Ich meine, daß Du von Deiner Grille abläßt, daß wir das Silber von dem Buche herabnehmen, es zu Gelde machen; mit dem Gelde kaufen wir den Kindern Spielzeug, können für ordentliches Essen im Feste sorgen und haben, statt Jammer und Wehklage, vergnügte Weihnacht und fröhliche Kinder; wie, Vater?

Müller (plötzlich sehr ernst). Das Buch ist unantastbar — es bleibt unversehrt (er legt es wieder an seine Stelle).

Frau (sehr unwillig). Da haben wir das alte Lied!

Müller. Sterbenden Vaters Befehl ist heilig!

Frau. Was hat er denn verlangt, der selige Herr? Du sollst das Buch nicht aus den Händen geben, Du gäbest sonst seinen Segen weg. Das Buch, verstehst Du, das Buch. Mit dem Silber d'ran hat er's so genau nicht genommen.

Müller (schnell). Ich habe ihm schwören müssen, auch das nicht zu berühren, bis zur höchsten Noth. Wenn wir kein Lager haben, um das Haupt darauf zu legen, wenn wir kein Brot haben, um den Hunger zu stillen, — dann erst, dann —

Frau. Vater, wir sind in großer Noth (bittend). Lasse den Eigensinn fahren, der Selige wird ein Auge zudrücken. Weihnacht, kleine Kinder, es ist gar zu schmerzlich — wir wollen das Buch ohne Silber so ehrenwerth halten, laß es uns herabnehmen!

Müller (mit gerunzelter Stirn). Du kennst mich, Mutter — von dem Buche wird kein Eckchen abgedrückt.

Frau. O freilich — freilich! Es steht uns gut an, Bücher mit massivem Silber daliegen zu haben und Trübsal zu erdulden. Die Kinder mögen morgen weinend im Winkel sitzen, bloß, damit das Buch in seinem hoffärtigen Kleide prunken kann.

Müller. Sie sollen lieber weinend dasitzen.

Frau. Das ist Dir einerlei! Ei, sieh nicht weg von mir; es ist Dir ni ch t einerlei! Voriges Jahr machtest Du auch Dein Amtsgesicht; als der Abend kam, setztest Du Dich zum Pult und schriebst und schriebst, als ob am ersten Feiertag abgeliefert werden müßte. Wie aber in der ganzen Nachbarschaft die Lichter brannten, und man das Kindergejauchze deutlich vernahm, wie Du die unserigen stockmäuschenstill dasitzen sahest, mir Thräne über Thräne auf das Strickzeug fiel, da war's mit Deinem Kanzlei=Ernste auch vorbei. Viermal fingst Du die schöne große Schrift an „Von Gottes Gnaden" und viermal mußtest Du den Bogen weglegen: denn Deine Thränen fielen in das Wort „Gnaden" und löschten es aus. Sieh, Vater, der Bettler kauft seinen Kindern Spielzeug auf dem Weihnachts=Markte — gib das Buch, und lasse uns das Silber herabnehmen.

Müller. Nein.

Frau. Also soll's morgen sein, wie voriges Jahr?

Müller. Nein!

Frau. Die Feiertage in Thränen?

Müller. Nein!

Frau. Die Kinder ohne Freude?

Müller. Nein!

Frau (heftig). Nein, nein, nein, nein! Soll's aus der Decke herabspringen, soll ein Wunder geschehen?

Müller (singt). Hoffnung, Hoffnung, immergrün —

Frau. Ei, laß den Singsang bis zur bessern Zeit! Singsang ist in reicher Leute Häusern gut angebracht — bei uns nicht. Es schickt sich auch gut, daß der Mann singt, wenn die Frau mit Thränen accompagnirt. (Sie dreht ihm sehr erzürnt den Rücken zu.)

Müller (nimmt die Bogen vom Pulte und den Hut). Sieh einmal her. Hier sind elf fertige Bogen, das gibt zweiundzwanzig Groschen. Nun hab ich aber noch bei dem Procurator zwei Thaler sechs Groschen gut; ich habe davon nicht geredet, weil wir Männer lieber t h u n als reden. Jetzt geh ich zu ihm und hole die Summe. Weil periculum in mora ist, so will ich eilen, damit ich ihn noch antreffe. Das Geld wird bei Heller und Pfennig Dir überliefert, Du kaufst etwas Spielzeug und Lichter, den Rest verwendest Du auf Feiertags=Speise, mein theures väterliches Vermächtniß, das Buch, bleibt ruhig im Silber an seinem Platz, und unsere Weihnacht ist keineswegs voll Jammer und Noth!

Frau (reicht ihm die Hand hin). Du bist ein guter, fleißiger Mann! (Sie gibt ihm einen Kuß.)

Müller. Da haben wir's. Als ich ein armer Schlucker war, wurde gebrummt, mir der Rücken zugekehrt, kein freundliches Blickchen gegönnt. Nun ich reich geworden bin, nun ich drei Thaler vier Groschen nach Hause bringe, sind alle Wolken verweht, die liebe Sonne geht auf. Eine wie die Andere — (er streicht ihr scherzhaft über die Wange) o Du wetterwendische Person, Du! (Er geht hinaus.)

Frau (ihm nach). Vater, bist Du auch warm angezogen? Der Wind schneidet — (sie geht ihm nach). Nein, nein, ich muß so nach der Küche — hörst Du wohl, stehe nicht still auf der Straße, wenn Dir ein Bekannter begegnet, Du erkältest Dich sonst.

Sechste Scene.

Lina (allein). Die Fenster wollen nicht abthauen. O du garstiger Winter! Keinen Blick kann man auf die Straße thun (sie haucht gegen die Scheibe). Man lebt wie ein Einsiedler. Herr Braun gegenüber wird glauben, wir sind gestorben, weil er uns gar nicht zu sehen bekommt (sie haucht wieder, wischt dann mit dem Tuche eine kleine Oeffnung, und sieht hindurch). Nun, wahrhaftig, der muß vom Frost nichts spüren, er hat die Thür sperrangelweit offen — und er spielt noch dazu Guitarre. Ob er wohl mein Lieblingsstückchen singt (sie wischt die Oeffnung größer und sieht aufmerksam hindurch) man kann nichts hör — ach! (Sie richtet sich erschroden auf und grüßt) Guten Morgen! Ei, das setzt mich in rechte Verlegenheit. Er grüßt so artig und kann nicht sehen ob ich ihm danke. Nein, er müßte mich für abscheulich unhöflich halten — ich will lieber ein klein wenig das Fenster aufmachen; an meiner Stelle würde das gewiß jedes Mädchen thun. (Sie öffnet schüchtern ein wenig den Fensterflügel.)

Brauns Stimme. Ergebenster Diener, liebes Linchen.

Lina. Guten Morgen, Herr Braun.

Stimme. Ein herrlicher Tag!

Lina. Ein wenig frisch; die Blätter an den Scheiben rühren sich nicht.

Stimme. Sollte man glauben, daß so herrliche Rosen hinter diesen Blättern blühen?

Siebente Scene.

Muhme Lebrecht. Lina.

Muhme klopft leise an die Thür, Lina überhört dieses; gleich darauf tritt die Muhme ein, und hört äußerst begierig den letzten Theil des Gespräches mit an.

Lina (vor sich nieder). Das ist wohl eine Stelle aus dem Liede, welches Sie sangen?

Stimme. Mit Ihnen spreche ich nur aus dem Herzen.

Muhme (leise). Mamsell Linechen!

Lina. Ich wünsche Ihnen vergnügte Feiertage.

Stimme. Sie würden nur vergnügt sein, wenn ich sie in Ihrer Gesellschaft verleben dürfte.

Muhme (für sich) Das gesteh ich! (Sich Lina nähernd, laut) Mamsell Linechen!

Lina (heftig erschrocken, schließt eilig das Fenster und blickt um). Ei! — Sind Sie's Frau Muhme?

Muhme. Nicht wahr, ich komme, wie der Dieb in der Nacht? Das gesteh ich — die Frau Muhme nicht zugegen?

Lina. Ich will sie holen.

Muhme. Eilt nicht, Püppchen, will mich ein wenig verpusten! (Sie nimmt einen Stuhl, setzt sich, holt eine große Dose aus der umhängenden Tasche und schnupft.)

Lina (arbeitet).

Muhme. Na, wie sieht's denn hier aus bei dem Herrn Vetter? Allezeit Kummer und Elend — nichts zu beißen nichts zu brechen? So geht's, wenn man justament Frau Geheime-Secretärin werden will. Ich habe das nicht allein vorhergesagt, sondern auch geprophezeit — pur' in den Wind geredet! Du mußt nachdenklicher sein, Püppchen; Du mußt Vortheil ziehen aus Deiner Gestaltung. Der Himmel hat immer vernünftige Absichten, wenn er uns ein hübsches Lärvchen verleiht; das kannst Du mir ohne Schwur glauben, weil ich's aus Erfahrung habe — (sie schnupft). Hast Du schon darüber nachgedacht, Seele?

Lina. Ich verstehe die Frau Muhme nicht.

Muhme. Das gesteh ich! Thut sie doch, als wenn sie sich noch niemals im Spiegel beguckt hätte — oho, wir wissen recht gut, wie wir aussehen! Aber das hättest Du Dir wohl nicht träumen lassen, Engel, daß Deine Physonomie eine effectvolle Wirkung verpraktizirt? Du sitzest da und stichelst, zerarbeitest Dir die

Fingerchen, und ehe Du Dir ein Fähnchen zusammenstichelst, muß sehr viel Wassers den Strom runter — aber unverhofft kommt oft! Wem der liebe Herrgott ein Glück zugedacht, der kriegts im Schlaf oder — hi hi! wenn er just zum Fenster hinaus disputirt, gilt gleichviel! Bald wirst Du unter der Haube sein, Schatz, wirst über ein ganzes Bataillon Bedienten zu commandiren haben, von denen der Musje Friedrich wirklich ein netter Mensch ist! das gesteh ich! kurz Du wirst eine vornehme Madam, die ihren Verwandten, wenn sie will, allerhand zuwenden kann, und wenn es auch nur manchmal ein Pfund Kaffee oder ein Fläschchen Herzensstärker ist. (Sie schnupft.)

Lina (läßt ihre Nadel sinken, sieht die Schwätzerin mit großen Augen an, faßt sich und spricht). Die Frau Muhme spaßt.

Muhme. Im contrairen Gegentheil, Puppe! Spaßen? o ho! Mit einem Herrn, wie dem Herrn Ober-Copialien-Inspector Behrends, würde ich mich nicht unterstehn, einen Spaß zu unternehmen!

Lina. Wer   ?

Muhme. Erstaune nur darauf los, Seele! Habe auch erstaunt und mich noch dazu gewundert. Solch' ein Herr! Mit dem Herrn wirklichen Geheimen Ober-General-Armen-Versorgungs-Instituts-Director ist er auf Du und Du. Geht bei Baronen und Grafen aus und ein, ohne Gêne, wie der Handwerksmann in der Herberge. Stenglers Lotte hat sich das Ehrenkleid nach ihm zerrissen, und die reiche Wittwe in der Besenstraße, wie heißt sie doch —? — das gesteh ich! — hat sich die Schuhe abgelaufen, und mit den Augen geflankirt — so und so — hi hi hi — alles pur' umsonst!

Lina. Was kümmert das mich, liebe Frau Muhme?

Muhme (schnupft). Siehst Du, wie Du bist! Wenn Einer glücklich werden soll, so thut er noch, als sperrt er sich, oder er sträubt sich, oder er weigert sich — alles nur bloß allein und lediglich zum Schein! Nur heraus muß man reden mit dem jungen Volk, ich bin so kein Freund von vielen Worten — das gesteh ich! — Du bist Braut, Linechen, soll ich Dir nun auch erklären, was das ist, eine Braut? hi hi hi!

Lina. Davon müßt ich zuerst etwas wissen.

Muhme. Thut nicht vonnöthen, Seele. Kriegst den Mann zu Weihnachten geschenkt! Ist Alles richtig gemacht hinter Deinem Rücken!

Lina (sehr ernst). Ich glaube dergleichen hinter meinem Rücken richtig zu machen, ist kein Mensch befugt.

Muhme (mit der Zunge schnalzend). Hm! hm! hm! (Sie schnupft.) Geduld und liebe Zeit! Hm — Linechen, geh und rufe die Frau Muhme, Du wirst's schon capiren, wenn die Dir's geexplicirt hat.

Lina (steht auf und spricht mit Bestimmtheit). Frau Lebrecht, Sie werden nicht hergekommen sein, um Unfrieden in unsere Familie zu bringen. Sie wissen sehr wohl, daß eine Verbindung auf Lebenszeit nicht hinter dem Rücken Anderer abgeschlossen werden kann. Verhandlungen hinter dem Rücken haben schon an und für sich einen häßlichen Schein, und werfen auf diejenigen, welche sich damit abgeben, auch nicht den allerbesten. Sie wissen das, nicht wahr? Sie sind ja eine erfahrene Person — nun dann will ich die Mutter rufen. (Sie geht ab).

Achte Scene.

Die Muhme (allein).

Person? Person? O ho! Jungfer, ich bin keine Person; ich bin eine ehrbare Frau, der so ein naseweises Ding nichts Reputirliches nachsagen kann! Das gesteh ich! — Hu, hu! das fliegt gleich zum Schornstein hinaus, voller Hochmuth und Einbildung! (Sie schnupft.) Da steckt was dahinter, da steckt was dahinter. Fenster aufmachen, mit jungen Herren allerlei verliebte Discussionen tractiren — wir haben uns verpleimpert: deswegen wollen wir von soliden Freiwerbungen nichts hören, darum thun wir, als ob wir von Marzipan wären! Der Jungfer Muhme sitzt ein armer Schlucker im Kopf! (Sie parodirt Brauns Stimme). „Sie würden mir nur angenehm sein, wenn ich sie in Ihrer Gesellschaft verleben dürfte", seht doch, seht doch! Schlägt sie's aus, Frau Ober=Copial= Inspectorin zu werden, so ist blos das vis-à-vis da gegenüber schuld, das laß ich mir nicht abbefiniren! (Sie schnupft und schlägt mit Gepraffel die Dose zu).

Neunte Scene.

Frau Müller. Ein Bedienter (in eleganter Livree, der einen großen Korb ins Zimmer setzt). Die Muhme.

Muhme. Sieh da, Frau Muhme! Dienerin, Musje Friedrich, Dienerin, treffen wir hier zusammen — das gesteh ich!

Fr. Müller. Du mein Gott, wie kommen wir zu der übergroßen Ehre?

Friedrich. Ich habe den Befehl von Seiten des Herrn Inspectors, für die Kleinen dies Weihnachtsgeschenk abzugeben, das Nähere wird Frau Lebrecht berichten (er geht hinaus).

Fr. Müller (ihm nach). Ei, so warten Sie doch ein klein wenig — ein Trinkgeld — nein, ich lasse Sie so durchaus nicht weg (sie folgt dem Bedienten).

Muhme (nach dem Korb schielend). Sieh, sieh, sieh, sieh! (Sie schnupft.) Die Kinder muß man bedenken, wenn man an die Eltern will! Ein feiner Herr, der Herr Inspector, Gott erhalt ihn. Das gesteh ich.

Fr. Müller (kommt wieder). Nun sagen Sie, um Alles in der Welt —

Muhme. Pur wegen der Line, man bloß allein und lediglich wegen der Line, Frau Muhme. Ach, der Herr ist ge=schossen, daß es einen Stein in der Erde erbarmen muß.

Fr. Müller (die Hände in freudiger Verwunderung zusammenschlagend). Wer hätte das gedacht! (Sie geht zum Korbe.) Nein, das ist des Him=mels Finger. — Frau Muhme, sehn Sie her! Die Herrlichkeit für Karl und Rieckchen! Wie die Kleinen springen werden vor Freude — ach, Du grundgütiger Gott, werd ich doch selbst zum Kinde, wenn ich die bunten Dingerchen betrachte!

Muhme (schlau). Ja, es ist ein schönes, ein kostbares Ca=teau! Da mögen wohl ein zwanzig Thälerchen hinausgeflogen sein! Nur die Vorrede das, Frau Muhme; das Eigentliche kommt erst. Der Herr Vetter kriegt Zulage, man wird ihm allerlei Accidenzien zuwenden — und, wenn die Line Frau Inspectorin ist, o ho! Da fällt auch für unser eins was ab, ein Kämmerchen im Hause, hie und da ein Stück Zeug — sie wird ihn schon untern Pan=toffel kriegen — und Geld ist da — wie Bohnenstroh, da wird's mit der Rechnung nicht genau genommen, Schwenzelpfennige lassen sich machen, daß es ein Plaisir ist. (Sie schnupft.)

Fr. Müller. Wird auch die Line —?

Muhme. Wird auch? Wird auch? Das gesteh ich! Hat sich was zu werden! Wenn man vierzehn Jahre Gnadenbrod ge=schluckt hat, dächte ich, dürfte man nicht mutzen!

Fr. Müller. Und mein Mann? Er meint, Herr Behrends sei ein unausstehlicher, boshafter alter Herr.

Muhme. Na, das wäre nicht übel! — boshafter, alter Herr — das gesteh ich! Wissen Sie, was Ihnen gearrivirt wäre heute, einen Tag vor Weihnacht, wenn der (mit malitiöser Parodie) unausstehliche, alte boshafte Herr sich nicht dreingelegt hätte — o ho! — geexecutirt wären Sie geworden, lustig los! Levi Hirsch hat schon auf heute die Gerichtsdiener bestellt gehabt, wegen dem Wechsel von zweihundert Thalern. Der kennt keinen Pardon. — Aber der Herr Copialien=Inspector hat ihn bei Heller und Pfennig bezahlt, sich die ganze Schuld abcediren lassen — na da ist sie in guten Händen, wird in den Schornstein geschrieben, Interessen und Capital — die Line bezahlt Alles. (Sie schnupft.)

Zehnte Scene.

Die Kinder. Vorige.

Karl und Rietchen (hereinspringend). Die Schule ist aus!
Karl. Weil morgen Weihnacht ist, ist freigegeben wor —. (die Kinder sehn den Korb) Ach!
Beide (ganz starr vor Staunen). Ah! Ah!
Frau. Werdet Ihr hübsch höflich sein?
Karl (hat ein Stück genommen). Ein Hökerweib! (Ohne aufzusehen in demselben Tone) Guten Tag, Frau Muhme.
Rietchen (wie Karl). Eine Schattergans! Guten Tag, Frau Muhme.
Beide. Mutter, Mutter, hat das der heilige Christ bescheert?
Frau. Vielleicht, wenn Ihr artig seid!
Beide. Juchhei, juchhei! Sieh doch, sieh! (Sie gehn zum Korb und zeigen einander abwechselnd die Stücke, indem sie den Korb halb austramen.) O wie schön! — Ah sieh! — Das kriegst Du! Das krieg ich!
Fr. Müller (mit innigem Vergnügen ihre Augen auf die Kinder heftend). Wer ein Herz hat, muß fühlen, wie das thut! (zur Thür) Line, Line!

Elfte Scene.

Lina. Die Vorigen.

Lina tritt ängstlich und zögernd in das Zimmer.
Fr. Müller. Line, sieh her, wie die Kinder sich freuen; das Alles gibst Du ihnen, Line, noch mehr; daß wir aus der

drückenden Noth kommen, meine Tochter, kannst Du machen. Du sagtest mir oft, Du siehst uns für Deine rechten Eltern an, nun handle so, Line, als ob wir es wären, Kind, der liebe Herrgott wird es Dir lohnen!

Lina sieht die Mutter fragend und gespannt an.

Muhme. Ich habe den Ehrenantrag gethan, Mamsell; die Frau Muhme meint, da sei kein Bedenkens, und es passe sich hier ganz und gar nicht, zimperlich zu thun. Ich könne dem Herrn Bräutigam stante Pede das Jawort hinbringen.

Lina (der Mutter Hand ergreifend). Das haben Sie nicht gesagt, liebe Mutter.

Muhme. Nicht? Das gesteh ich! Wer sich so von den Jungen über den Mund fahren läßt, dem geht es auch danach!

Fr. Müller (entzieht Lina ihre Hand). Rechne Einer auf Kinder=Dank, der hat gewiß auf Sand gebaut.

Lina. Kränken Sie mich nicht so tief, Mutter, ich erkenne gewiß und fühle in meinem Herzen, was Sie an mir hülfloser Waise gethan haben. Aber Sie würden ihr eigenes Werk ver=nichten, wenn Sie mich erzogen hätten, um mich nun plötzlich — in das größte Elend hinauszustoßen.

Muhme. Das gesteh ich! (Schnupft.)

Fr. Müller (welche ihr Jähzorn übernimmt). Du hoher Himmel, thut man doch, als wenn wir wunder Erschreckliches mit dem Kindchen im Sinne hätten. Ins Elend stoßen? Wir? Dich! Wir haben Dich wohl eher aus dem Elend herausgezogen, und nun es gilt den Eltern zu vergelten, da ist kein Mensch zu Hause! Sonst kann sie still schweigen, recht trotzig, weinerlich still, aber heute hat sie ein Mundwerk, trotz dem besten Advokaten! Meinst Du, mich einzuschüchtern? Duckt wieder einmal die vornehme Mamsell auf? Trau mir nicht, Line, trau mir nicht, meine Ge=duld kann ein Ende haben!

Lina. Ich habe oft geschwiegen, Mutter, wenn ich redend mich hätte rechtfertigen können; ich habe es vorgezogen, zu er=tragen —

Muhme. Ertragen! — o ho! (Schnupft.)

Fr. Müller (sehr zornig). Ertragen? Das ist zu arg! Was hat die Mamsell zu ertragen in meinem Hause? Ich habe ertragen von der Mamsell, daß sie verschlafen ist und träge, ich habe seit einer Woche ertragen, daß der Vater im kalten Zimmer des Morgens arbeiten muß! Wie? Wenn hier gar so Arges zu ertragen ist im Hause, so kann man sich in Gottes Namen nach einem bequemern Platz umsehen!

Lina. Vergeb es Ihnen Gott, wie unrecht und wie weh Sie mir thun, Mutter. Ich besitze auf der Erde nichts, als mein Herz — o nein, Sie werden sich an meinem einzigen Gute nicht vergreifen, Sie werden es, Sie können es nicht — der Vater wird —

Fr. Müller. Das fehlte noch! Gedroht mit dem Vater! Nur zu! Wir wollen doch sehen, wer mehr vermag. Ich bin eine arme Frau, aber Frau bin ich im Hause. Des Benehmens gegen mich bin ich müde. Wo der kindliche Respect abgeht, da ist auch kein guter Grund —

Muhme. Nimmer und niemals nicht!

Fr. Müller. O, es hat mir längst auf der Seele gelegen, heraus muß es einmal — sie hat kein Gefühl für unsere Noth, da ist kein Mitleid mit den Kleinen, keine Liebe für die Eltern, da ist nichts, als Hochmuth, Leichtsinn und Eitelkeit.

Lina kann sich nicht mehr halten, sie bedeckt beide Augen mit dem Taschentuch, und wirft sich weinend in einen Stuhl.

Fr. Müller. Ja, das wußte ich, wenn wir nicht weiter können, werden ein Paar Thränen herausgedrückt — o, das ist Verstellung und weiter nichts. (Zu den Kindern, die erschreckt aufgehört haben zu spielen.) Laßt Alles liegen, Kinder; die nimmt Euch die Freude weg, die macht Euren Vater unglücklich, vielleicht brotlos! Was liegt ihr daran, wenn Gerichtsdiener kommen, und tragen das letzte Bett hinaus — sie fragt wenig danach!

Lina (in das Taschentuch). Gerechter Gott!

Muhme. Mamsell Linechen, gehen Sie in sich. Es bringt keine guten Früchte, bei offenem Fenster mit einem Supernumerarius verliebte Redensarten zu traktiren, und deswegen Herrn Behrends nolens volens vor den Kopf zu stoßen. Bin ich auch nur eine Person, so weiß ich doch als eine Person, was sich gehört und gebührt, das gesteh ich!

Fr. Müller. Was muß ich hören? So geht es zu? Wenn wir jedes Stückchen Holz wie eine Goldstange sparen, werden die Fenster geöffnet, nach den Männern geguckt? Ist das wahr, sprich, thatest Du das?

Lina (die Hände ringend). Gott, wie unschuldig — ja — ich öffnete — das Fenster.

Fr. Müller (im höchsten Zorne). Also Deiner Liebeshändel

Ein Tag vor Weihnacht.

wegen müssen die Eltern ins Unglück? Ausgepfändet, abgesetzt der Vater, Deiner Liebeshändel wegen? Mich unter die Erde gebracht, Deiner Liebeshändel wegen?

Lina. Zu viel! Zu viel! (Sie steht auf, ringt nach Stärke, geht zur Muhme und spricht nach einer Pause mit der Resignation der Verzweiflung.) Ich — habe mich bedacht — o guter Vater im Himmel — ich habe mich — besonnen — ich will — ja — ich will!

Muhme. Na, nun ist Alles gut, Puppe, nun mußt Du nicht mehr weinen. Sieh, Engel, wenn Du auch nicht verliebt sein kannst in den Herrn Inspector — das prätendirt kein Mensch nicht. Nur so thun, Seele. Man stellt sich ein wenig so an, das ist solchem Herrn eingal; denn was ich nicht weiß, macht mir nicht heiß. (Sie schnupft.) (zu den Kindern) Na, geht und spielt, Ihr Sieben=kreuzer, das ist Alles Euer! Linechen schenkt das Euch — bedankt Euch bei ihr!

(Die Kinder zögern.)

Abieu, liebste Frau Muhme, viel Glück und Segen zu Weih=nacht. Ich gehe zum Herrn Inspector. Nun, mein Linechen, sieh nicht so aus, als ob Dir die Gerste verhagelt wäre, i, so lache doch ein Bischen!

(Lina starrt mit irrem Auge auf den Boden, ohne auf die Muhme zu hören.)

Höre, ein Hochzeitskleid kriegst Du, wie eine Prinzessin, rosa=roth und weiß, mit Spitzen so fein wie die Spinngewebe, und Blumenbouquets wie meine Kaffeemühle so groß — grün und gelb müssen die Leute werden vor Neid! — Abieu. Viele Grüße dem Herrn Vetter. (Sie geht zur Thür.)

Lina geht matt zu einem Sessel und läßt sich in stummer Betrübniß darauf nieder.

Fr. Müller hatte bei dem plötzlichen Nachgeben Lina's ihre ganze Zorneshitze verloren; sie befand sich in der unangenehmen Laune des Aufbrausen=den, wenn ihm wider Erwarten ganz nach Willen geschieht; sie machte sich aller=hand im Zimmer zu thun, warf von Zeit zu Zeit Blicke auf das Mädchen, und schien mehr die Beleidigte zu spielen, als es noch wirklich zu sein.

Zwölfte Scene.

Müller. Die Vorigen.

Müller tritt just gegen die abgehende Muhme an.

Muhme. Na, wenn man von dem Wolf reb't — der Herr Vetter! Recht à propos — das gesteh ich.

Müller behält den Hut auf dem Kopf, würdigt die Muhme keines Grußes; geht bis in den Vordergrund, sieht den Korb mit Spielzeug an, dann die Kinder, wirft einen verwunderungsvollen, fragenden Blick auf seine Frau, auf Lina, die ihr Gesicht abwendet, um ihre Züge zu verbergen, und spricht dann ernst, auf den Korb deutend: Von wem kommt das?

Muhme. Ein Präsent von Ihrem Vorgesetzten, Herr Vetter, von dem Herrn Ober=Copialien=Inspector Behrends.

Müller. Der Mann pflegt sonst nichts zu verschenken. (Er betrachtet wechselsweise seine Frau und Lina.) Das Geschenk hat, wie mir däucht, nicht viel Segen ins Haus gebracht. Ist es mit Ihnen gekommen, Frau Lebrecht?

Muhme (sehr freundlich). So gut, als mit mir, Herr Vetter, ich habe darum gewußt.

Müller. So, so. Und was hat der Herr Behrends zum Gegengeschenk verlangt?

Muhme. Er hat Mamsell Linechen die Ehre angethan, ihr seine Hand anzubieten.

Müller. Und will Linechen ihm die Ehre anthun, sie anzunehmen? (Er geht zu Lina und fragt sehr sanft) Linchen, liebst Du den Mann? —

Lina kämpft mit der größten Anstrengung gegen ihre Thränen an.

Müller. Was hast Du geantwortet, Lina?

Lina (mit erzwungener Fassung). Ja!

Müller. Sieh doch Deinem Vater in's Gesicht bei dem „Ja" (er dreht sanft ihren Kopf zu sich). So sieht keine Braut aus, die „Ja" gesagt hat, oder höchstens Eine, die man zwang „Ja" zu sagen. Mutter, was meinst Du zu der Parthie?

Frau (verlegen und verdrießlich vor sich hinmurmelnd). Man muß sich in die Zeitumstände fügen, meinte ich; man muß den Eltern beispringen, wenn hohe Noth ist; meinte ich; man muß überlegen, was man zu erwarten hat, wenn man „nein" sagt, meinte ich.

Müller. Mutter — der Sklavenhandel wird abgeschafft.

Frau (wie oben). Wie gehört das hierher!

Müller. Wir wollen uns mit Menschenhandel nicht beflecken. Die Capitaine (er wirft einen stechenden Blick auf die Muhme), die dergleichen Geschäfte betreiben, thun übel daran. Was sie an Baarschaft dabei gewinnen, verlieren sie an Gewissensreinheit. Ich rathe (mit Nachdruck) zu ehrenvollerem Gewerbe.

Muhme. Das gesteh ich! (Schnupft.)

Frau (wie oben). Leicht hingeredt — leicht hingeredt, wie immer.

Müller. Besser als leicht hingethan.

Frau. Nur zu, nur zu; bestärke sie in ihrem Trotze. Laß uns auspfänden. Hirsch Levi's Schuld ist in Behrends Händen, reize seine Rache. Alles leicht hinzunehmen, wenn die Mamsell nur acht Stunden schlafen kann und sich pflegen!

Müller (sehr ernst). Die Sache ist zu ernsthaft, hier gilt es mit männlicher Entschlossenheit zu Werke gehen. Bei Deinem Gewissen, Lina, fragt Dein Vater, ohne Rücksichten würdest Du „nein" gesagt haben?

Lina legt sich auf seine Schulter und weint.

Muhme. Ja freilich, wenn der Vetter da anklopfen, da klappert's! Der junge Supernumerar=Schreiber von drüben, der weiß am besten, wo der Mamsell der Schuh drückt.

Müller (richtet Lina's Kopf in die Höhe). Dein schlagendes Herz, Dein verweintes Auge, Deine zitternde Hand, Dein bleiches Gesicht haben „Nein" gesagt. Und somit wiederhole ich das Nein als ihr Vater; sein Sie so gut, und bringen Herrn Behrends die Antwort.

Lina. Um meiner Ruhe willen — Vater — nein; soll ich Sie unglücklich machen? Geben Sie mich hin!

Müller (zur Muhme). Bringen Sie meine Antwort Herrn Behrends.

Frau. O, sie hat an ihm einen guten Beschützer. Thut, was Ihr wollt, und leidet, was Ihr könnt!

Muhme. Aber —

Müller (zu den Kindern). Packt das Spielzeug ein.

Karl und Riekchen (sich an ihn hängend). Ach, mein guter Vater, bitte, bitte, laß es uns behalten.

Müller (nimmt an jede Hand eins seiner Kinder). Der Segen kommt zu Jedem; der Gott wohlgefällig handelt; zu Weihnacht oder zu anderer Zeit, der Segen wird gewiß kommen. Wollt Ihr Eures Vaters Liebe verlieren, ungehorsam und böse sein, so mögt Ihr den Spielkram behalten; wollt Ihr aber Eures Vaters Trost und Freude heißen, wollt Ihr zeigen, daß gute Saat gute Ernte bringt, wollt Ihr dem lieben Gott im Himmel gefallen, so redet kein einziges Wort, meine Kinder, gebt mir einen Kuß und packt ruhig und sorgfältig das Spielzeug ein.

Karl. Ich — will gut — sein, ich will nichts davon.

Riekchen. Ich will — meinem lieben Vater Alles zu Gefallen thun. (Sie küssen den Vater und räumen schnell das Spielzeug in den Korb).

Lina. Mein theurer Vater, die Folgen —

Müller (schlingt seinen Arm um sie). Das Gesangbuch heilig zu verwahren, schwor ich dem Vater; Dich zu beschützen, versprach ich dem Bruder. Was über uns verhängt ist, das tragen wir und Du hilfst es tragen. Hier gilt es den Verein einer ganzen Familie (mit einem Blick auf die Frau) gegen Ungemach von außen. Vergib Deinem Vater, wenn er sein Wort Dir brechen muß, er gelobte zu schweigen — jetzt muß er reden. (Er sieht nach den Kleinen.) Ihr seid fertig, kommt her. (Sie schmiegen sich an seine Knie vor ihm; zur Muhme.) Sehn Sie, schon eine hübsche, starke Vereinigung; aber mein rechter Arm ist leer und entbehrt seine treueste, seine liebste Stütze. Mutter, Du hast nicht wohlgethan zu dulden, daß in Lina's geschwächte Augen Thränen gepreßt werden: sie braucht sie nothwendig und am aller nothwendigsten — für Dich. Seit vierzehn Tagen, wenn Du sie schlafen wähntest, saß sie bis drei Uhr am Stickrahmen, Dir eine Haube zum heimlichen Geschenk für morgen zu bereiten, ihre Liebe ertrug unverdientes Schelten und Murren gern, morgen solltest Du ja einsehn, wie sehr ihr Herz an Dir hängt!

Lina verläßt Müllers Arm und wirft sich auf der Mutter Hand.

Fr. Müller. I seh Einer! Das that sie? — Nun Kinder, was — der Mensch im Zorne redet — na, na, Du bist meine gute Tochter; ei, so weine mir nicht mehr — Du sollst mir gleich ein Bäuschen von Leinen mit Rosenwasser auf die Augen legen — i, das arme Mädchen (sie trocknet ihr lieblich die Thränen ab). Wir wollen uns wohl nimmer verlassen, mein Kind — das Alter, sieh, das redet oft — zu viel — man muß das so genau nicht nehmen! (Sie streichelt Lina's Kopf und küßt sie.)

Müller. Genug, nun zu mir! (Er nimmt seine Frau in den rechten, Lina in den linken Arm, die Kinder schmiegen sich an seine Knie.) Nun ist Einigkeit in der Familie. Nun bringen Sie Herrn Behrends in Gottes Namen das „Nein".

Muhme (drohend). Er ist des Herrn Vetters Vorgesetzter — machen Sie sich kein Malheur!

Müller. Wer Recht thut, fürchtet nicht.

Muhme (schnupft). Herr Behrends hätte den Herrn Vetter sehr protegirt.

Müller. Ich werde von einem Vornehmern protegirt.

Muhme. Nicht möglich! Wer ist denn das?

Müller. Im Himmel wohnt er und ist meines Vorgesetzten Vorgesetzter. Adieu.

Muhme. Das gesteh ich! (Etwas grob) Dienerin. (Sie geht ab.)

Müller. Laßt uns so fest verschlungen das Vertrauen nicht verlieren, und eine Hand von droben herab zeigt uns aus Mangel und Elend den sichern Weg! (Er schließt Alle an sein Herz.)

(Der Vorhang fällt.)

Ende des ersten Aufzuges.

Zweiter Aufzug.

Das nämliche Zimmer.

Erste Scene.

Die Muhme (steckt den Kopf zur Mittelthür herein).

Das Gitter offen und hier kein Mensch nicht? (Sie tritt ein.) Na, vor Dieben braucht der Herr Vetter keine Angst zu haben, das gesteh ich. Im ganzen Zimmer ist nicht für fünf Thaler Werthes, summi summaris. Armuthei und Hoffarth! Man möchte ihnen wirklich 'mal den Daum aufs Auge setzen — na, dazu kann Rath werden, wenn nicht Ordre parirt wird! Ist das eine Stube für einen honetten Menschen? Leer wie eine Casematte und kalt wie ein Trockenboden! Wenn ich mir hier was aussuchen sollte, ich wüßte gar nichts nicht, als das Gesangbuch, das paßte sich sehr für eine fromme Wittwe, wie ich bin, weil es silberne Beschlagung hat. (Sie nimmt es in die Hand, setzt eine Hasenbrille auf und betrachtet es.) Es ist recht schwer — da mögen wohl ein Paar Dutzend silberne Löffeln daran sitzen — das gesteh ich (sie legt es hin). Wenn gepfändet wird, hat Herr Behrends das Buch mir geschenkt, nimmt ihn aber die Line, krieg ich eine Pension; ich muß also was lukriren, so oder so! Geht's nicht mit Scheffeln, so geht's doch mit Löffeln, und wenn man keinen Paraplü hat, so nimmt man eine Schürze übern Kopf. (Schnupft.)

Zweite Scene.

Die Kinder. Muhme.

Muhme (barsch). Schon wieder geweint? Seid Ihr unartig gewesen?

Karl. Nein.

Muhme. Warum laßt Ihr den Mund hängen, als ob Euch der liebe Herrgott nicht mehr helfen wollte?

Karl. Vater und Mutter sind schon wieder ausgegangen.

Riekchen. Und sie kommen immer so traurig wieder.

Karl. Vater sagte: das ist ein Schicksal, gerade heute treff' ich Niemand an.

Riekchen. Und das hat die gute Mutter so verdrießlich gemacht.

Karl. Und die Line —

Riekchen. Die ist auch weggelaufen.

Muhme (boshaft). Und das schöne Spielzeug, was die Line Euch vor der Nase weggenommen hat, wie? In meinem Leben hab ich solche schöne Grenadiere nicht gesehen und solche Puppen! Rieke, die hättest Du können ausziehen und anziehen und das Kindchen schlafen legen: bsch! bsch! und Karl trommelte dazu und ließe die Soldaten reiten und marschiren, schnetterteng, schnetterteng; das wäre ein Leben gewesen!

Karl. Ich mache mir nicht (schlägt ein Schnippchen) so viel daraus, Frau Muhme.

Riekchen. Ich brauche keine Puppen, Frau Muhme.

Muhme (grob). Nicht? Ihr dummen Bälge! Seid ihr auch schon eigensinnig, wie die Eltern? Steckt Euch der Nagel im Kopf? Man wird Euch schon zeigen, wo Barthel den Most holt! Gottlose Rangen!

Karl. Sie sind recht grob, Frau Muhme.

Riekchen (schüchtern). Die Lehrmamsell sagt: wer solche Reden führt, gehört zum Pöbel, Frau Muhme.

Muhme. Zum Pöbel? (gezwungen lachend). Ha ha ha! Wie die Alten sungen, so zwitscherten die Jungen! Pöbel! Das gesteh ich! Dieses ist mir lächerlich — dieses ist mir sehr lächerlich; ha ha ha! (Schnupft.)

Karl. Ich kann Sie gar nicht leiden, Frau Muhme.

Riekchen. Ich mag Sie nicht ausstehen, Frau Muhme.

Karl. Sie sehen aus wie die Xanthippe in der Fibel.

Riekchen. Und schnupfen immer Tabak — fi!

Muhme. Gelbschnäbel, impertinente! Wie die Xanthippe — das gesteh ich! Wird Euch nach Hause kommen! Wenn die andern Kinder bescheert kriegen, werdet Ihr sitzen und Hungerpfoten saugen! (Sie macht die Pantomime wie Kinder verhöhnen.) Etsch! Zuckerwerk, Aepfel und Nüsse, Pyramiden mit Lichtern in der ganzen Nachbarschaft. Ihr könnt Euch den Mund wischen! Etsch! und wenn Alles jubelt zu Weihnacht, müßt Ihr hungern und frieren, dann will ich mein Müthchen kühlen! Etsch! (man klingelt.)

Die Kinder. Die Eltern kommen — und bringen Geld mit.

Karl Dann kriegen wir doch noch bescheert, der bösen Frau zum Trotz! (Sie laufen hinaus.)

Dritte Scene.

Die Muhme (ihnen nachspottend). Geld? Ja wartet nur! Wer soll ihnen denn Geld leihen! Weihnacht braucht Jeder seine Moneten, und unter den Juden ist der Herr Vetter bekannt, wie ein bunter Hund! Es giebt ihm Keiner ein abgelegtes Viergroschen= stück: das gesteh' ich.

Vierte Scene.

Lina (mit Strohhut und Umschlagetuch, sie ist sehr blaß). Die Muhme.

Lina (in großer Aufregung). Sie hier, Frau Lebrecht — Gott= lob! Ich komme von Ihrer Wohnung.

Muhme. J du blauer Himmel — wie wird denn mir die Ehre?

Lina. Die Liebe zu meinen Eltern lehrt mich auch Schweres vollbringen.

Muhme (freundlicher werdend). Linchen — Du machst mich neugierig!

Lina. Wenn hier im Hause Elend herrscht, so trage ich mit die Schuld, ich habe den guten Menschen mehr gekostet als verdient.

Muhme Sehr vernünftige Betrachtungen.

Lina. Ich müßte ein gefühlloses Geschöpf sein, wenn ich einer andern Stimme Gehör gäbe, als der Stimme der Dankbarkeit!

Muhme. Wie ein Buch geredet. (Schnupft.)

Lina. Das schöne Bewußtsein, den tugendhaften Pflegern meiner verwaisten Jugend geholfen zu haben, wird mir jede Lage erträglich machen.

Muhme. Der König Salomo spricht aus Dir, Engel!

Lina. Ich habe — meine Hand — zu vergeben — ich nehme des Inspectors Antrag an.

Muhme (schnupft und lächelt). Das gesteh ich! — Höre, Püpp= chen, wenn mir Einer zeisiggrünen Atlas zu einer Pelz=Enveloppe schenkte, so wäre mir das nicht so angenehm, als nun das große Unglück abwenden zu können, das gegen den Herrn Vetter an= marschirt kam.

Lina (immer in sehr heftiger Aufregung). Ein Unglück?

Muhme. Oh, ein Malheur, Kind! Ach, ein vornehmer Herr hat gar langmächtige Hände: muß er mit der einen den Korb nehmen — patsch giebt er uns mit der andern eins auf die Nase, daß wir braun und blau werden!

Lina. Sie ängstigen mich —

Muhme. Der Herr Inspector, sonst die Güte selbst, ging herum über den Korb, wie ein brüllender Löwe. Das macht bloß die Liebe zu Dir, Engel. Er sprach von Subordinationsfehlern, von der Kandwiten=Liste, was weiß ich! Man müsse den Herrn Vetter zwicken, meint er — der Executionsbefehl wackelte ihm schon in der Hand — Gerichtsdiener sind bald bestellt — er wollte Euch heute noch das Bett unterm Leibe wegnehmen lassen — Alles aus Liebe zu Dir, Engel!

Lina. So beschwöre ich Sie — gehn Sie — hintertreiben Sie —

Muhme. Besonders das Gesangbuch, Linechen — weil dem Herrn Vetter — sein Herz daran gewachsen ist: das sollten die Executoris zuerst confisciren, der Herr Inspector meint, dann würde der Abschreiber schon pater peccavi sprechen, wenn man ihm die Daumschrauben ansetzte. Sieh, so weit geht seine Liebe zu Dir, Engel — das gesteh ich.

Lina. Wenn er unterdessen — wenn er jetzt — o Muhme — wollen Sie, daß er seine Braut als Leiche finde —?

Muhme. Beileibe, Kindchen —

Lina. So gehn Sie schnell — sehn Sie doch, die Zähne fliegen mir an einander — sein Sie barmherzig, wenden Sie den Schlag von unserm Haupte.

Muhme. Na, na — sei nur stille, Seele, mein gutes Herz ist Gott bekannt — den Befehl — auf ein kleines Weilechen, hab ich in Verwahrung. (Sie zeigt auf ihre Tasche.) Da sitzen die Musikanten! Wenn Du nun Ernst machen willst — sonst muß ich ihn auf die Vogtei tragen.

Lina. Nein, nein — gehn Sie zurück — bringen Sie Herrn Behrends mein „Ja". Ich kann meine Eltern nicht mehr am Rande des Abgrunds sehen — ich kann es nicht!

Muhme. Allerliebster Seelenschatz — so was muß man schwarz auf weiß bringen; was geschrieben steht, steht geschrieben. Setze Dich nieder, Puppe, und schreibe dem Herrn Inspector ein zärtliches Billetchen. Ach, da wird ihm ganz blümerant werden

— das gesteh ich! (Schnupft.) Mach's nur recht rührend, wenn Dir's auch nicht so ums Herz ist, z. B. „Ich verbleibe mit aller Hochachtung Ihre bis in Tod einzig Geliebte et caetera." — Er ist capabel, wenn er dies liest, er springt deckenhoch vor Freude, und in solchem Moment — was geben die Herren auf ein Paar hundert Thälerchen! Hast Du nicht gesehen, ritz, ratz, ist die Verschreibung entzwei gerissen und dann kann's der Herr Vetter ableugnen, wenn es 'mal zur Klage kommt. Das gesteh ich.

Lina (mit einem schweren Seufzer). O, mein Herz! (Sie faßt sich). Auch das! Ich — will den Brief schreiben, ich will Dich bekämpfen, Du widerstrebende Stimme in meiner Brust — ich will! In einer Viertelstunde haben Sie das Schreiben. (Nach oben) Wenn das Gute Deiner Hülfe nicht entbehrt, mein Vater, so wirst Du mir Kraft verleihen. (Zur Muhme) Verlassen Sie sich auf mich! (Sie geht in ihr Zimmer.)

Muhme (ihr nach). Schönechen! schönechen! Unterdessen geh ich zur Gevatterin und lasse die Karten legen, Engel! (Schnupft.)

Fünfte Scene.

Die Muhme. Die Kinder mit Braun.

Karl. Vater ist nicht Hause —

Rietchen. Und Mutter auch nicht.

Karl. Aber Line.

Muhme (die Dose mit Getrach schließend und Braun inpertinent ansehend). Das gesteh' ich! — Das ist ja der Mensch von drüben!

Braun. Könnte ich die Mamsell Lina wohl sprechen?

Kinder. O ja, wir wollen sie holen.

Muhme. Justament nicht. Die Mamsell Lina hat alle Hände vollauf zu thun. Angelegenheiten, wo nicht Jedermann willkommen ist. (Grob zu den Kindern) Daß Ihr Euch nicht untersteht! (Die Kinder gehen zu Lina ab.) Wenn man auch Jemand ein Wort über die Straße zuwirft, so ist damit nicht gesagt, daß Jemand dieserhalb und deßwegen — (sie bemüht sich vornehm zu sprechen) Jugend ziert Bescheidenheit, mein Herr! Man fällt bei sittsamen Jungfern nicht mit der Thüre ins Haus, mein Herr! Ein lebensartiger Jüngling macht da erst viele Circumflexe — mein Herr! Besonders ein Supernumerarius, für den es sich gar nicht schickt, honette Absichten zu haben! Dienerin! Das gesteh' ich! (Sie geht durch die Mitte ab.)

Sechste Scene.

Braun (allein). Eine unleidliche Frau! Ich konnte ihr aber doch kein hartes Wort entgegnen — sie ist mit Lina verwandt. Der Schritt den ich thun will, ist äußerst wichtig — meine Brust ist sehr beklommen — und sie kommt nicht! Ob die Kinder ihr nicht sagen —? Doch ich — nein, ich will zu günstigerer Zeit wieder hergehen. (Er wirft einen sehnsüchtigen Blick auf Lina's Zimmer und will abgehen, in demselben Augenblicke öffnet Frau Müller eintretend die Thüre.)

Siebente Scene.

Frau Müller. Braun.

Braun. Ich bitte tausendmal um Vergebung.

Frau (durch ihre vergeblichen Wege verstimmt). Nun, da heißt's wohl, wenn die Katze nicht zu Hause sind, so tanzen die Mäuse auf Tischen und Bänken.

Braun. Frau geheime Secretairin —

Frau. Den Mädchen Fallen legen, sich in die Häuser schleichen — bringt das Ehre — bringt das Segen, mein Herr? Sie sollten sich schämen!

Braun. Ich bin mir keiner Handlung bewußt —

Frau. Was thun Sie hier? Was suchen Sie hier? Warum wollten Sie fort auf den Zehen so behutsam, als wenn Alles krank läge im Hause? Sie dachten nicht, daß ich Ihnen in den Wurf kommen würde, daher Ihr Stocken — Ihre Verlegenheit. Mit der Line haben Sie gesprochen.

Braun. Leider, nein.

Frau. Leider? O, es ist ein großes Unglück, das! Sie haben mit dem Mädchen gar nichts abzureden, gar nichts, verstehen Sie? Was Sie ihr zu sagen haben, sagen Sie mir, und ich will Ihnen Antwort geben.

Braun. Liebe Madam, thun Sie mir die Ehre an und halten Sie mich für keinen Leichtfertigen. Ich kam her, mit Mamsell, hauptsächlich aber mit Ihnen zu reden.

Frau. Mit mir? Du liebe Zeit! Kein gut gewählter Tag heute — Weihnacht vor der Thür — so viel fehlgeschlagene Gänge — man hat Kopf und Herz voll! Und was wäre denn das?

Braun. Ein Befehl ruft mich zum Präsidenten. Ich kenne den Grund. Es ist wegen einer Gehaltsanstellung. Ein schöner Unter-Registrator-Posten mit 360 Rthlr. Gehalt wird mir zu Theil.

Ach, ich werde das Patent nur dann mit dankbarer Freude empfangen. wenn Sie mir Hoffnung geben, daß Lina — meine Freude theile — daß sie mit dem Segen ihrer wackeren Pflege=Eltern die Meinige zu sein verspräche.

Frau. Ach, mein lieber Herr Braun, ich schätze gewiß die Ehre, welche Sie uns anthun, aber nehmen Sie nicht übel, wenn ich Ihnen die frohen Aussichten alle mit einander niederschlage. 360 Thälerchen sind bald verthan; die Theurung ist groß. Ein einzelner Mensch hilft sich leicht durch, die Ehe bringt Sorgen mit, wer weiß wie viele! Da soll's bald dieß, bald das sein — Geburtstag, Weihnacht, und nie eine Freude machen können, das ist hart, das ist sehr hart, glauben Sie mir.

Braun. Treue Liebe, dacht' ich, Sparsamkeit und strenge Ordnung —

Frau (pikirt). Ei, geht's bei uns etwa liederlich her? Drehe ich nicht jeden Heller zehnmal um? Ich weiß am Besten, was zu einer Haushaltung gehört — danach kommt nichts Gutes. Schlagen Sie sich die Line aus dem Sinn, ich gebe meine Einwilligung nicht.

Braun. Können Sie auch ermessen, wie weh Sie mir durch diese unbegründete Weigerung thun?

Frau. Unbegründet? Das hat man davon, wenn man's gut meint! (Ihre Heftigkeit übernimmt sie.) Unbegründet? Also aus Eigensinn, aus purem, blankem Eigensinn, nicht so? Das laß ich mir nicht bieten, Herr Braun. Man muß nicht so kurz angebunden sein, wenn man bei Leuten etwas sucht. Hochmuth steht einem Freiwerber übel an, und wer mich eine eigensinnige Frau schilt, der hat's mit mir verdorben auf ewige Zeit. Ein bittendes Wort vermag viel über mich, aber Pikanterie erlangt nichts von mir — nicht das, sehn Sie. Und nun will ich mich dagegen setzen, und wenn Sie 1000 Rthlr. Gehalt hätten; Sie kriegen die Line nicht — niemals — mit meinem Willen **niemals**!

Achte Scene.

Müller. Die Vorigen.

Müller (hat in der Thür den letzten Theil der Rede seiner Frau mit angehört). Und warum mit Deinem Willen niemals, Mutter?

Frau. Just recht, daß Du kommst —

Müller. Guten Tag, Herr Braun.

Frau. Sag's nur rund heraus dem Herrn, es sind hier ganz andere Personen abgewiesen worden!

Braun. Welche ängstliche Stellung!

Frau. Aengstlich hin, ängstlich her!

Müller. Ich, meinestheils, habe gegen Herrn Braun nicht das Mindeste einzuwenden.

Frau. Hab ich's nicht gedacht! Bloß mir zum Widerspruch! Da gelten alle meine Vernunftgründe nichts. Will Einer was von Dir, so muß er's nur mit mir verderben, das ist der beste Weg! Sag ich nein, sagst Du ja, will ich schwarz, so willst Du weiß! Krank möchte man sich ärgern!

Müller. Mutter — Du und ich — wir haben erst dann mitzureden, wenn Lina ihre Meinung gesagt hat.

Frau. O freilich! des Mädchens Wort gilt mehr, als der Frau vom Hause ihres! Was kann sie vom Ehestand wissen! Mich soll sie reden lassen, die durch Noth und Trübsal geht; ich will ihr ein Bildchen davon malen! Die Liebeständelei ist bald vorüber, und was bleibt? Schlaflose Nächte voll Sorgen; und wenn der Mann unser gedrücktes Gemüth kennt, lebt er uns wohl ein klein wenig zu Gefallen? Just das Gegentheil! Er eifert, er widerspricht, er handelt uns gerade zum Possen, uns aufs Aeußerste zu bringen: reißt dann die Geduld, sagt man ein Wort dagegen, dann ist man ein eigensinniges Weib über das andere!

Müller. Mutter, unsere Liebeständelei ist auch vorüber; Sorgennächte, Gott sei es geklagt, kehren oft bei uns ein; möchtest Du drum, daß Du Wittwe würdest?

Frau. Unverständige Rede!

Müller. Möchtest Du Dich herauswünschen aus dem ehelichen Kreis, der, wie Du sagst, der Freuden so wenige beut?

Frau. Schilt mich nur immer gefühllos — es liegt Dir ja doch auf der Zunge!

Müller. Da sei Gott vor! Glaubst Du, ich weiß es nicht mehr, wie die Kinder krank lagen im hitzigen Fieber, und endlich ich auch — glaubst Du, ich habe vergessen, wie damals kein Schlaf in Deine Augen kam, wie wir genasen auf Kosten Deiner Gesundheit? Sieh, ich muß das dem Herrn Nachbar erzählen, damit er Dein Herz richtig beurtheile. Welche Kraft trieb Dich zu so standhaftem Opfer, Mutter? Die Liebe! Laß denn in Gottes Namen die Tändelei vorüber sein — die Liebe ist bei uns Beiden gewiß nicht vorüber!

Frau (entwaffnet, wischt sich verstohlen eine Thräne aus dem Auge). Das sag ich nicht — und das mein' ich nicht!

Müller. Ich warb um Dich und besaß nichts. Du sagtest „Ja", weil Du mich liebtest. Hast Du's bereut, daß Du den Armen Dir erwählt? Du hast es nie bereut — auch nicht in der heftigsten Gemüthsstimmung — auch niemals in der Stille Deiner Gedanken, nie — in Noth und Entbehrung, niemals!

Frau (wirft sich ihm sehr gerührt auf die Schulter). Nie, niemals, so wahr ein Gott über mir ist.

Müller. So ist ja die Liebe stärker, als jede äußere Wi=
derwärtigkeit; Mutter — wollen wir die Line nicht um ihre Mei=
nung fragen, wenn's ihre Liebe gilt?

Braun (geht zur Frau). Vergeben Sie mir, meine würdige Frau, die unbedachtsame Aeußerung. Ihr gutes Herz wird Ihnen sagen, wie leicht in einem Momente, wo wir die Entscheidung unsers Lebensglückes erwarten, all' unsere Empfindungen zu erregen sind. Ich bitte Sie noch einmal dringend, mir zu verzeihen.

Frau. Von Stahl und Eisen ist denn mein Herz auch nicht. Ein gutes Wort findet eine gute Statt. Wenn Alles für Sie ist, Herr Braun, wenn Vater und Line ihr „Ja" nicht verweigern — so will ich allein keine Glückesstörerin gescholten werden.

Braun (ihr die Hand küssend). Ihr Segen ruhe auf mir.

Frau. Bescheere Ihnen der Himmel eine freundlichere Zukunft!

Neunte Scene.

Die Vorigen. Lina.

Lina tritt aus dem Zimmer und hat den Brief in der Hand; als sie Braun erblickt, entfärbt sie sich und verbirgt den Brief.

Müller. Eben recht, Linchen. Heut soll einmal ein Tag sein, wo Freiwerber angenommen oder abgewiesen werden. Hier steht ein wackrer junger Mann — Vermögen hat er Dir nicht zu bieten — aber Rechtlichkeit, Fleiß und treue Liebe: fürwahr, das sind auch Capitalien, die Interessen tragen. Mit einem Wort, Herr Braun wirbt um Deine Hand. Was sagst Du dazu?

Lina befindet sich in äußerster Spannung, ihre Brust wogt, sie heftet den Blick streng und ernst auf den Boden und vermag nicht zu antworten.

Braun. Geliebte Caroline — mir wird eine Anstellung, die bei genügsamem Sinn ein liebendes Paar erhält — Ihre wür=
digen Eltern haben mich gesegnet — theures innig geliebtes

Mädchen, jetzt sprechen Sie mein Urtheil, darf ich ein holdes „Ja" als geleitenden Genius auf den Weg zu meinem Präsidenten mitnehmen?

Lina (kämpft im Innern, sie lispelt leise für sich). Welche Prüfung — o, mein Gott!

Braun. Liebste Lina, lassen Sie mich nicht in dieser marternden Spannung — ich zittere — reden Sie mit mir, Lina!

Lina (mit großem Aufwand von Selbstüberwindung). Mein Herr — ich kann, wie die Sachen stehen — nicht mehr die Ihrige werden.

Braun. Lina!

(Müller und seine Frau schlagen verwundert die Hände zusammen).

Lina. Pflicht — Rücksichten — verhindern mich mehr zu sagen — ich bin nicht mehr frei.

Braun. O — dann hätten diese Rücksichten Sie auch verhindern sollen, in meiner Brust eine Hoffnung zu entflammen, deren Vernichtung mich elend macht!

Lina. Ich — beklage Sie — Braun, haben Sie so viel Vertrauen in Mädchenwerth, anzunehmen, daß — ich — nicht anders kann!

Braun (mit stockender Stimme). Ich fühle mich zu gut für ein solches Spiel — Lina — Sie hätten einen Andern dazu wählen sollen, einen Andern, der Leichtsinn mit Leichtsinn zu erwidern fähig ist.

Lina. Ueber den Wolken wacht ein Auge, das die verborgensten Triebfedern kennt — dort klagt man mich keines Leichtsinns an — (unter heftigem Beben) wenn ich droben zu bestehen gedenke, werd' ich von Menschenurtheil — wohl wenig zu fürchten haben. Wie dem auch sei — ich will — und kann Sie niemals wiedersehen. (Sie wankt äußerst erschöpft in ihr Zimmer.)

Zehnte Scene.

Müller. Frau. Braun. Dann die Kinder.

Frau. Des Himmels Einfall hätt ich eher gedacht —

Müller. Hier herrscht ein Mißverständniß — ein Irrthum!

Braun. So tief herabgeworfen — so ganz und gar um alles Glück betrogen — das schmerzt unbeschreiblich!

Karl und Rielchen (Karl hat Lina's Brief in der Hand, aus Lina's Zimmer). Ach, Vater, Vater, die arme Line!

Rielchen. Sie liegt auf der Erde!

Karl. Sie hat die Augen zu —

Rieckchen. Sie antwortet nicht —

Karl. Das ist ihr aus der Hand gefallen! (Er zeigt dem Vater das Schreiben.)

Braun. Um Gottes Willen —

Frau. Das arme Kind — geschwinde Tropfen — nun seh Einer! Mein Linchen, was ist denn geschehen? — (Sie eilt mit Braun in Lina's Zimmer, die Kinder folgen, die Thür bleibt offen).

Müller (hat den Brief genommen, er wirft einen theilnehmenden Blick nach Lina hin) Ohnmächtig! Wahrlich! Und dieser Brief? Er wird das Räthsel lösen (er liest die Aufschrift). „Herrn Copia= lien=Inspector Behrends." Was hat das Mädchen —? Die außerordentliche Lage erlaubt mir wohl, den Inhalt des Briefes zu erforschen. (Er öffnet den Brief.)

Braun (an der Thür erscheinend). Mich tödtet die Angst, ich will einen Arzt —

Frau. Sie schlägt die Augen auf —

Braun (zurückgehend). Liebste Lina, wie ist Ihnen?

Müller (hat unterdessen den Brief gelesen, er geht mit heftig gerun= zelter Stirn auf und nieder). Das Weib werfe ich die Treppe hinab, läßt sie sich noch einmal hier sehen! — Herr Braun! — Meine Lage ist freilich bös — sie ist verzweiflungsvoll!

Braun (kommt).

Müller (ihm schnell entgegen). Herr Braun, ich betrachte Sie als zur Familie gehörig; ich nehme drum keinen Anstand, Ihnen diesen Brief mitzutheilen. Durch ihn lernen Sie das Mädchen, dem Sie Ihr Herz geschenkt, ganz kennen. (Er liest)

Mein Herr!

Unsere Verwandte, Madame Lebrecht, hat mir Ihre Drohung, meine Pflege=Eltern noch heute Abend wegen der Wechselschuld von 200 Rthlrn. auszupfänden, hinterbracht. Sie haben den Besitz meiner Hand gewünscht — ich habe den Muth meine Eltern zu retten. Legen Sie den Wechsel in meine Hände, heute, gleich, so schwöre ich Ihnen, daß ich die Ihrige sein will. Von meinem Herzen kann hier keine Rede sein, über meine Hand hat Niemand zu verfügen; empfangen Sie dieselbe, aber schonen Sie der Personen, denen ich Alles verdanke und deren Trübsal ich mit veranlaßt habe.

Braun. Engel des Himmels, wie tief hab' ich Dich ge= tränkt. (Frau Müller führt Lina heraus.)

Müller (Lina den Brief entgegenhaltend). Lina, was wollteſt Du thun?

Lina (läßt ſich auf einen Stuhl nieder).

Braun (kniet vor ihr). Vergebung, geliebtes tugendhaftes Mädchen — ich habe Dich verkannt — vergib mir! (Er beugt das Haupt ſanft auf Lina's Knie.)

Lina (hat ſich ſchamvoll abgewendet und birgt ihr Geſicht in ihr Taſchentuch).

Frau. Vater — wie iſt das?

Müller (giebt ihr den Brief). Lies! (zu Lina, ernſt). Niemand hat über Deine Hand zu verfügen als Du, Lina? Wie nennſt Du mich, Kind? Wie klingt das Wort, das mir jeder Morgengruß mitbringt? Wie heißt der Ausdruck, der den Abendkuß begleitet? O, dieſer Ausdruck giebt mir heilige Rechte über Dich — Dein Vater bin ich, meine geliebte Tochter, Dein Vater bis ans Grab; und kraft dieſes Berufes befehle ich Dir, daß Du den Nichtswürdigen verſchmähſt, der durch Foltern von guten Menſchen ein Eheverſprechen zu erpreſſen ſich nicht entblödet. Ich befehle Dir, jeden Gedanken an eine Verbindung aufzugeben, eine Verbindung, der mein Fluch ſich beigeſellen würde!

Frau (hat den Brief geleſen). Liebſter Mann — die Gefahr —

Müller (beſtimmt). Schweig ſtille, Frau. Ich werde kein Mittel unverſucht laſſen, dem Schlage der uns droht, zu begegnen, kein ehrliches Mittel — aber zu einem ſchurkiſchen greife ich nicht.

Braun (haſtig und entſchloſſen). Wie viel iſt die Summe?

Frau. Zweihundert Thaler, Herr Nachbar — wo ſollen wir arme Leute —

Braun (mit edlem Muthe). Ich ſchaffe ſie; ich will ſie ſchaffen, ich muß ſie ſchaffen.

Lina (ſteht auf mit einem Blick voll Bewunderung und Liebe). Braun!

Braun. Der Präſident liebt mich; er hat zu mir geſagt: „Fallen Sie nie in die Hände von Wucherern, Braun; wenn Sie einmal in Noth ſind, ſo ſuchen Sie Hülfe bei mir." Jetzt bin ich in Noth; großer Gott, in der allerbringendſten Noth — ich eile zu ihm hin — und kann er mir ſo viel nicht geben — ich habe eine goldne Uhr — einen Ring — mein Inſtrument —

Lina (fliegt an ſeinen Hals). Mann meiner Seele!

Frau. Sie guter Menſch!

Müller. Segne ſeine Abſicht, Gott — wenn auch ſeine Hoffnung ihn betrügt!

Braun (macht sich sanft von Lina los). Das wird sie nicht. (Er küßt Lina auf die Stirn.) Leb wohl, Geliebte. (Zu Müller) Verlassen Sie sich auf mich. Mit leeren Händen seht Ihr mich nicht wieder — beim Allmächtigen — und sollt' ich fremde Leute ansprechen: die Liebe ist kühn — die Liebe ist beredt, die Liebe wird mir den Weg zu einem Herzen zeigen, und die Hülfe wird schneller, als das Unglück sein! (Er eilt hinaus.)

Elfte Scene.

Müller. Frau. Lina. Die Muhme.

Muhme (neben welcher der forteilende Braun weglief). Puh! Das geht ja mit Siebenmeilenstiefeln! Das gesteh ich! Der Musje hat wohl den Laufpaß gekriegt? Hi hi hi?

Müller (ihr zornig entgegen). Was wollen Sie hier?

Muhme. Ich —?

Frau. Vater, bedenke —

Müller. Welches Geschäft haben Sie in meiner Wohnung?

Muhme (ganz erstaunt). Der Vetter sind ein Spaßvogel! (Schnupft.)

Müller. Sie sind mir ein unangenehmer Gast — ich verbitte mir Ihren Besuch!

Muhme. Daß Du mir nicht gestohlen wirst!

Frau (beschwichtigend). Frau Muhme —

Müller (schnell und bestimmt). Mich lasse reden.

Muhme. Mamsell Linechen wohnt hier im Hause, Mamsell Linechen hat mir einen Brief zu übergeben, von wegen Mamsell Linechen komm ich her — das kann mir kein Mensch nicht verwehren.

Müller. Ich bin Herr in meinem Hause. Ich will hier nur Leute sehen, die mit jungen Mädchen keine Heimlichkeiten treiben. Sie lassen sich zu allerlei Commissionen brauchen —

Muhme. Ist es die Möglichkeit!

Müller. Commissionen, deren ein rechtliches Weib sich schämt.

Muhme. Das gesteh ich!

Müller. Sonach kommen Sie nie wieder über meine Schwelle.

Muhme. Brr! Zum Schornstein hinaus, wie brennender Speck!

Ein Tag vor Weihnacht.

Frau und Lina. Liebster Vater —

Müller (sehr ernst). Ich will dem Wesen ein Ende gemacht sehen!

Muhme. So? Und der Herr Copialien-Inspector? Soll ich ihm etwa die Antwort bringen? Daß man mir hier so begegnet — bin ich nicht dem Herrn Inspector sein chargé d'afleur? Das gesteh ich! (Schnupft.)

Müller. Sagen Sie dem Herrn Inspector, meine Lina sei verlobt: der Herr, welcher Ihnen in der Thür begegnete, war der Bräutigam. Line hat dem Herrn Inspector nichts zu schreiben. Wegen meiner Schuld werd ich mit dem Herrn Behrends persönlich unterhandeln. Adieu, Frau Lebrecht.

Muhme (grob). Wegen der Schuld? O ho! Da haben Sie es mit mir zu thun. Hier steht der Mann. Wer nicht hören will, muß fühlen Ich habe den Executionsbefehl bei mir, nun wollen wir sehen, ob Sie mir die Wege weisen dürfen. Hier ist das Urtheil (sie zieht das Papier aus der Tasche) mit dixi und Alles drauf. Kommst Du mir so, so komm ich Dir so! (Sie steckt das Urtheil wieder in die Tasche.) Ich kann dem Herrn Vetter das Messer an die Kehle setzen — die Vogtei ist ein Katzensprung von hier — nun, was sagen Sie jetzt? he? he?

Müller (in hoher Aufregung, steht im Begriff sie hinauszuführen, er überwindet sich, öffnet die Thür und deutet hinaus). Adieu, Frau Lebrecht.

Muhme. Frau Muhme, lassen Sie mich per Vagabunden tractiren? Mamsell Linechen, legen Sie sich in die Vermittelung, oder —

Müller (äußerst zornig). Zum letzten Mal mach ich Sie darauf aufmerksam, daß man leichter durch eine Thür geht, als sich durch dieselbe — hinauswerfen läßt.

Muhme. Hinauswerfen? Holla! Ich bin injurirt! Schon gut — ich gehe — aber ich komme wieder — ich partoulire, executire. Daß nur der hochnasige Herr Vetter wissen, das Schönste von den Sachen krieg ich, das Gesangbuch mit dem großthuerischen Silber, das hat der Herr Inspector mir vermacht, das paßt sich auch besser bei mir, als hier in einer Stube, wo vor'm Maimonat die Fenster nicht abthauen. Oh! Langsam, langsam. Ich gehe, aber mit Gerichtsdienern komm ich wieder, dann soll man erfahren, was es heißt, eine Frau hinauswerfen, eine Frau (sie schlägt mit der flachen Hand auf ihre Tasche), welche die Obrigkeit in der Tasche hat. — Das gesteh ich! (Sie läuft fort.)

Zwölfte Scene.

Müller. Frau. Lina. Dann die Kinder.

Frau. Vater, hättest Du ein einzig gutes Wort —

Müller. Zum Bettler kann ich werden, von meinen Grundsätzen weich ich nicht.

Frau. Und die Kinder? Und die Kinder? Du hartherziger Mann, Du!

Müller. Mach mich nicht toll, Frau!

Lina. Wo bleibt Braun — die Höllenangst! (Sie ringt die Hände.)

Frau. Die Muhme ist eine rachsüchtige Frau. Glaub es mir, sie läßt uns gewiß auspfänden; sie war immer neidisch, daß ich einen Officianten zum Manne hatte — sie läßt uns auspfänden — dann trägt sie es in der Stadt herum — dann macht sie uns schlecht unter den Leuten — die Noth — die Schande — meine Kinder — ich überlebe es nicht!

Die Kinder (kommen mit erschreckten Gesichtern heraus).

Frau. Kommt her zu mir, Ihr armen Kleinen — kommt her, mein Karl, komm, Riekchen — Ihr sollt nicht aus meinen Armen — Ihr sollt nicht erfrieren — ich will Euch bedecken mit meinen zitternden Händen!

Müller (reißt das Fenster auf, und blickt in ängstlicher Spannung die Straße hinab, ob Braun nicht sichtbar wird).

Frau. Hu! Wie die Räder knarren auf dem Schnee — wie der Nordwind pfeift! Im Sommer kann der Arme sich doch helfen, wenn er auch darben muß; aber darben und frieren — o, die unbarmherzigen Menschen wissen nicht, wie das thut — sie nähmen uns sonst gewiß nicht Alles weg, was wir haben. (Die Kinder weinen still.) Weinet nicht, meine Kleinen, Eure Mutter verläßt Euch nicht, sie giebt ja gern das Leben hin für Euch! (Sie sinkt auf einen Sessel, während sie angstvoll die Kinder in die Arme schließt.)

Müller. Er kommt nicht — Herr, schütze mich vor Verzweiflung!

Lina. Vater, Mutter, ich kann nicht müßig dastehen in dieser schweren Stunde! Geben Sie nach, mein Vater, lassen Sie mich zu Behrends eilen, auf meinen Knieen will ich ihn bitten, Geduld zu haben.

Müller. Du bist die Verlobte eines Andern, Lina — zu einem schlechten Streich verleitet mich weder Frau noch Kind, noch irgend eine Gewalt, wenn sie auch mit ihrem Gewicht mich zer=

malmen will. Es lebt ein Gott im Himmel — es wird, es muß mir ein Entschluß kommen, der uns rettet! Ich will zum Färber im Vorderhause — er ist reich — was sind ihm zweihundert Thaler — das hat mir der Himmel eingegeben! Verzweifle nicht, Mutter, Du bist eine fromme Frau: wende Dein Auge nach oben — ohne Seinen Willen fällt kein Haar von unserm Haupte — in dieser Zeit des Heiles, in der Zeit, wo seine Gnade sich sichtbarlich auf die Erde herniederließ, wird er uns untergehen lassen? Er wird es nicht. Er wird es ganz gewiß nicht. Betet unterdessen, Kinder, ich bin gleich wieder bei Euch! (Er will forteilen.)

Dreizehnte Scene.

Die Vorigen. Die Muhme. Der Executor und zwei Gerichtsdiener, welche vor der Thür bleiben.

Executor (vertritt Müller den Weg).
Müller. Zu spät! } zugleich.
Lina. Weh uns — sie kommen! }
Muhme. Na, da bin ich — und da ist die Obrigkeit (sie schnupft). Nur zugegriffen, Herr Schnabel, Alles rein wegexecutirt. Nun wird mich kein Mensch nicht zur Thüre hinauswerfen. Nun will ich meine Revanche nehmen, von wegen vorhin. Nun bin ich Herr hier, so lange noch ein Stuhlfuß in einem Winkel liegt. Hochmuth kommt vorm Fall, was man einbrockt, muß man ausessen, das gesteh ich!
Frau. Haben Sie Mitleid, allerbeste Frau —
Müller (sie schnell unterbrechend). Erniedrige Dich nicht so, dieser Creatur ein bittendes Wort zu gönnen.
Muhme. Das lächert mich. Eine Creatur, in meinen alten Tagen! Ich bin nie eine Creatur gewesen, auch nicht, wie ich das jüngste Mädchen war — Sie können mir das bezeugen, Herr Schnabel — nun executiren Sie nur in Gottes Namen drauf los!
Müller. Mein Herr, Sie werden so viel menschliches Gefühl haben — laffen Sie mich auf fünf Minuten hinaus.
Executor (grob). Darf nicht.
Frau und Lina. Wir bitten —
Executor. Kann nicht angehen.
Muhme (in demselben Tone). Kann nicht angehen. Zugegriffen, Herr Schnabel!

Executor. Hier ist der Befehl — Gehorsam!

Muhme (sein Echo). Gehorsam! — Das gesteh ich.

Müller. So nimm Alles hin, stoße mich mit Frau und Kind auf die Straße, Teufel — und bezahle Du in Deiner Sterbestunde Deine Schuld!

Muhme. Oho! Ich gebe alle Sonntag meinen Groschen in den Klingebeutel — ich thue Gutes; was die Rechte thut, soll die Linke nicht wissen. Nun will ich dasitzen, als eine andächtige Frau mit dem Herrn Vetter seinem Gesangbuch, und singen daraus, daß sich Alt und Jung daran erbaut. Greifen Sie zu, Herr Schnabel, da — das Gesangbuch zu allererst!

Executor (will zum Schreibepult).

Müller. Halt — Herr! (Er deckt das Pult mit seinem Körper.) Nehmen Sie Alles; aber das Gesangbuch — ich habe einen schweren Eid abgelegt — einen Eid, in die Hände eines sterbenden Vaters.

Muhme. Partout eingal!

Executor. Silberbeschlag? Wir kennen das.

Muhme. O, wir kennen das, wir sind nicht von heute.

Executor. Her damit — Nothlügen helfen nicht.

Müller (in heftiger Angst). Ich lüge nicht — bei der ewigen Wahrheit, Herr! lassen Sie mir das Buch. Ich habe einen fürchterlichen Eid geschworen, mich nie davon zu trennen. Erst dann, wenn ich mit Frau und Kind in das tiefste Elend gerathe, wenn uns kein Lager bleibt für die Nacht, kein Bissen für den Hunger, dann darf ich das Silber zu Brod verwenden; aber ich selbst muß es herunternehmen, ich darf das Buch niemals fremden Händen übergeben.

Executor. Das geht mich Alles nichts an — her!

Müller (mit drohendem Blick). Dieß einzige Vermächtniß ist mein Heiligthum, wer es anrührt, der greift mir an das Leben und mein Leben werde ich vertheidigen mit dem Muthe der Verzweiflung. Stehen Sie ab, Herr, verhüten Sie ein Unglück — vielleicht — einen Todtschlag.

Frau und Lina. Vater, liebster Vater —

Executor (barsch). Wollen Sie sich der Obrigkeit widersetzen?

Muhme. Rebellion — Aufruhr!

Müller (mit Entschlossenheit). Nehmen Sie Alles hin — das Silber jedoch, das in dem ersten, entsetzlichen Augenblicke des höchsten Mangels meiner Familie Brod schaffen soll, geb ich nicht, und das Buch), hätte ich hundert Leben, ich schlüge sie in die Schanze dafür!

Executor. Zum letzten Mal: Gutwillig her das Buch!

Frau. Du stürzest Dich ins Unglück, Mann, gieb es hin!

Müller (mit flammendem Auge und geballter Faust). Die Muskel an meinem Leibe soll verdorren, also schwöre ich, die ich nicht anwende, mein Heiligthum zu vertheidigen. (Mit erzwungener Sanftmuth): Noch einmal, mein Herr, verhüten Sie das Allerschlimmste, ich bin ein Mensch!

Executor. Wir wollen doch sehn, wie weit die Impertinenz geht! Herein, Ihr Leute! Ich habe des Gefasels genug. Das Silber hat den größten Werth von Allem, was im Zimmer ist. Im Namen des Gerichts — her damit! (Er will über Müller's Schulter weglangen.)

Müller (stößt ihn wüthend zurück). Die Hand davon, wenn Ihr Euer Leben liebt.

Executor. Sich an dem fürstlichen Rock vergreifen?

Muhme. Oho! laesi majestatem!

Die zwei Gerichtsdiener (nahen Müller).

Müller (ergreift das Buch und birgt es unter seinen Händen auf der Brust. Sie bringen mich auf's Aeußerste — Vater, sieh herab! (Er tritt ganz in den Vordergrund.) Hier stehe ich, krampfhaft will ich das Buch festhalten, mordet mich, lebendig öffne ich die Finger nicht, es Euch zu geben! Greift mich an, wenn Euch die Noth=wehr der Verzweiflung nicht schreckt! —

Executor. Spaß! Ihr Leute, haltet ihm die Arme!

Die Frau, Lina und Kinder umringen Müller mit dem Geschrei: Unser Vater — Hülfe — unser Ernährer! (Sie hindern das Herzutreten der Gerichtsdiener.)

Executor. Meine Knochen sind auch nicht von Stroh! (Er greift mit der Linken in das silberne Schloß des Buches, während er mit der Rechten hoch sein spanisches Rohr aufhebt.) Her mit dem Buch, oder ich schlage Ihnen über den Hirnschädel, daß Ihnen Hören und Sehen vergeht!

Frau, Lina und Kinder. Mord! Barmherzigkeit! Hülfe!

Executor hat mit aller Gewalt an der silbernen Einfassung gerissen, während Müller mit Wuth das Buch selbst fest umklammert, die silberne Kanten=Einfassung mit dem Schloße gibt nach, der Executor reißt das Silber los. Müller behält das Buch; in dem heftigen Momente des Losreißens wurde der vordere Theil des Buches nach der Erde hin gerichtet, aus den Deckeln fallen eine Menge größerer und kleinerer Zettel auf die Erde.

Müller (wirft einen Blick auf das Herausgefallene, er ist starr vor Staunen, er glaubt seinen Sinnen nicht, er kann die Sprache nicht finden, endlich überzeugt er sich durch Aufheben eines Papiers und stammelt mit zitternder Geberde:) Frau — Kinder — da — da — auf die Kniee — auf die Kniee — das Vermächtniß meines Vaters — Geld — Banknoten —! (Er fällt auf beide Kniee nieder und hebt die Arme gen Himmel.)

Frau (weinend und zitternd). Helfer — in der Noth — wir preisen Dich! (Sie sinkt auf die Kniee.)

Lina (kann vor Schluchzen nicht sprechen, sie zieht sanft die Kinder zum Gebet auf die Erde nieder).

Muhme und die Gerichtsdiener (starren mit geöffnetem Munde und zusammengeschlagenen Händen das Geld an). Stiller Moment. Vor der Thür hört man Musikanten, wie es zur Weihnachtszeit gewöhnlich ist, mit Blaseinstrumenten leise den Choral: „Nun danket alle Gott" spielen.

Letzte Scene.

Die Vorigen. Braun außer Athem.

Braun. Halten Sie ein, mein Herr! Hier ist die Schuld — hier sind volle zweihundert Thaler (er läuft mit der größten Bestürzung vor). Um des Himmels willen, was ist geschehen — auf den Knieen — was liegt denn dort — du gerechter Gott — welch ein Capital in Banknoten (er sammelt die Papiere und überzählt sie.) Das sind ja über fünfzehntausend Thaler — (mit der fröhlichsten Ueberraschung), so ist das ein Dankgebet, was ich finde?
(Müller, und nach ihm die ganze Familie, hat sich langsam erhoben, die Frau und Lina liegen einander in den Armen.)

Müller (sehr erschöpft). Es ist das Stammeln unsers Dankes — ja.

Executor (nimmt den Hut ab). Fünfzehntausend Thaler — allen Respect.

Die Gerichtsdiener (nehmen die Hüte ab, und treten ganz zurück).

Muhme. Fünfzehntausend Thaler — das gesteh ich!

Braun. Woher, Vater, woher dieses Wunder?

Müller (nach oben zeigend). Von dort! (Auf das Buch.) Durch dieses Mittel. (Er nimmt die Banknoten, und zeigt Braun, wo sie herausgefallen sind.)

Braun (der die Musik hört). Nun danket alle Gott! (Er faltet fromm seine Hände). Die Musik schweigt.

Müller (seine Fassung vollkommen wieder gewinnend). Gebt den Leuten, was wir schuldig sind.

Braun. Mir, Vater, mir laſſen Sie die Freude! (Er gibt dem Executor Geld und empfängt den Wechſel.) Hier ſind zweihundert Thaler — hier haben Sie zwei Louisd'or für Ihre Bemühung.

Executor (äußerſt höflich zu Müller). Gehorſamen Dank, Herr Geheimer Secretair. Wenn der Herr Geheime Secretair etwas von mir befehlen, ich ſtehe dem Herrn Geheimen Secretair jederzeit zu Dienſt.

Müller (auf die Muhme deutend). Schaffen Sie mir die Frau aus dem Hauſe.

Muhme. Allerliebſter Herr Vetter — ach, Sie werden doch nicht. Bin ich nicht verwandtes Blut? Wir haben nur geſpaßt!

Müller (zum Executor). Ich bitte darum.

Executor (nimmt die Muhme unſanft beim Arme). Wir gehen ja einen Weg, Frau Lebrecht — i, was wird da werden. Kommen Sie, kommen Sie!

(Die Familie redet während deſſen ſtill unter einander, man umarmt ſich, man erklärt Braun u. ſ. w.)

Muhme (ſich heftig ſträubend). Herr Schnabel, ich werde ja wohl —

Executor. Machen Sie keine Faxen!

Muhme. Das geſteh ich! na, ſo reißen Sie mir den Arm nicht aus! Ich will gehen, ja, ja, ja, aber den Leuten will ich erzählen, wie der Herr Vetter zu Gelde gekommen iſt, nicht etwa auf honette Art, durch die Lotterie oder ſo, nein, aus den Bücher=deckeln fällt's heraus, das kann Jedem arriviren!

Der Executor (der zu große Mühe hat, ſie hinauszubringen, winkt den Gerichtsdienern, die augenblicklich hinter die Muhme treten und nachſchieben).

Muhme. Na, na, nur gnädig! Zum Geſpötte ſoll der Herr Vetter werden, vor Alt und Jung. (Zu den Gerichtsdienern) J, ſo treten Sie doch nicht! (Fortfahrend zu Müller) Vor Kind und Kegel! Das geſteh ich!

Die Kinder (laufen jubelnd neben der Muhme her). Nun iſt Geld da — etſch! Nun kriegen wir doch beſcheert — etſch! etſch! etſch!

Die Muhme wird unter ihrem Schelten hinaustransportirt.

Müller die Kinder zurückrufend, mit verweiſendem Ton: Kinder!

Frau. Laß ſie ſich freuen, Vater, mit Fröhlichkeit lobt man Gott!

Müller. Sie ſollen Niemanden verhöhnen; aber freuen

sollen sie sich, und freuen wollen wir uns Alle, denn mit Fröhlich=
keit lobt man Gott! (Auf das Buch blickend, dann hinauf) Das war
Deine Meinung, mein Vater — zur Thätigkeit wolltest Du mich
anhalten, aber im Unglück zeigte mir Dein Segen den Ausweg!
(Er wischt eine Thräne aus dem Auge.) Noch diese Thräne der Dank=
barkeit, sie soll die letzte sein! Nun Frau, hinaus. Die Noth
hat ein Ende! Kauf ein, Aussteuer für die Lina, Pyramiden
und Spielzeug für die Kleinen, für Dich, für mich, was Du
willst — auch die Armen wollen wir bedenken. Ach, Kinder,
nach Jahren der Entbehrung, welche Weihnacht! Zurufen will ich
Jedem, dem es trübe geht, verzweifle Keiner, Keiner —
  „Brüder, überm Sternenzelt
  Muß ein guter Vater wohnen!"
Hört Ihr die heiligen, wohlbekannten Töne von allen Thürmen?
Ja, ja, aus vollem Herzen: (Gruppe) Nun danket alle Gott!

(Der Vorhang fällt.)

Hermann und Dorothea.

Idyllisches Familiengemälde in vier Aufzügen.

Nach Goethes Gedicht.

Personen.

Der alte Feldern.
Dessen Frau.
Hermann, ihr Sohn.
Dorothea.
Rector.
Apotheker.
Richter.

Erster Aufzug.

Die Straße einer kleinen Grenzstadt mit der Aussicht auf Weinberge und Felder. Links ein nettes Häuschen mit einer Garten-Einzäunung, vor dem Hause eine grüne Bank; alles zeigt bürgerlichen Wohlstand.

Erste Scene.

Der alte Felbern und seine Frau sitzen vor dem Hause.

(Es bleibt den Darstellern überlassen, aufzustehen oder sich zu setzen, wie es die Nüancirung ihres Spiels erfordert.)

Felbern.
Ist doch die Stadt wie ausgekehrt! So treibt
Die Neugier Jung und Alt aus ihrer Ruhe.
Da scheuen sie nicht Hitze und nicht Staub
Wenn's nur was Neues giebt, und mühen sich
Wohl stundenlang, bloß um zu gaffen! —

Frau.
                                              Vater,
Sei nicht zu strenge. Viele gingen aus,
Den armen Menschen Trost zu bringen und
Erquickung.

Felbern.
          Ach, die wenigsten! Man sieht's
Ja täglich: um das Elend drängt sich Alles,
Und steht und hilft nicht, hindert wohl noch gar!
Was sehen sie nun draußen? Gute Menschen
Von Haus und Hof getrieben, aus der Heimath,
Dem schönen überrhein'schen Land, als Bettler
Herwandernd —

Frau.

Eben darum ist's ja gut,
Daß sich beim ersten Schritt auf fremdem Boden
In Blick und Wort und That das Mitleid zeige;
Es hegen viele noch wohlthät'gen Sinn!

Feldern.

Der Hermann ist ja auch hinaus; hast du
Ihm altes Linnen mitgegeben?

Frau.

Freilich,
Wenn etwa Kranke in dem Zuge! Lieber
Hätt ich vom Wirthschafts-Geld dazu gesteuert;
Denn ich gesteh es, solches Linnenzeug
Hat für die Hausfrau großen Werth, für Geld
Ist's nicht zu haben, wenn's vonnöthen.
Indessen gab ich's gern! Auch Lebensmittel
Und Wein packt ich ihm ein, und deinem Schrank
Hab ich den alten Schlafrock weggenommen,
Den stoffenen, mit großen Blumen —

Feldern.

Recht
Hast du gethan, ich trug ihn doch nicht mehr! —

Frau.

Der Hermann hat im Wagen kaum den Platz
Die Füße zu bewegen.

Feldern.

Ist's der neue?
O, der ist breit genug für vier Personen.
Nahm sich's gut aus, die stattliche Karosse
Und meine Füchse, mit dem neuen Riemzeug?

Frau.

Es war 'ne Freude anzusehen, wie
Die Rosse muthig schnaubend, und als wenn
Sie wüßten daß der Wagen neu ist,
Die Köpfe in die Höhe werfend, stolz
Hinrasselten. Die ganze Nachbarschaft

War an den Fenstern; aber wie der Hermann
Fährt auch kein andrer Bursche in der Stadt.

     F e l b e r n (plötzlich ernst).
Für's Mutterauge, ja, wie er denn überhaupt
Dir Alles recht macht.
       F r a u.
    's ist der einz'ge Sohn!

      F e l b e r n.
Das macht mich nicht für seine Fehler blind!

      F r a u.
Für seine Fehler, ach du lieber Gott!

      F e l b e r n.
O er hat keine, wenn man dich befragt,
Das glaub ich wohl. Ja, ja, Ihr Weiber! Ist
Ein junger Mensch nur hübsch gewachsen, hat er
Ein artiges Gesicht, das ist schon Tugend;
Wie sollte dir der Hermann nicht gefallen,
Bist du doch Weib — und Mutter obendrein!

      F r a u.
Mit deinem ew'gen Brummen wird er mir
Nur ganz verschlossen und in sich gekehrt!
Was hast du wohl an Hermann auszusetzen?
Ist er nicht still und ordentlich und pünktlich?
Zeugt nicht von seinem Fleiß die ganze Wirthschaft?
Hat er nicht weich Gemüth, wie seine Mutter?
Schau nur die andern jungen Leute an
In seinen Jahren, wie das treibt und lärmt
Und nach den Mädchen läuft; nicht so der Hermann;
In seiner Eltern Hause wohnt sein Glück;
Was er dir an den Augen abseh'n kann,
Das thut er, lebt für dich und mich allein.
Was hat er denn für Fehler? welche denn,
Die ich aus Mutterschwäche übersehe?
So sag mir, Vater, welche Fehler hat er,
Daß du beständig an ihm hast zu kritteln?
Ich finde keine; er ist brav und gut!

Feldern.
Nu, nu! nicht gleich den Krieg erklärt, nur gnädig!
Was mir an ihm mißfällt, ich sage dir's,
's ist grade seine Stille, sein Zurückziehn
Von Allem, was die Jugend lockt und reizt.
Er soll mir kein Duckmäuser werden, siehst du.
Sein Schaffen und sein Wirken ist zu loben;
Doch wenn's da fehlte, wär's kein großes Unglück.
Ich bin ein reicher Mann —

Frau (lächelnd).
Soll er verschwenden?

Feldern (sehr heftig und polternd).
Hab ich dich bis ans Ende reden lassen,
So dächt ich, dürft ich's auch!

Frau.
Du alter Brummer!

Feldern (ebenso).
Man hat mit Euch wohl seine liebe Noth!

Frau.
Na, na, sei gut.

Feldern (wie oben).
Das schwatzt und plappert immer!
Die Zung' ist stets bereit, doch nie das Ohr,
Wenn's was Vernünftiges zu hören giebt!

Frau (ihn schmeichelnd).
Na, rede, Vater, red', ich höre zu;
Ich unterbreche dich nicht mehr.

Feldern (sanfter).
Jetzt hast du
Schon ganz aus meiner Stimmung mich gebracht.

Frau (wie oben).
Sie kommt schon wieder, mein lieb Väterchen;
Ich mein's ja gut mit ihm, und auch mit dir.
Er ist ja unser einzig Kind, und findest du

In meiner Liebe zu dem Hermann nicht
Die treue Liebe zu dem Vater wieder?

Feldern.

Ja, treu warst du, — du bist ein gutes Weib,
Hast mich geliebt, gepflegt, mein Glück gemacht,
Mit meinen Schwächen auch Geduld gehabt,
Das muß ich sagen —

Frau.

Siehst du Vater, siehst du —
(ihm freundlich drohend)
Und doch sagst du, du hast viel Noth mit mir.

Feldern.

Du mehr mit mir, und somit sind wir quitt!
(Sie sanft zu sich hinziehend.)
Komm her, mein Mütterchen, komm Alte, komm!
Wir sind denn schon ein hübsches Stückchen Weges
Zusammen Hand in Hand gewandert, nimmer,
Auch nicht ein einzig Mal, hab ich's bereut.
Des Mannes Glück schafft nur 'ne gute Hausfrau;
Das ist's, was Hermann nicht versteht, nicht fühlt,
Was er verstehen, was er fühlen sollte.
'ne Tochter soll er bringen in das Haus
Nach meinem Wunsch, aus stattlicher Familie
Und nicht mit leeren Händen, denn das ist
Nicht gut, wenn in ein reiches Haus
Ein armes, ein ganz armes Mädchen kommt.
Sieh, das möcht' ich erleben, daß er's thäte.
Da aber kriecht er kalt herum in Bergen,
Wird zum Gespötte aller jungen Dirnen,
Und seines alten Vaters Lieblings=Wunsch
Bleibt unerfüllt, und keinen Enkel wieg' ich,
Ein glücklicher Großvater, auf dem Knie,
Und lebe in dem Wachsen und Gedeihen
Die eigne Jugend noch einmal zurück.

Frau.

So sag ihm das, und gleich wird es geschehen;
Nur gütig red ihm zu; du polterst aber
Gleich auf; du mußt den Hermann sanft behandeln.

Er ist empfindlich; schreckst du ihn gleich ab
Mit harten Worten — ja dann ist er stumm!
Doch was dir Trotz erscheint, es ist nur Liebe:
Er schluckt hinein was er dir sagen könnte,
Aus Furcht dir weh zu thun, und weicht dir aus.
Sag's ihm noch heute, Vater, was du wünschest,
Doch ohne Brummen, und er wird gehorchen.

Zweite Scene.

Vorige. Rector. Apotheker (kommen, sich den Schweiß von der Stirn trocknend).

Apotheker.
War das 'ne Hitze!

Rector.
Gott zum Gruß, Herr Nachbar!

Feldern.
Willkommen! Habt Ihr Euch recht abgemüht
Und abgebürstet? O, geschieht Euch recht!
Bleibt hübsch daheim und laßt die Jungen laufen!
(Frau Feldern bringt zwei Stühle aus dem Hause. Die Fremden setzen sich.)

Apotheker.
Ach! das thut wohl!

Feldern.
Nun, Alles angeschaut?

Rector.
Ja leider Alles! Ach, wir kommen wieder
Mit vollem Herzen.

Apotheker.
Und mit leerem Beutel!

Rector.
Es sollte jeder, der ein friedlich Habe
Besitzt, zu solchem Schauspiel gehen, um
Zu fühlen, wie er Gott und seinem Fürsten
Mit treuem Herzen danken soll. Das sind
Die Früchte von dem unglücksel'gen Schwindel!

Ach, Freiheit ohne Ordnung ist ein Unding!
Das sind die Früchte, daß die guten Menschen
Dem roh verächtlichen Gesindel weichen
Um nur das nackte Leben sich zu retten —
Im Ausland Brod und Obdach sich erbetteln!

Apotheker.

Ja zum Erbarmen ist es, Nachbar, glaubt's,
Und auch verehrungswerth, wie bei dem Zuge
Sich alles hilft: wie einer da dem Andern
So gleich an Unglück, also gleich an Stand ist.
Kein Unterschied ist mehr als der der Jahre,
Die Kranken sind die Vornehmsten bei ihnen,
Denn alles eifert in der Sorg' um sie!

Rector.

Heil uns, Heil jedem Bürger eines Staates,
Wo weise Ordnung sichres Scepter führt!
Ein Jeder möge gern die Lasten tragen,
Die das gemeine Wohl ihm auferlegt,
Wenn er das Schicksal solcher Leute kennt.
Es ist ein herrlich Ding um sichre Stelle,
Um friedlichen Genuß des Eigenthums
Das man im sauren Schweiße sich erworben,
Es ist ein herrlich Ding um Schutz und Recht,
Und die gewähren nur Gesetz und Fürst.

Feldern.

Und doppelt freuet das erworbne Gut
In solchem Augenblick des fremden Unglücks.
Ja, Nachbar Rector, glaubet nicht, weil ich
Vor meiner Thüre sitze, fein, bequem,
Ich ließe kalt die fremden Gäste ziehn.

Frau.

Ach nein, mein Alter steht wohl keinem nach
Bei solchem Anlaß; unser Sohn ist draußen.

Feldern.

Und was man thun läßt, hat man selbst gethan.

Apotheker.

Ich hab ihn ja gesehn, den wackern Hermann;
Er hatte Mühe mit dem Wagen durchzukommen,
Denn über'm Dammweg war der Zug vorbei
Und schon nach Hause wandte sich ein Jeder.
Wir auch; da kam er erst und war gezwungen,
Sich durch die Menge mühsam hinzuwinden.

Feldern (ärgerlich).

Das kommt von deiner übertrieb'nen Ordnung
Mit der du alles packen mußt, daß endlich
Mit gutem Willen man die That verliert!

Rector.

Ein Viertelstündchen mit den raschen Pferden
Und er ist da —

Apotheker.

Und kann allein das Ganze
Gemächlich überschauen.

Feldern (wie oben).

Ach, was schauen!
Daß er vertheile wie es sich gehört,
Was wir an Kleidern und an Lebensmitteln
Ihm mitgegeben, daß er Zeit sich lasse
Zu prüfen, wer dies brauche und wer jenes,
Sollt' er zu Anfang mit dem Wagen da stehn;
Da aber muß erst jede Flasche dreimal
Fest eingewickelt werden, jedes Stückchen,
Als wär's für eine Jahresreise, fest
Verpackt sein, und wieder umgepackt,
Recht wie ein Weib, — bis man die Zeit versäumt!

Frau.

Na, hast du wieder was zu schelten, Vater?

Feldern (steigend).

Hab' ich nicht Ursach alle Augenblick?
Thut man das Kleinste wohl nach meinem Sinn?
Des Größern hab ich längst schon mich begeben;

Doch nicht das Kleinste thut man mir nach Wunsch.
O hätt' ich nur gesagt, der Hermann sollte
Der Letzte sein, vor Tagesanbruch wär' er
Schon ausgefahren, aber so — und wenn man
Die Frau dann fragt: warum geschah es nicht?
Was ich gewollt, war's nicht vernünftig, wie?
Hast Du mit deinem Aendern 'was gewonnen?
Da heißt's: man ist ein Krittler und ein Schelter,
Ein alter Brummbär, und weiß Gott, was Alles!

Frau.

Nun, lieber Vater, 's ist auch nichts verloren;
Er holt sie sicher ein, und theilt verständig.
Der Zug geht ja so langsam, schwer bepackt!
Wohl hast Du Recht, ich habe auch den Hermann
Zu lange aufgehalten, meine Sorge
Ist schuld daran; recht gut wollt' ich es machen,
Daß mir die Flaschen nicht zerbrochen würden;
Wenn das geschah, war Alles ja verdorben.
(Sie streicht ihm die Falten aus der Stirn.)
Na, schau nur wieder freundlich, Alter, hörst Du?
Weg mit den Falten! Ei, das steht nicht schön.
Ich hab' Dich immer lieb, doch wenn Du lachst,
Hab' ich Dich doppelt gern, — lach doch ein wenig,
Vater!

Feldern schaut sie sanft und unmerklich lächelnd an.

Rector.

Das lob' ich mir, das ist doch eine Hausfrau!
Wie sie geschickt die Stirne ihm geglättet.

Apotheker.

Wer wollt' auch da nicht freundlich schauen! — Nachbar
Ich bin Euch herzlich gut; allein wär' ich
Eu'r Weib, ich führ' Euch durch den Sinn; denn was
Ihr da mit bittern Worten habt getadelt
Als großen Fehler, grade das ist Tugend!
Mit einer wackern Hausfrau kommt die Ordnung

Zu uns; wenn sie zu ordentlich, wahrhaftig
Das ist kein Grund zu schelten und zu klagen.
Und sie, nachdem der Herr ihr Unrecht thut,
Giebt ihm voll Sanftmuth nach und schmeichelt ihm,
Und fährt mit ihrer lieben weichen Hand
Ihm über die unnützen Runzeln hin —
Nur, wenn ich so 'was sehe, ärgert's mich,
Daß ich ein alter Junggeselle bleibe!

Feldern.

Ihr Herrn, lobt mir die Alte nicht zu sehr,
Bin so mehr als zu viel ihr unterthan!

Frau.

Du mir? ach, lieber Gott!

Feldern.

Ja, ja gewiß!
Wie ich auch lärm' und poltre in der Hitze, —
Geschieht doch stets, was Mütterchen gewollt.

Rector.

Das glaub' ich gern, weil sie nur Gutes will.

Feldern.

Geh, Alte, geh! anstatt die lieben Gäste
Zu kühlen und zu laben, zanken wir
Die Ohren ihnen voll. Vom Drei und Achtziger
Bring' uns ein Fläschchen her, und meine Römer.

Apotheker.

Ja, kann nicht schaden, Nachbar, ich bin durstig.

Frau Feldern geht ins Haus.

Rector.

Sind wir zum Trinken auch schon abgekühlt?

Dritte Scene.

Vorige ohne Frau.

Apotheker.

Mein' Seel', wenn man so Euren Hausstand sieht
Und Eure Frau im Schalten und im Wirken,

Kommt Einem noch die Lust zur Heirath an!
Wär' jetzt die Zeit nicht so unruhig und
Das Mobiliare nicht so theuer, wahrlich,
Ich griff' noch zu!

    Feldern.

   So thut es, Nachbar, thut's! —
Die Zeit unruhig! Grade da ist's gut,
Um, was zu tragen ist, vereint zu tragen.
Wißt ihr, wann ich mein treues Weib gefreit?
In welcher Schreckensstunde ich geworben?
Wie Gott den großen Brand hat über uns
Verhängt! Mein Häuschen lag in Schutt und Asche,
Den Morgen drauf hab' ich das erste Wort
Gesprochen und vollführt; so hat das Unglück
In meines Weibes Lieb' mein Glück begründet.

    Rector.

Ja, wem die Vorsehung ein Mädchen sendet
Von solchem Herzen und voll treuer Neigung,
O, der erkenne dies Geschenk des Himmels
Und nehm' es an, in welcher Zeit es sei!

    Feldern.

Da kommt sie; fragt sie selbst, sie soll erzählen.

Vierte Scene.

Vorige. **Frau Feldern** mit einer Rheinweinflasche und drei grünen Gläsern (Römern).

    Feldern.

Setz' her, mein Mütterchen, und schenke ein.
So! bitt', Ihr Herrn! Nun setz' Dich zu mir, Alte!
Für Dich hast Du kein Glas gebracht?

    Frau.

      Wir trinken
Aus einem.

    Feldern sehr froh.

Ja, mein Lieschen. Nun kredenz' mir's.

Rector.
Der Hausfrau!
Apotheker.
Vivat!
Feldern.
Meiner guten Alten!
Da nimm das Glas; Du mußt den Herrn Bescheid thun.
Frau Feldern stößt an und trinkt.

Feldern.
Nun — und jetzt mir!
(Er sucht und vermißt sein Glas, ärgerlich)
Siehst Du, mit einem Glase!

Frau küßt ihn.

Da, Vater!
Feldern.
Was der tausend! Thun wir nicht,
Als ob wir gestern uns genommen hätten?
Und doch sind es schon dreißig, wie?

Frau.
Just dreißig, Vater.

Feldern.
Willst Du mich recht froh,
O so erzähle, wie's geschah, daß ich
Dich fand und Dich zu meiner Frau begehrte.

Frau.
Ach, Alter, wenn das uns auch noch vergnügt,
Hier der Herr Nachbar und der würd'ge Rector,
Von was Gescheidterm mögen die wohl sprechen.

Apotheker.
Nein, nein, Frau Nachbarin, nur frisch erzählt.

Rector.
Es klingt so angenehm im Frauen=Munde.

Frau.

Wohlan! Es war am Montag, denn den Sonntag
War ja der große Brand, und auf dem Felde
Saß ich, bewachend dort die Kisten und
Die Kasten, war ein wenig eingeschlummert,
Da weckte mich die Kühle, die der Sonne
Vorangeht, und ich sah, wie nach und nach
Der Tag herauf kam, nassen Auges auf
Die öden Mauern und die Trümmer hin:
Da trieb's mich, hinzugehen nach der Wohnung:
Zu schau'n, ob nicht die Hühner sich gerettet,
Die mir besonders an dem Herzen lagen.
Ich ging — hier nebenan stand unser Haus —
Die Mauer zwischen beiden war gesunken —
Und in demselben Augenblick standest Du,
Nach einem Pferde suchend, gegenüber.
„Ei, Lieschen", sprachst Du, „geh doch aus dem Schutte,
Du brennest Dir die Sohlen; komm, ich helfe!"
Da reicht' ich Dir die Hand, Du gingst mit mir
Und drücktest mich, und wolltest mich auch küssen.

Apotheker.

Ei, ei, Herr Nachbar!

Frau.

Ich verwehrt' es ihm!
Drauf sprach er: „Lieschen, hilf Du mir mein Haus
Aufbauen, und ich Dir das Deine, willst Du?"
Ich sprach: „warum nicht?" ob ich gleich nur dunkel
Begriff, was er gemeint. So traten wir
Vor meine Eltern, schnell war es vollbracht:
Ein glücklich Band vereinte mich mit ihm,
Und stets ist mir der Morgen so lebendig
Vor meiner Seele, wie die Sonn' so hell stand,
'ne gute Ehe hatt' es zu bedeuten,
Denn unf're ist's — ob auch mein Alter brummt
Und scheltet oft, wenn ich es nicht verdiene,
Im nächsten Augenblicke lacht er wieder.
Ich kenn' sein Herz, Gott weiß es, das ist gut!

       Feldern.
Und hab' Dich lieb bis an das späte Grab!
      Rector anstoßend.
Noch lange so —
       Apotheker.
      Bis zu der gold'nen Hochzeit!
Und auch der wackre Hermann!
       Rector.
      Er verdient's!
       Feldern.
O könnten wir auf eine liebe Tochter
Und auf die Hoffnung eines Enkels trinken!

Fünfte Scene.

Vorige. Hermann tritt aus dem Hause. Er hat die Peitsche noch in der Hand und den Hut auf dem Kopfe.
       Hermann.
Da bin ich!
       Feldern.
    Nun, mein Sohn?
       Rector.
        Man sieht's ihm an,
Daß er gesegnet von der Armuth kommt.

Hermann hat die Peitsche weggelegt, und will den Hut abnehmen.
       Frau.
Behalte auf, mein Sohn, Du bist erhitzt,
Und da der Zugwind —
       Feldern.
     Jetzt erzähle, Hermann!
       Frau.
So laß ihn die Minute ausruhn. Setz' Dich!
       Hermann.
Mich durstet.

Frau.

Nein, nicht gleich! O nur nicht trinken,
Erst einen Bissen Brot, — ich hol' ihn, Hermann,
Trink nicht, mein Sohn, bis daß ich wieder komme!
Laß ihn nicht trinken, Vater, ja nicht, hörst Du? (Geht ins Haus.)

Feldern.

Wie fährt es sich im neuen Wagen?

Hermann.

Gut!
In kurzem Trab bin ich zurückgefahren,
Hinaus konnt' ich vor Menschen nicht geschwind.
Ich kam zu spät; doch wandt' ich meine Rosse,
Den Zug der armen Ausgewanderten
Schnell einzuholen; aber wie der Himmel
Die Hülfe dem Gedrängtesten gern sendet,
Fand ich zum Geben bald Gelegenheit;
Ein Wagen ganz allein sperrt mir die Straße
Und Schritt vor Schritt schleppt er sich vor mir hin.
Schon will ich seitwärts biegen, da erblick' ich
Ein Mädchen, das die Thiere lenkt; sie spricht: —

Frau Feldern (kommt aus dem Hause, mit einem Stückchen Brot.)

So, Hermann! iß, dann darfst Du trinken.

Hermann.

Danke!
(Er legt das Brot weg, und fährt eifrig in der Erzählung fort.)
Sie spricht: O haltet, Herr! Fürwahr, nicht immer
War dies mein Treiben; also glaubt, mir fällt
Um eine Gabe anzusprechen schwer.
Doch eine Kranke, eine Wöchnerin
Liegt oben auf nothdürft'gem Lager; habt
Ihr nichts von Linnen für das arme Weib?
Und Gottes Fügung schien mir diese Rede!
Schnell gab ich Alles, was ich bei mir hatte
An Kleidern und an Wäsche, diesem Mädchen
Und fragte, ob's die Mutter sei, die Schwester,
Für welche sich die Arme müh' und ängst'ge —
Und wahrlich, nur das Unglück zeugt die Größe:
Für eine Fremde opfert sie sich auf!

Rector.
Das ist sehr edel!
Feldern.
Diesmal hat Dein Zögern
Der liebe Gott veranlaßt.
Hermann.
Und so unbefangen
Erzählte sie das Alles! Offen, wie
Ihr großes Auge, lag ihr Herz vor mir.
Ich schied, doch zog es mich zu ihr zurück,
Ich hatte ein Vertraun zu ihr gefaßt
Wie nie ein Mann noch zu dem Weib gefaßt hat.
In ihre Hände legt' ich Alles nieder,
Denn niemand Besserm konnt' ich übergeben,
Was ich noch zu vertheilen hatte — wer
Der Tochter Pflicht an einer fremden Kranken
Ausübt, hat auch ein Herz für jeden Menschen.
Frau.
Das arme Kind!
Apotheker.
'ne Wöchnerin! Ei, ei!
D'rum sag' ich ja, voll Unruh' ist die Zeit,
Man bleibe hübsch allein und denke nicht
An Heirath! Kommt ein Unglück, nun so packt man
Sein Bischen Geld zusammen und geht weiter.
Ein Einzelner, für den ist schnell gesorgt.
Wenn ich das recht bedenk' und einseh, freilich,
Da lob' ich mir den Junggesellenstand!
(Er will das Glas nehmen und trinken, es ist leer.)
's ist nichts mehr drin!
Feldern.
Na, noch ein Glas, Herr Nachbar.
Apotheker.
Ich danke. Muß jetzt in die Offizin,
Und da braucht unsereiner seine Sinne.
Der Dreiundachtziger hat zu viel Feuer!
Des Abends eher. Gott befohlen! (Ab.)

Sechste Scene.
Vorige ohne Apotheker.

Hermann.
Wahrlich
Ich denke nicht, wie unser Nachbar; grade
In solcher Zeit soll man an Heirath denken:
Da braucht das schwache Weib 'ne feste Stütze,
Und ist des Schwachen Schutz nicht Mannes Pflicht?
Selbst in dem Unglück muß es herrlich sein,
Für ein geliebtes Weib sein Leben wagen,
Nicht nur ein einsam Dasein sich erhalten;
Sein Glück zu retten aus des Sturmes Wuth.
(Mit großem Feuer)
Wenn dann nach überstandenen Gefahren
Sich treue Arme um den Nacken schlingen,
Daß man an warmem Herzen fühlt, wofür
Man kämpft und wagt, sein Blut dahingiebt — ja,
Ein holdes, treues Weib, ein eigner Heerd —
Nur solch ein Preis ist auch des Opfers werth!

Felbern (sieht ihn verwundert und mit großen Augen an).
Ei, Hermann, nimmer hört' ich Dich so reden!
Das nenn' ich brav gedacht, mein Sohn, wenn Du
So denkest!

Frau.
Siehst Du, Vater? Ja es ist
Mein Sohn! (Streichelt Hermann die Wangen.)

Rector.
Das edle Feuer muß ich loben!

Felbern.
Was hat Dich denn auf einmal so gestimmt?
Komm her zu mir, mein Sohn, wie? Schau mich an!
Willst Du dem Vater wohl die Freude machen?
Ist es Dein Ernst? treibt Dich Dein Herz dazu?
Ich hätte Hoffnung? Hermann — möchtest Du
Ein Weib? Sprich, ist's Dein Ernst, mein Sohn, sag' mir's.

Hermann.
Mit Freuden, Vater.
Frau (sehr froh).
Siehst Du, Alter, siehst Du?
Feldern.
Nach meinem Wunsch? Da — drüben, Du verstehst mich,
Das grüne Häuschen — nun, hab' ich's getroffen?
Hermann.
Von den —
Feldern.
Drei Mädchen, nicht? Die jüngste! Wie?
Ein liebes Kind, und wacker ausgestattet,
Die Eltern angeseh'ne Leute —
Hermann.
Vater,
Ich hatte früher auch wohl den Gedanken
Von diesen Mädchen eines mir zu wählen,
Doch seit ich einmal dort war und sie stets
Mich höhnten, weil ich nicht gekleidet war
Wie's Ihnen wohl gefiele, und sie lachten
Und zischelten und spöttelten, da nahm ich
Den Hut und ging, und schwur es mir im Stillen —
Mein Herz war tief verwundet — daß ich nimmer
Mit einem Schritt ihr Haus betreten wollte!
Beleid'gung wohl, Spott — kann ich nicht ertragen.
Feldern (aufbrausend).
Da, wieder die Empfindlichkeit! Es war
Unschuld'ger Muthwill', und deßwegen kann
Mir der Herr Sohn nicht meinen Wunsch erfüllen?
Hermann (stockend, aber bestimmt).
Von diesen Mädchen — nehm' ich keine — keine!
Feldern (sehr rauh).
Hab' ich es nicht gedacht? Warum nicht? Was?
Sind das vernünft'ge Gründe? Antwort!

Frau (der man die erwartende Angst angesehen).

              Vater!

Feldern.
Laß mich! Warum willst Du da keine nehmen?
Aus welcher Ursach'? Ist Dein Vater nicht
Der Antwort werth? (Zum Rector)
      Seh'n Sie, das ist mein Schicksal.
Ich bitt' ihn nur um G r ü n d e, er soll r e d e n!
Er weiß, daß ich mich ärg're, wenn er schweigt.
Da steht er — stumm — ja, wende Dich nur weg,
Ich kenne Deinen Trotz! Das sind die Früchte
Von der Erziehung, i h r ist Alles recht!
Hab' ich jetzt wieder Unrecht? Nicht? O ja!
Versteht sich! Weil ich nicht so will, wie er.
Der alte Vater, der muß immer wollen
Wie man ihm vorschreibt. Nein, so soll's nicht sein!
Jetzt nicht, gewiß nicht!

Frau.
Aber, lieber Vater —!

Feldern (der bei des Sohnes Schweigen immer zorniger wird).

Ich habe keine Freud' an meinem Kinde;
Die Arbeit thut mir jeder Knecht! Wenn's gilt,
Das Kleinste nach des Vaters Herzen thun,
Dann steht er da wie jetzt und trotzt und mault!
Na, nimm sie nicht die ich Dir ausgesucht,
Ich zwing' Dich nicht, doch bilde Dir nicht ein,
Daß ich mich Deinem Sinne unterwerfe.
Wenn's D i e nicht ist, ist's K e i n e! Hörst Du?
Du sollst nicht glauben, daß Du Deinem Vater
Schon über'n Kopf gewachsen bist! Noch nicht!
's ist besser, k e i n e n, als 'nen ungerathnen Sohn!
    (Geht ins Haus.)

Rector der sich vergeblich bemüht ihn zu besänftigen, folgt ihm.

Frau geht nur bis zur Thür, dann kommt sie zurück.

Hermann stand erschreckt und stumm, seine Brust wogte heftig; wie der Vater geht, überwältigt ihn sein Gefühl, er reißt sein Schnupftuch aus der Tasche und drückt es fest vor die Augen.

Frau.

Es ist Dein Vater, Hermann, er ist alt!
Was er auch schwatzt, er meint es nicht so bös!
Du weißt's ja. Weine nicht, mein guter Sohn!
Ja er war hart mit Dir — na, na, sei ruhig!

(Sie nimmt ihm sanft das Tuch von den Augen und streicht ihm das Haar aus der Stirn. Während sie ihm schmeichelt, fällt der Vorhang.)

Ende des ersten Aufzugs.

Zweiter Aufzug.

Dekoration wie im ersten Aufzuge.

Erste Scene.

Rector tritt aus Feldern Hause, in demselben Augenblicke kommt der Apotheker von der andern Seite.

Apotheker.

Wohin, Herr Rector?

Rector.

Gehn Sie schnell hinein
Zum alten Feldern, es ist Niemand bei ihm.

Apotheker.

Wie so? Schon wieder Zwist in der Familie?

Rector.

Mit seinem Sohn —

Apotheker.

Das weiß der liebe Gott!
So'n braver Junge —

Rector.

Gehn Sie nur zum Vater;
Ich suche seine Frau.

Apotheker.

Der alte Murrkopf!
Von mir erträgt er 'was, ich werd' ihm gleich —

Rector.

Sie wissen nicht ten Fall.

Apotheker.
Ist Alles eins!
Wenn ich nur höre, es betrifft den Sohn,
Dann weiß ich schon, es hat der Vater Unrecht. (Geht ins Haus.)

Zweite Scene.

Rector will sich nach dem Garten wenden, da tritt aus dem Gitter Frau
Feldern.

Rector.
Da sind Sie ja, Frau Nachbarin, der Herr
Frägt angelegentlich nach Ihnen.

Frau.
Ach,
Mein würdiger Herr Rector! alles das, —
Sie habens oft mit angehört, wie kann's
Ein gutes Ende nehmen!

Rector.
Was denn?

Frau.
Da steh' ich mit zerrißnem Mutterherzen
Stets zwischen Sohn und Vater.

Rector.
Ei, das giebt sich!

Frau.
Und Hermann, — o Herr Rector, wie er heut' ist,
So war er nie; wenn er nur nicht 'was Böses
Im Sinn hat.

Rector.
Gott bewahre!

Frau.
Immer spricht er,
Er wäre seines Lebens satt; der Vater
Entwürd'ge ihn vor fremden Augen — heute
Wär' erst sein Loos gefallen; ich versteh' nicht —

Rector.

Frau Nachbarin, mit Ihrem Sohne ist
Seit Kurzem irgend Etwas vorgegangen.
Doch sein Sie ruhig, denn ich kenn' ihn gut;
Was er da spricht, zeigt keinen bösen Willen!
Die Reden und die ganze Reizbarkeit
Die wir an Hermann vormals nie gesehen,
Bekunden eine heft'ge Leidenschaft,
Durch äußern Antrieb in der Brust erweckt.

Frau.

Ach, das ist Zorn nur über seinen Vater;
Das ist nichts als gekränktes Ehrgefühl.

Rector.

Ich glaube, wie ich prüfend ihn betrachte,
Es habe sich in seiner stillen Brust
Ein edler Funke schnell entzündet. Sagten
Sie nicht, daß er noch stets gleichgültig ganz
Für Ihr Geschlecht geblieben wäre?

Frau.
Ja.

Rector.

Und so lebendig, so voll innern Feuers
Und so bestimmt, auch gegen seinen Vater,
Sah'n Sie ihn nie?

Frau.

Ich kann mich nicht erinnern, —
Das eben ängstigt mich.

Rector.

War er schon morgens
In dieser Stimmung?

Frau.

Morgens war er kalt
Und ruhig, treu und fleißig, wie gewöhnlich.

Rector.

Und nach der Rückkunft war er ganz verändert,
Aus seinen Reden sprach der Wunsch der Ehe —

Sein Vater — jene Mädchen — die Verbindung —
Sein glänzend Auge, das bewegte Herz, —
Es ist kein Zweifel.

    Frau.
    Glauben Sie, daß er —

    Rector.
Daß die Natur ihr süß Geheimniß ihm
Erschlossen hat! Er liebt.

    Frau.
    Mein Hermann?

    Rector.
          Auch
Glaub' ich den Gegenstand zu ahnen — ja,
Da giebt's denn freilich einen kleinen Berg —
Mit Gottes Hülfe aber auch zu übersteigen!

    Frau.
Ach, würdiger Herr Rector! wie begreif' ich —?

    Rector.
Dort kommt der Hermann von der großen Linde,
Erforschen Sie sein Herz, und ist es so
Wie ich geahnet und noch freudig glaube,
So sagen Sie es mir zuerst. Sie wissen,
Mein Will' ist redlich und ich schätze Sie. (Geht ins Haus.)

Dritte Scene.

Frau Feldern. Hermann tritt aus dem Garten und geht sehr ernst zur Mutter. Man sieht ihm an, daß eine heftige Empfindung ihn bewegt, der er Herr werden will.

    Frau.
Nun lieber Sohn, jetzt bist Du abgekühlt,
Nicht wahr?

    Hermann.
   Jetzt bin ich ruhig, Mutter.

    Frau.
         Ganz?

Hermann.
Ganz ruhig, Mutter, denn ich bin entschlossen.

Frau.
Was heißt das, Hermann?

Hermann.
      Nicht auf schlechten Boden
Hat oft der Vater seiner Rede Korn
Gestreut. Was langsam wurzelt, wurzelt fest.
Ob ich's auch schweigend hinnahm, wenn er schalt,
Daß mich des Jünglings Ehrgeiz höher nicht
Als zu dem Gartenbau, dem Grün der Felder
Hintrieb' — ich hab' es dennoch wohl gemerkt
Es war ihm niemals recht, das stille Walten,
Die treue Arbeit in des Hauses Grenzen.
Unzähl'ge Male hört' ich es von ihm:
Es soll der Sohn den Vater überstreben,
Daß höher seines Hauses Ehre steige;
Für diese muß der Jüngling etwas wagen,
Des Lebens Treiben muß ihm höher stehen
Als seiner Felder stille Ordnung, und
Ein Ziel soll er, ein großes Ziel sich stecken,
Darnach zu ringen mit der Jugend Kraft.
Das will ich, Mutter; jetzt will ich es thun!
Dazu bin ich mit vollem Sinn entschlossen;
Der Vater wird mit mir zufrieden sein!

Frau.
Und dieses Ziel, mein Sohn, darf ich es wissen?

Hermann.
Warum nicht? Meinem Vaterlande will ich
Die Kräfte weihen, sie gehören ihm!
Nicht mehr in dunkler Abgezogenheit
Das glüh'nde Herz, die deutsche Kraft begraben,
Nein, ich will wirken, ich will thätig sein.

Frau.
Erkläre Dich!

Hermann.

Mein Wissen eignet sich
Zu keinem Amte, mit der Feder weiß ich
Nur umzugehen, wie's zur Wirthschaft nöthig;
Auf diesem Weg gelang' ich nicht zur Ehre.
Doch gab der Himmel mir gesundes Herz,
Gesunde Kräfte meiner Jugend Arbeit —
Und bin ich nach des Vaters Ansicht auch
Ganz ohne Spannkraft und unedlen Gleichmuths:
Das Gegentheil fühl' ich in meiner Brust.
Was ich erfasse, kräftig will ich's halten —
Kann ich dem Land auch nicht mit meiner Kenntniß,
In seinem Rathe für das Beste sorgend,
Ein V a t e r sein und v ä t e r l i c h ihm nützen:
So kann ich als ein treuer, kräft'ger S o h n
Wohl gegen seinen Feind mein Blut verspritzen!

Frau.

Wie? Hermann!

Hermann.

Und dann wird der Vater sehn,
Daß ihm sein Hermann keine Schande bringt.
Ich geh' zur Grenze in der Krieger Reihen;
Dort ist der Weg zur Ehre mir geöffnet:
Die größte Ehre ist's, für seinen Fürsten
In Blut und Kampf begeistert sich zu stürzen,
Und herrlich ist vor Allem Schlachtentod!

Frau.

Willst Du das Mutterherz muthwillig brechen?

Hermann.

Zu ringen nach dem Lorbeer — oder fallen
Und zu vergessen, was das Herz beschwert!
Nicht kleine Schmerzen klammern sich dem Krieger
An seine Brust — da giebts nur Todesschmerz.
Der Trennung von dem Liebsten lacht er, denn
Ihm ist das Liebste, Höchste: Ruhm und Sieg!

Frau.

Du bist nicht w a h r zum ersten Mal, mein Hermann!

Hermann.

Und wenn ich dann nach Hause kehre, wird
Der Vater mich in seine Arme schließen
Und nach den Wunden fragen; und ich zeige
Ihm die benarbte Brust, dann wird der Knabe
In seinem Aug' ein Mann geworden sein,
Denn Ehrenkränkung — auch vom Vater — schmerzt!

Frau (nach einer Pause).

Was Du gesprochen, Hermann, ist es wahr?

Hermann.

Es ist Entschluß, ganz ohne Leidenschaft.

Frau.

Dein Ehrgefühl nur leitet Dich dazu?

Hermann.

Mein Pflichtgefühl und — meines Vaters Härte.

Frau (sehr langsam und nachdrücklich).

Der Mutter Liebe hast Du ganz vergessen?
Sie kommt dabei nicht in Betrachtung? gar nicht?
Thust Du doch, Hermann, als wenn ich nicht lebte!
Als wenn ich längst begraben wäre. Aber
Ich lebe ja — und lebe ganz für dich
Mein einz'ger Sohn, und meiner denkst du gar nicht?

Hermann blickt finster auf den Boden und schweigt.

Frau.

Und meiner denkst Du gar nicht, die Du sicher
Dann auf der Bahre finden würdest, die
Der Gram verzehrt um das geliebte Kind?
Die all' die sorgenvollen Nächte, als
Du noch (mit der Hand die Größe eines kleinen Knaben bezeichnend) so klein
      warst, und kein andrer Mensch
An Deinem Bette bleiben wollte, dort
Mit off'nem Auge auf den Kranken starrend,
Gern und mit Freuden ausgehalten hat?
An eine Mutter denkst Du nicht, für die
Auf dieser ganzen Erde keine Freude
Erblüht, sie möchte sie dem Kinde geben;

Kein Trübsal aufsteht, gern möcht' sie's erdulden
An seiner Statt, und lächeln noch im Schmerz,
Weil dort der Liebling sicher ruhig schlummert —
An diese Mutter, Hermann, denkst Du nicht?

     Hermann (in Thränen).
O meine liebe, gute Mutter!

     Frau.
    Sieh,
Verzweifeln würd' ich, wenn es Wahrheit wäre,
Dein Entschluß und die Pflicht — und was Du red'test.
's ist Alles aber ganz 'was Anders, Hermann.

 Hermann tritt einige Schritte vor und wendet sich ab.

     Frau.
Das eben kränkt mich, daß ich's nicht verdiene,
Für meine Angst und Liebe nicht verdiene,
Daß mir der Sohn sein Herz zeigt, wie es ist!
O fühlten doch die Kinder, daß für sie
An Einer Stelle immer Rath und Trost,
Für ihren Kummer wahres Mitgefühl,
Für ihre Hoffnung der Erfahrung Leiden,
Für ihre Freuden frommer Mitgenuß
Zu finden ist! Kennst Du die Stelle, Hermann?
Es ist die Stelle, die Du fliehst, mein Sohn,
Vor der sich ängstlich Dein Gefühl versteckt,
Anstatt zu ihr zu kommen frei und wahr,
Vertrauend das Geheimste hinzulegen;
Denn keine treu're giebt es auf der Welt!
Hier ist sie, Hermann, lasse sie nicht warten,
Dahin, mein Sohn — es ist die Mutterbrust!
    (Sie breitet die Arme aus.)

 Hermann stürzt ihr um den Hals. Pause.

     Frau.
Nun rede, Sohn! Was drückt Dein Herz, daß Du
So ungewöhnlich reizbar bist, so ängstlich
Und so gespannt, nicht mehr wie sonst so duldsam?
Was ist in Deinem Innern vorgegangen?
Du bist — wie soll ich sagen — so gesteigert!

Hermann.

Mein Vater hat mit einem einz'gen Wort
Auf ewig meines Lebens Glück vernichtet.
Im Augenblick als mir der Vater sagte:
Kein Mädchen sei es, nach der eignen Wahl —
Da wußt' er nicht, wie elend er mich machte —
Ich liebe! Einmal und auf ewig, Mutter,
Hab' ich mein Herz nun feierlich verschworen,
Und schließt er Der das Haus, die ich
Als Hausfrau unabänderlich begehre,
Schließt er dem Mädchen seine Thüre zu
Weil arm, verlassen und verwaist sie ist —
So hat er sie dem eignen Sohn verschlossen;
Denn in mein ganzes Wesen ist's gezeichnet
Und jeder Herzschlag sagt es mir, nicht nur
Das Weib soll liebend folgen dem Geliebten
Und lassen Vater hinter sich und Mutter;
Es ist dasselbe mit dem Jüngling: flieht
Die Einzige, die er erwählt, in der
Er sich und seine Welt gefunden, o
Ich fühl's an mir, flieht sie ohn' Wiederkehr,
So habe ich nicht Haus mehr und nicht Felder,
Es treibt mich fort von Vater und von Mutter,
Es ist die Heimath mir nicht heimisch mehr!

Frau.

Wer ist es, Hermann? Sei verständig, nicht
Gieb Dich der Leidenschaft so ganz dahin,
Daß in dem blinden Ausbruch der Empfindung
Du selbst das Ziel Dir um so weiter rückst!

Hermann.

Es ist die Jungfrau, Mutter, an dem Wagen
Der ich die Gaben alle anvertrauet,
Der ich gegeben hätte Alles, was
Ich Theures habe: alle meine Güter,
Mein Herz, mich selbst; denn unter Allen ist sie
Die Beste, Edelste, ich weiß es, und
Wenn ich das Mädchen nicht besitze, bin ich
Ein elender, verlor'ner Mensch!

Frau.

Es wird,
Weil sie dem Zuge angehört, und weiter stets
Und weiter zieht — in also kurzer Zeit
Den Vater zu gewinnen, fürcht' ich, schwer sein.

Hermann (sehr schnell).

O ja, ich wußt' es wohl, unmöglich ist's —
Und sie entflieht, wer weiß wohin, und ich
Kann trauern nur und weinen hier verlassen,
Und auf den Hügel gehn und in die Straße
Hinabschaun, die des Lebens Glück entführt!
Nein, fort will ich! Im wilden Schlachtgetümmel
Erstickt der Tod das brennende Verlangen —
Denn nur im Grabe hört die Liebe auf!

Frau.

Du schwärmest, Hermann! Gleich das Aeußerste!
Laß mich nur erst mit Deinem Vater reden.

Hermann.

Mein Vater? Hörten Sie, was er gesagt?
Sonst Keine! Also dieses Mädchen auch nicht —
Und ewig steht es hier: nur sie, nur sie!

Frau.

Er hat's gesprochen, — doch die Mutter hat
Wohl auch ein Wörtchen mit darein zu reden.

Hermann.

Bei seiner Heftigkeit, was kann ich hoffen?
Hört er denn je etwas mit Ruhe an?

Frau.

Laß mich nur machen, Sohn, geh in den Garten,
Ich kenne Deinen Vater, jetzt ist's ihm
Schon leid, daß er gepoltert und gescholten,
Jetzt ist die beste Stunde, trau auf mich!
Der würd'ge Rector wird mir helfen und
Mit Gott geb' ich in einer halben Stunde

Dir frohe Nachricht, dann wird es mein Sohn
Wohl einsehn: Mutterherz ist doch das treuste,
Die Mutterbrust der beste Zufluchtsort,
Und wenn der Vater brummt und lärmt und scheltet,
Weiß Gott was Alles will nach seinem Kopf —
Zu rechter Zeit ein Mutterwort, und es
Geschieht, was man mit reinem Sinn und Gott
Gefälliges begehrt.

Hermann küßt ihr die Hand.

Frau.

Na, geh mein Sohn!
Du mußt nicht weinen, wenn Du dort allein bist,
Das macht die Augen roth! Du hast geweint!
Geh, schau recht in das grüne Laub, das ist
Den Augen Wohlthat — und sei ruhig, Hermann!
Thu, wie Du stets gewohnt bist: sprich im Garten
Ein frommes Wort zu unser Aller Vater,
Dann geht's auch gut, mein Sohn, glaub' mir, glaub' mir!

(Sie zieht ihn sanft zu der Gartenthür, er geht ab. Sie wendet sich zum Hause, geht hinein, kommt aber augenblicklich mit dem Apotheker und Rector heraus.)

Vierte Scene.
Frau. Rector. Apotheker.
Frau.

Er schläft?

Apotheker.

Ganz sanft, Frau Nachbarin. An ihm
Ist Hopfen, glaube ich, und Malz verloren!
Ich wollte so ein kräftig Freundes=Wort
Von wegen seines Sohnes mit ihm reden —
Ich darf das thun, Sie wissen ja — doch wie
Ich mitten in dem feurigsten Sermon,
Schließt er ganz sanft die Augen, sprechend: Nachbar,
Nach meinem Schläfchen bitt' ich um das Ende!
Und zieht die Mütze über das Gesicht.

Rector.

Mein werthgeschätzter Freund, Sie waren auch
Zu breit, zu gründlich, nicht gehörig kraftvoll.

Wir wirken in dem Punkte nichts bei ihm;
Da steht ein and'rer Redner, ein geschickter,
Den lassen ruhig wir mit ihm gewähren —
Thut's Noth, ihn unterstützen wollen wir.

      Frau.
Mein würdiger Herr Rector, wie viel Dank
Bin ich für Ihre Freundschaft Ihnen schuldig! —
In wenig Worten, denn es drängt die Zeit,
Mein Hermann — liebt.

      Rector.
    Ich hab' es wohl geahnet.

      Apotheker.
Der Hermann? Was der Tausend! Wen denn?

      Frau.
Das edle Mädchen, eine der Vertrieb'nen,
Die er am Wagen fand.

      Apotheker.
    Dacht' ich's mir nicht?

      Frau.
Die ganze Hoffnung setzt er jetzt auf mich.
Ich rede mit dem Vater. Bleiben Sie
In unsrer Nähe, helfen Sie vollenden —
Im Garten ist der Sohn.

      Feldern (von innen).
    He! Lieschen!

      Frau.
        Er ist wach.
Er kommt heraus, — ich bitte, lassen Sie
Mich jetzt allein mit ihm.

      Rector.
     Wir kommen wieder,
Wenn er schon schwankend der Entscheidung nahe.

      Apotheker.
Das gibt 'ne Hochzeit!

Rector zieht ihn fort. Beide in den Garten ab.

Felbern (wie oben).
Lieschen!
Frau.
Nun mit Gott!

Fünfte Scene.

Felbern tritt in die Thür; man sieht's ihm an,
daß er sehr guter Laune ist. — Frau.

Felbern.
Wo steckst Du denn, Du ungetreues Weib?
Bist mir davon gelaufen und fragst nicht
Nach deinem Alten?

Frau.
Hast geschlafen, Vater?

Felbern.
Ja, ausgeschlafen und bin recht vergnügt.
Wo ist der Hermann?

Frau.
Bei der großen Linde.

Felbern.
Der läßt sich heute gar nicht sehn vor mir.
Was hat der Junge denn?

Frau.
Ei, lieber Vater,
Du hast ihn so gekränkt.

Felbern (etwas heftig; noch aber behält die gute Laune die Oberhand).
Warum nicht gar!
Gekränkt? Der Vater seinen Sohn? Was war's?
Ja, jetzt besinn' ich mich, der Mädchen wegen —
Weil ich ein Töchterchen gern haben möchte —
Er will sie nicht, so soll er's bleiben lassen,
Was ist denn dabei noch für Kränkung, welche?

Frau.
Du nanntest ihn 'nen ungerathnen Sohn —
Ist er das, Vater?

Feldern.

Hab' ich das gesagt?
Ja, wann hab' ich's gesagt? Er reizte mich!
Er hat mich aufgebracht durch seine Reden.
Was sprach er doch? Nein, durch sein Schweigen,
Ja, durch sein Schweigen war's, das reizte mich!

Frau.

Nicht wahr, lieb Väterchen, er ist kein Ungerathner?

Feldern.

Ach Gott bewahre, und er weiß es auch
Daß ich ihn nimmer dafür halte. Haben
Wir doch nur einen Sohn; wär' dieser Eine
Ein Ungerathner, könnt' ich dann mein Haupt
Zum Mittagsschläfchen ruhig niederlegen?
Nein, in die Grube wohl! Gott sei gedankt,
Der Hermann ist kein ungerathner Sohn.
(Heftig) Doch seine großen Fehler hat er, ja,
Da muß man nur so blind sein, wie die Mutter,
Um die zu übersehn!

Frau.

Es wär' ein Unglück,
Wenn wir den Einzigen verlieren sollten!

Feldern.

Das wolle Gott nicht! Was sind das für Reden?
Ist nicht der Junge frisch, gesund und stark?

Frau.

Wenn — Hermann — unter die Soldaten — ginge?

Feldern.

Ah, willst Du da hinaus? Ei, ei, ein Schreckschuß!
Meint ihr dem Alten so was vorzuspiegeln?
Meint ihr ihn zahm zu machen mit der Drohung
Daß er sich füg' in alle Eure Launen?
Wenn er das will, so soll er gehn, ja, ja!
Gleich soll er gehn! Ah, jetzt versteh' ich schon!
Das ist ganz hübsch geartet gegen mich!
Der Hermann unter die Soldaten? Gut,

(Sehr heftig und schnell)
Das paßt für ihn, er hat ja so nicht Sinn
Für Ehe und für Vaterfreuden! Gut!
Wann geht er denn? Wann schon? Er braucht von mir
Den Abschied nicht zu nehmen; ist so viel
Als schon geschehen, sag Du ihm: ich lasse
Ihm herzlich gute Reise wünschen, hörst Du?

Frau.

Nein, Vater, es ist ja nur ein Gedanke —

Feldern.

Ja, sein Gedanke! O, ich kenne das!
Hab' ich ein wenig hart mit ihm geredet,
Kann er vergessen, daß ich Vater bin?
Kann auch ein Vater seinen Sohn beleid'gen?
Was ist ein Zorneswort? Ein leerer Schall!
Und da ich so ein Wort geredet, gleich
Will er davon; 'ne Rache üben will er
Aus Eigensinn und Trotz! So soll er gehen!

Frau.

Du hörst nicht aus —

Feldern.

Sprich, ist das recht? Sieh, wenn Du
Nun auch, wenn ich meiner Hitze Dir
Ein — dummes Wort gesagt, gelaufen wärest,
Gleich vierzehn Tage nach der Hochzeit hätt' ich
Schon keine Frau gehabt. Kannst Du mich doch
Ertragen, kann er's auch; er ist mein Kind!
Bin ich ihm auch im Reden ungerecht —
Er soll nur zu mir kommen, sprechend:
Da, Vater, ist mein Glück; 's liegt meilenweit,
Hol mir's — es ist wahrhaftig da mein Glück —
Dann wird die That ihm seinen Vater zeigen;
Nicht sitzen werd' ich, brummen oder schelten,
Ich werde laufen, und sein Glück ihm holen.

Frau.

Und wenn Du nun mit einem einz'gen Wort
Ihm seine Hoffnung weggenommen hättest?

Wenn er vor Dir stand, im Begriff zu sagen:
Da, Vater, ist mein Glück, da ist's wahrhaftig!
Und du wärst zornig aufgefahren, rufend:
Ich gebe nimmer was Dich glücklich macht!

Feldern.

Was sind das für verblümte Redensarten?
Was will er? Was hat er von mir zu bitten?
Wenn er 'was hat, warum sagt er mir's nicht?
Nur drohen muß mir nicht der Sohn! Käm' er
Auch zu begehren was mir nicht gefällt,
Was schnurstracks gegen meinen Willen liefe —
Es bringt der Vater seinem Kinde gern
Auch eine Lieblingsneigung wohl zum Opfer;
Ein gutes Wort find't eine gute Statt!
Doch denkt von mir er etwas zu ertrotzen
Mit Droh'n und aus dem Hause Laufen,
So thu' ich nicht das Kleinste wie er will,
Just nicht, und war's nach meinem Wunsche was er
Begehrt! Ich ließe ihn in seinem Sinn
Verharren; mag er thun, so wie er recht glaubt.
Kann er der Eltern sich so leicht entäußern,
Muß man den Sohn auch zu vergessen lernen.

Frau.

Er trotzt nicht, Vater! Niemals hat ein Kind
Wohl seine Eltern mehr geehrt, als Hermann.
Doch giebt es **eine** Leidenschaft, wenn die
Der jungen Leute Herzen in Besitz nimmt,
So sind sie taub für alle Warnungsstimmen,
Und nie **bedenkt** ein Jüngling — **welcher liebt**.

Feldern (sehr fröhlich überrascht).

Was sagst Du, Mutter? unser Hermann liebt?
So könnt' ich ja doch noch Großvater werden?
Was braucht er sich denn da vor mir zu scheuen?
Muß er sich schämen der, die er gewählt?
Das kann nicht sein, denn Hermann ist **mein** Sohn;
Auf nichts Verworfnes heftet er die Neigung!
Welch' Mädchen er gewählt in dieser Stadt,
Er bringe sie, sie soll mir Tochter sein.

                    Frau.
Aus dieser Stadt —
            Feldern (freundlich).
            Wer ist's? Sag' mir's, mein Lieschen!
                    Frau.
Aus dieser Stadt ist's keine, Vater!
            Feldern (gezogen).
                            Keine?
            Frau (nach einer kleinen Pause).
Es ist das edle Mädchen in dem Zuge
Der Ausgewanderten, die Hermann liebt.
            Feldern (mürrisch).
Wer?
                    Frau.
        Der er unf're Gaben, und mit ihnen
Sein Herz vertraut.
                    Feldern.
            Was fällt dem Jungen ein?
                    Frau.
'ne arme Waise, einsam und verlassen —

    Feldern (dessen sich nach und nach der Zorn bemeistert).
Was meint er und was meinest Du? Bin ich
Ein alter schwacher Mann, der nicht mehr weiß
Das Recht von Unrecht abzusondern? Ist
Mein Haus schon so verrufen, daß 'ne fremde
Landstreicherin als Tochter mir willkommen?
Was bildet Ihr Euch ein? Bin ich schwachsinnig?
Das hab' ich wohl gedacht, so würd' es kommen!
Und nicht genug, daß der Herr Sohn zum Narren
Sich selbst und mich und meine Ehre hält,
Gleich ist die Mutter da — die Hand zu bieten,
Heißt's nur, dem Hermann zu Gefallen sein!
Bin ich doch das gewohnt von seiner Jugend;
Was er begehrte, mußt' er haben; hätt' er

Ein glühend Eisen abverlangt, Du gabst es,
Bis er sich brannt' und schrie, dann weint'st Du mit,
Wenn es zu spät ist, — wie die Weiber alle!
O, wie ihr fein gesponnen Euer Netz
Den Alten d'rin zu fangen, o so fein!
Da schickt er Dich, weil er sich selbst nicht traut,
Dich schiebt er vor. So geh, Commissionärin,
Sag's dem, der Dich gesandt, Frau Unterhändlerin,
Daraus wird nichts! Hörst Du, daraus wird nichts!

    F r a u bricht schweigend in Thränen aus und wendet sich zum Garten.

Feldern.

Wo willst Du hin? Jetzt weinen, ja, ich weiß,
Ich weiß auswendig, wie es kommt. Jetzt seh' ich
Kein freundliches Gesicht um mich im Hause.
                             (Pause.)
        (Etwas herabgestimmt)
Das hat er blos von Dir, der Hermann;
Das stille Trotzen, Weinen und nicht Reden.
Ich mag das nicht, Du weißt's; antworte mir
                           (Pause.)
Na, sei verständig, Alte, und schluck mir
Die Thränen nieder, geh! — Ich will's nicht haben
Daß Du noch weinst! Wenn Du mich lieb hast, Mutter,
          (sehr sanft)
Komm her und sprich! Ich bin ja kein Tyrann;
Wenn ich mich auch ein wenig grimmig anstell' —
's ist schon vorbei, ich laß ja mit mir reden!

Frau.

Du weißt es nicht — wie tief Du oft verwundest!

Feldern.

Sieh', Mutter, wenn ich mich auch fügte
Ein armes Mädchen aufzunehmen, aber
Brav soll sie sein, nicht wahr? Jetzt wissen wir
Ja nicht, ob auch das Mädchen brav ist. Na
Hör' auf mit Deinem Schnupftuch! Gelt,
Du willst auch eine brave Schwiegertochter?
Der Hermann soll ein wackres Weib erhalten
So wie sein Vater eins erhalten hat,

(Schmeichelt ihr)
So sanft und treu. Wenn nun das Mädchen so wär', —
So wie mein Lieschen, — sei sie wer sie sei,
Wenn man das hörte mit Gewißheit —

Frau (mit der gespanntesten Erwartung).

Vater!

Feldern.

Es könnte ja der Nachbar Rector und
Der Apotheker mit dem Hermann fahren
Und sich bei der Gemeine streng erkund'gen.
Da, wie Du sagst, das Mädchen eine Waise,
So wird ein Obdach ihr willkommen sein, —
Ob sie mir mehr als Pflegling werden soll,
Hängt ab von dieser würd'gen Männer Botschaft.
Na, ist's so recht? Jetzt kann sie lachen, Böse —
Hat jetzt Dein Alter einen Kuß verdient?

Frau wirft sich ihm um den Hals; in demselben Augenblicke wirft sich Hermann, der verborgen Alles hörte, auf des Vaters Hand.

Sechste Scene.

Vorige. Hermann. Rector. Apotheker.

Hermann.

O, liebster Vater!

Feldern.

Ach, die Hauptarmee!
Schnell lauf' ich weg, sonst fangen sie mich ganz.
(Er läuft in's Haus.)

Ende des zweiten Aufzugs.

Dritter Aufzug.

Eine ländliche Gegend. Rechts ein Bauernhof mit einem Zaune, der an mehreren Stellen offen ist. In der Mitte ein steinerner, mit alten Linden beschatteter Brunnen, vor welchem sich eine Bank befindet. Den Hintergrund bilden mit Wein und Getreide bepflanzte Hügel, über die schräg, von der rechten Seite zur linken, ein Fußpfad nach dem jenseits liegenden Städtchen führt, dessen Thürme hervorragen. Links ein Hügel mit einem Steine.

Erste Scene.

Rector und Apotheker (treten von der Stadtseite ein).

Rector.
Der arme Hermann! Er muß lange warten.

Apotheker.
's ist auch ein schweres Ding, blos nach Beschreibung
Das Mädchen zu erforschen. Wissen wir
Doch keinen Namen, — gar nichts wissen wir!

Rector.
Ich hielt es für gerathen, zu erfragen,
Ob die Gemeine keinen Richter hat,
Der leitend ihr vorangeht auf dem Wege.
Es läßt sich schließen aus der guten Ordnung
Und Reinlichkeit in dem beengten Raume,
Daß nicht ein Jeder seinem Sinne folgt.
So gehen wir noch einmal durch das Dorf!

Apotheker.
So warten wir doch lieber vor dem Dorf;
Es wird schon Einer kommen den wir fragen!
Daß wir vergebens nicht in dem Gewühle

Uns stoßen lassen, und am Ende doch
Hierher zurücke müssen. Nein, ich danke!

Rector.

Gedenken Sie des ungeduld'gen Jünglings —

Apotheker.

Gedenken Sie auch meiner Corpulenz!
Wenn ich ein wenig mich geruht, dann eher.
Gehn Sie, mein werther Freund, ich warte hier.

Rector.

Wohlan! Doch, daß wir uns dann nicht verfehlen —
Hier an dem Brunnen treffen wir zusammen.
(Geht zur Linken hin ab.)

Apotheker.

Glück auf den Weg!

Zweite Scene.

Apotheker allein. (Setzt sich auf die Bank.)

Ah! — Das that wahrlich Noth!
Bin ich doch wie gerädert! Keinen Schritt
Thut man in dem Gedräng' auf grader Bahn;
Bald links, bald rechts; dort an die Wagendeichsel,
Der schleppt Gepäck, Der volle Wassereimer —
's ist wahrlich zu bewundern, daß wir noch
So mit gesunden Gliedern hier in salvo!
Bin gern erbötig, meinem Nebenmenschen
Gefällig mich zu zeigen; doch mein Ego,
Der Corpus, der muß nicht zu Grunde gehen!

(Man sieht, wie hinter dem Zaun weiße Wäsche an den Baum zum Trocknen
gehängt wird.)

Was leuchtet denn so weiß daher? 's ist Wäsche!
Wo Wäsche ist, sind Frauenhände. Ach!
Ein schöner Arm kam mir da zu Gesicht.
Nun, bis dahin will ich mich wohl bewegen.
Das wär' ein Spaß, wenn mir der schöne Arm
Gewissermaßen so den Weg gezeigt,
Wenn in dem Dorf der Rector läuft und drängt,
Und ich im Sitzen die Gesuchte finde!

(Er geht zu dem Zaun und sieht durch die Oeffnung).
J, alle Wetter! Hab' ich's nicht gedacht?
Das ist sie! Gar nicht zu verkennen! Alles
Trifft zu. Und der läuft in die Welt hinein!
(Er sieht.)
Der Blitz! Das ist ein Mädchen! Ja, was thu' ich?
— Ich geh' hinein. Das darf ich ja nicht, ohne
Den Hochgelahrten: — wär' er doch geblieben!
Da läuft er mit der Hochgelahrtheit h'rum
Die Kreuz und Quer, und 's liegt ihm vor der Nase!
Ist's doch, als hätt' ich Müdigkeit und Alles
Vergessen! Frisch! Es hilft nichts, finden muß ich
Den Rector. Welche Seite nahm er denn?
Das ist fatal, ich hab' nicht aufgemerkt!
Daher sind wir gekommen — also ist er
Wahrscheinlich auf die and're Seite hin.
(Geht nach der rechten Seite hin ab.)

Dritte Scene.

Der **Rector** mit dem **Richter**, von der linken Seite.

Rector.

Es zög're Niemand, in der Zeit zu geben,
Und Niemand sträube sich, gern anzunehmen.

Richter.

Ich dank' Euch! Und wenn auch der Himmel mich
Vor nackter Armuth gnädiglich bewahret —
Der Brüder hab' ich viele, die bedürftig.

Rector.

So theilt es ihnen mit. Ihr seid der Richter?

Richter.

Ich war Gemeinde-Richter, Herr, jetzt bin ich
Ein Wanderer wie Alle; doch mein Haar
Hat mir beim Zug 'nen ehrenvollen Posten
Verlieh'n: zu rathen und zu schlichten.

Rector.

Wahrlich,
Den Ihr erfüllet mit erfahr'ner Weisheit.

Wie ich Euch sah mit Freundlichkeit und Ruhe
In's tobende Geschrei der Streitenden
Eintreten — einen Patriarchen dacht ich
Aus der uralten Zeit zu sehen, der
Vertrieb'ne Brüder durch die Wüste leitet.

Richter.

In einer Zeit der Noth und der Verwirrung
Hört man wohl gern auf ein verständig Wort,
Das im Getriebe friedlicher Geschäfte
Vergebens ist, und unbeachtet bleibt!
In Friedenstagen hätt' ich nie geglaubt,
Daß die Gemeinde, der ich richtend vorstand,
So viele — Helden, kann ich sagen, zähle.
Ich sah in der gemeinsamen Bestürzung
Manch' schöne That der elterlichen Liebe,
Und Kinder das Unglaubliche vollbringen.
Der Jüngling ward zum Mann, der matte Greis
Verjüngte sich, und selbst das schwächere
Geschlecht, wie man es pflegt zu nennen, zeigte
Sich stark und tapfer, gegenwärt'gen Geistes.

Rector.

Man hat schon oft gefunden, daß das Weib
Im Augenblick der dringenden Gefahr
Voll Muthes wirkt und handelt, wie der Mann.

Richter.

Hier gleich ein Beispiel. Wenn es Euch nicht langweilt,
So lasset mich erzählen, wie hochherzig
Die edle Jungfrau, eine von den Unsern,
Gehandelt in der schreckensvollen Stunde.

Rector.

Ein Mädchen? Laßt doch hören!

Richter.

      Eine Waise
Ist die, von der Ihr hören sollt. Der Schrecken
Brach unabwendbar, unvorhergesehen

Zu unserm Dorf. Was Waffen tragen konnte,
Mit Muth und festem Sinn für das Gesetz
Zog aus; ach, Mancher kam nicht mehr zurück!
Die Weiber nur und Kranke blieben drinnen.
So auch die Jungfrau, die verlassen, einsam,
Die unerträglich angstbedrängte Lage
Durch Mittheilung sich gern erleichtern mochte.
Drum ging sie in ein nachbarlich Gehöft,
Wo eine Wöchnerin mit ihren Schwestern
Des Ausgangs harrten voller Todesfurcht.
Die Mädchen, halb noch Kinder, mehrten nur
Durch ihr Geschrei der Kranken Schmerz und Jammer.
Da tönet wild Gelärme in den Straßen,
Versprengte Horden dringen plündernd ein —
Man drängt, man treibt, von dem Gehöft zu fliehen,
's ist keine Rettung mehr; in das Gebirge
Ist noch der einz'ge Ausweg! Doch das Mädchen
Verschmäht in hohem Selbstgefühl die Flucht;
Sie bleibt: „Gott wird barmherzig sein!" ruft sie,
„Ich kann die Kranke nicht verderben lassen!"
Da stürzen mit der ausgelaßnen Freude
Der Rohheit drei der Buben ins Gemach.
Verzweiflung gibt ihr Kraft, sie reißt den Säbel
Dem ersten aus der Hand — und blutend liegt er
Am Boden, während seine Spießgesellen
Erschreckt das Weite suchen. Nun verließ sie
Die Leidende nicht mehr, die sie gerettet,
Mit Schwester-Aengsten für die Fremde sorgend;
Bricht sich vom Mund die schwer erworb'nen Bissen,
Den frischen Trunk, wenn er die Kranke kühlt —
Bis sie dem Schooß der trauernden Familie
Die Mutter mit dem Säugling wiederbringt.
Muß dieser That nicht Himmelssegen folgen?

     Rector (ahnend).

Schön! Herrlich! Und die Jungfrau, die ihr meinet,
Zog mit der Wöchnerin hierher?

     Richter.

    So ist es.
Unfern von hier, in jenem Hause wohnt sie,

Wenn Ihr sie seht: sie unterscheidet sich
Sehr leicht von allen Uebrigen; die Anmuth
In ihrem Thun, die freundliche Ergebung
Die sich in ihrer Rede offenbart! —
Zu höherm Anspruch wohl geboren, trägt sie
Das Unglück leicht mit Hoffnung und Geduld.

Rector.

In jenem Hause? Laßt uns einmal sehen.
(Er geht zum Zaun und späht.)
Da sitzt ein Mädchen — Himmel, ja das ist sie!

Rector.

Das ist die Jungfrau, die die That verübt.
(Ein Bauer kommt und ruft den Richter leise ab.)
Ihr wollet mir vergeben, lieber Herr,
Die Pflicht ruft mich hinweg. Ich dank' Euch
Noch einmal herzlich für die reiche Gabe
In meiner Brüder Namen. Lebet wohl!

Rector.

Gott sei mit Euch, verehrungswerther Mann,
Und segne Euer Wort.

Richter.

Vergnügte Heimkehr!
(Sie geben einander die Hände; der Richter geht ab.)

Rector.

Wie unerwartet, plötzlich sie gefunden!
Vollgilt'ges Zeugniß, Alles, wie wir wünschen!

Vierte Scene.

Rector. Apotheker.

Apotheker.

Wo stecken Sie denn, um des Himmels willen,
Ich lauf' und such' und such' —

Rector (ihm entgegen).

Wir sind am Ziel.

Apotheker.
Wie so?

Rector.
Ich habe Zeugniß, Alles, Alles!

Apotheker.
Da haben Sie 'was Recht's! Ich hab' sie selbst.

Rector.
Nun, das versteht sich, hinter jenem Zaune!

Apotheker.
Da lauf' ich, dränge mich und ruf' und suche,
Um's ihm zu sagen, und jetzt sagt er's mir!

Rector (geht zu der Oeffnung).
Sie ist's, es bleibt kein Zweifel! Was sie aufnimmt,
Das Kinderröckchen von dem bläulichen Kattun,
Aus Felderns Kleiderschranke ist es.

Apotheker (durch eine andere Spalte sehend).
Freilich!

Rector.
Ein schönes Mädchen!

Apotheker.
's ist kein Wunder, daß sie
Den Jüngling so gefesselt; hält sie doch
Die Probe auch vor dem erfahr'nen Mann.

Rector.
Jetzt fort zu Hermann!

Apotheker.
Saperlot, wenn's nicht
Der Junge wär', ich freite für mich selbst!

Sie wollen fort, ihnen begegnet Hermann.

Fünfte Scene.

Hermann. Vorige.

Hermann.

Wie ist es, liebe Freunde? Ich vermag
Nicht länger meine Sehnsucht zu bezwingen.

Rector.

Heil Dir, o Jüngling, Du hast gut gewählt!
Dein treues Herz hat sicher Dich geleitet.
Heil Dir, und Heil dem Weibe Deiner Jugend!
Geh' hin und werbe um die Treffliche,
Die wohl verdient, daß Du als Braut sie heimführst.

Hermann.

O Gott, das war in meinem tiefsten Herzen
So klar, so sicher eingezeichnet, — aber —
Nicht Trost und Hoffnung geben mir die Worte.
Wie ich im freien Sinn auch hergefahren,
Rasch, muthig, — ach, nach Hause lenke ich
Vielleicht beschämt die Rosse! Glaubet Ihr,
Es sei ein solches Mädchen, schön und sittig,
So aufgewachsen, und sie habe nie
Gefesselt eines guten Jünglings Auge?
Ist denn ihr Herz noch frei? Ach, während Ihr
Mich dort allein ließt bei dem Wagen, haben
Mich Zweifel, Angst und Argwohn angefallen,
Und Alles, was ein liebend Herz nur quält!

Rector.

Drum endige die Ungewißheit, Hermann;
So nah dem Ziel verliere nicht den Muth,
Gieb schnell Dir und besonnen die Entscheidung.

Hermann.

O träten wir jetzt vor sie hin und sie
Zerstörte mich mit einem Nein auf immer,
Daß ich, ein Elender, zurücke kehrte:
Bei Gott, erdrücken müßte mich die Scham,
Der Spott des Vaters — nein, ich ließ' am Abhang
Wohl beiden Rossen volle Freiheit, daß wir
Zerschmettert stürzten in das Felsenthal!

Apotheker.

Da soll uns Gott bewahren! Na, da sitz' ich
Gewiß nicht ein, wenn Ihr 'nen Korb empfangen!

Rector.

Wie willst Du, Hermann? Geh'n wir alle Drei?

Apotheker.

Ei, um so größer ist ja die Beschämung!
Da lob' ich mir die alte Sitte! Niemals
Ging sonst der Mann selbst zu dem Mädchen hin;
Man wählte den verständ'gen Freund als Mittler.
Wenn's Euch genehm ist, Hermann, ich will werben
In aller Form und treulich Euch berichten.

Hermann.

Nein, liebe Freunde! Hört, wie ich beschlossen.
Geh's, wie es geh', so will ich doch noch einmal
Dem sinn'gen Blick des schönen Aug's begegnen;
Will ihn noch einmal sehn, den holden Mund,
Von dem ein Ja auf ewig mich beglückte;
Noch einmal weiden mich an der Gestalt,
Die zu umschließen ich so heiß begehre!
Nehmt Ihr in Gottes Namen denn den Wagen
Und fahret heim zu meinen guten Eltern,
Bereitet den Empfang durch Euer Zeugniß;
Ich geh' den Fußsteig über jenen Hügel
Durch unsern Garten — ach, vielleicht mit ihr —
Voll Hoffnung und voll freud'ger Lebenslust!
Doch muß ich einsam und zerstört ihn wandeln,
So wein' ich meinen Schmerz im Garten aus,
Daß ich gefaßt vor meine Eltern trete.

Rector.

So sei es!

Apotheker.

Aber —

Rector.

Dort in jenem Hause
Wirst Du Dein Mädchen finden, Hermann.

Hermann.

So nahe mir?
(Geht zu dem Zaune hin und blickt durch eine Spalte.)

Apotheker.

Mein hochgelahrter Freund,
Versteh'n Sie auch den Zügel zu regieren?
Die beiden Pferde sind sehr muthig, und
Wenn sie den Herrn nicht hören hinter sich —

Hermann (sehr überrascht).

Sie naht! Mit Wasserkrügen — also wird sie
Zum Brunnen gehn, jetzt laßt mich meinem Schicksal!

Rector.

Gott sei mit Dir!

Apotheker.

Nur hübsch mit Ruh' und Fassung!

Rector.

Geh'n wir!

Apotheker.

Gern trau' ich Ihnen, würd'ger Herr,
Den Geist an, aber meinen Leib zu Wagen —

Rector.

Bin wohl erfahren.

Apotheker.

Nun, in Gottes Namen!
Doch bei dem Felsenabhang steig' ich aus.
(Sie gehen ab.)

Sechste Scene.

Hermann. Dorothea öffnet die Zaunthüre und kommt, zwei Wasserkrüge tragend. Sie geht zum Brunnen, setzt die Krüge auf die Erde und schaut sinnend zur Stadt, die von der Abendsonne beleuchtet daliegt.

Hermann ist zurückgetreten; während dieses stummen Augenblicks nahet auch er und neigt sich über den Rand.

Dorothea wendet sich, greift nach dem Kruge, ihr Blick fällt in das Wasser, wo sie Hermanns Bild erblickt. Sie kehrt sich mit einem leichten Schreck zu ihm.

Ei, Herr, kommt Ihr noch einmal zu uns her?

Hermann.

Bist Du erschrocken?

Dorothea.

Ach, recht freudig, Herr!
Seid ihr doch wie ein Engel in der Noth
Am Wagen mir erschienen. Eben dacht' ich
Des Guten, der so Vieles uns gereicht hat.

Hermann.

Ich finde Dich, Du wack'res Mädchen, wieder
Beschäftiget; wirst Du denn nimmer müde?

Dorothea.

Zum Ausruh'n ist die Nacht, und herrlich schläft sich's,
Wenn man die jungen Kräfte Tags nicht schont.
Wollt Ihr mir folgen und den Dank empfangen?
Bedachtsam hab' ich Alles ausgetheilt.
O gehet mit, daß Ihr Euch überzeugt;
Es ist nicht blos der Gabe Anblick, nein,
Auch der des Gebers ist so tröstend. Wollt Ihr?

Hermann.

Du warst die Gebende, und lieber mag man
Aus Deiner Hand empfangen, als aus meiner.
Nein, weile hier ein wenig, wenn Du's gern thust,
Und gönne mir die freundliche Gesellschaft.

Dorothea.

Ich mag wohl gerne mit Euch plaudern, Herr,
Es schwatzt sich traulich an dem muntern Quell;
Doch tadelt man die Magd, die allzu lange
Am Brunnen weilet, als ein lässig Mädchen.

Hermann.

Wie heißest Du?

Dorothea.

Man nennt mich Dorothea.

Hermann.

Hast Du Verwandte bei dem Zuge?

Dorothea.
                    Niemand.
Es ist wohl schmerzlich, daß ich sagen muß
Ich habe Niemand auf der ganzen Erde!

            Hermann.
Und mußt, ein Mädchen, wandernd weiter ziehen?

            Dorothea.
Ach, lieber Herr, mir bleibt ja keine Wahl.

            Hermann.
Ich will Dir nicht verbergen, Dorothea,
Um Deinetwillen bin ich hergekommen.
Die Zeit, die Du mir schenkest, — geb' es Gott,
Daß Du sie nicht verloren achtest. Willst Du,
So geb' ich frei und offen die Erklärung.

            Dorothea.
Muß es doch gut sein, da Ihr's überbringet!

            Hermann.
Auch kann ich Dir gestehn, mir schlug das Herz
Eh' ich Dich sah, es fehlten mir die Worte —
Doch da ich Dir nun gegenüber stehe,
Gibt mir Dein Wesen ruh'ge Heiterkeit,
Daß ich vermag, verständig zu eröffnen —
Wie's wohl dem Manne ziemt, — was mich hieher führt.

            Dorothea.
Was ist es, Herr? Ich höre aufmerksam.

            Hermann.
Ich lebe glücklich in der Eltern Hause,
Der einz'ge Sohn von biedern Bürgersleuten,
Mit ird'schen Gütern reich beschenkt. Die Mutter,
Geschäftig waltend, steht der Wirthschaft vor.
Sie ist allein, denn eine gute Schwester
Verlor ich allzu früh. Nun weißt Du wohl,
Des Hauses Sorgen sind für eine Frau
Zu vielfach, und auf das Gesinde ist

Sich wenig zu verlassen; daher fehlt uns
Ein Mädchen, das nicht mit den Händen bloß,
Das auch mit ihrem Herzen beitritt, und
Die Mutter unterstützt im treuen Schaffen.

                    Dorothea.
Ach, ich begreife —

                    Hermann.
                        Als ich nun Dich sah,
Die herrlich kräftige Gestalt, als ich
Die unbefangene, sinnvolle Rede
Vernahm, und so Dein gutes Herz erkannte,
Hab' ich den Eltern Dich gerühmet nach
Verdienst, und also senden sie mich ab,
Wenn Du, daß ich — vergib — mir stockt die Rede —

                    Dorothea.
Ich hab' Euch wohl verstanden, lieber Herr,
Scheut Euch nicht, auszusprechen, was ihr denket.
Von thör'gem Hochmuth bin ich weit entfernt,
Auch täuscht mich keiner eitlen Hoffnung Trugbild,
Wie von den Ausgewanderten so viele.
Ihr seid gekommen, für die guten Eltern
Ein tüchtig Mädchen hier als Magd zu dingen
Und wendet Euch vertrauensvoll an mich.
So laßt denn meine Antwort ebenso
Wie Euer Anerbieten, grade sein und wahr.
Ich habe heut' mit stiller Wehmuth hin
Auf Eu're Stadt geblickt — ach, dacht' ich mir,
Da wohnen Viele friedlich in den Häusern!
Ist keins darunter, das die heimathlose —
Die arme Waise aufnähm' zu den Seinen?
Die letzte wollt' ich gerne dienend sein,
Nur Obdach und ein stilles Plätzchen gönnt mir,
Und gute Menschen, die mir sanft befehlen!
Das war mein inn'ger Wunsch vor wenig Stunden,
Und siehe da, schon folget die Erfüllung.
Daraus laßt mich erkennen, daß nicht bloß
Die guten Eltern Euch gesendet; Er,
Der droben sieht auf alle seine Kinder,

Und denn die Waisen liebe Kinder sind
Wenn sie nur fromm auf seinen Wegen gehen —
Er sandte Euch — und also folg' ich gerne!

            Hermann.

Bei diesem Glauben bleibe, Dorothea:
Auch wenn Du hörest, daß —

            Dorothea.

            Sagt mir ohn' Rückhalt,
Ist's Euer Auftrag, in der Eltern Haus
Mich einzuführen?

            Hermann.

            Wenn Dich nicht ein Band
An Jemand fesselt.

            Dorothea.

            Mich? ach Gott, an Niemand

            Hermann.

Du bist ganz frei?

            Dorothea.

            Verlassen bin ich ganz!
Seht mich nicht so bedenklich an; es schreckt
Mich nicht, die Dienende zu sein. Ist doch
Jedwedes Weib zum Dienen schon geboren,
Ein ewig Geh'n und Kommen ist ihr Leben,
Für Andre stets ein Schaffen und Bereiten.
Dient doch die Schwester frühe schon dem Bruder,
Den Eltern und der jüngern Schwester selbst,
Daß sie sich zeitig übe in Geduld,
In Sorg' und Mühe für die spätern Tage;
Heil ihr, wenn sie von Jugend auf gewöhnt,
Daß ihr kein Weg zu weit ist, daß die Stunde
Der Nacht ihr sei, so wie des Tages Stunde:
Denn nur im Andern leben soll das Weib!
Glaubt mir, die Weichlichkeit ist nicht mein Fehler!

            Hermann.

O Du vortrefflich Mädchen!

Dorothea.

Aber Eines
Will ich von Euch erbitten, lieber Herr!
Daß ich mich leichter füge in den Willen
Des guten Vaters und der thät'gen Mutter:
Sagt mir zuvörderst, wie ich mich benehme
Um ihre Gunst, die theu're, zu erlangen.

Hermann.

Durch stilles Wirken wirst du werth der Mutter,
Der Vater aber hangt auch an dem Schein;
Ihm ist es nicht genug, daß man ihn liebe —
In Kleinigkeiten zeigen soll man's ihm.
Und wenn er heftig das Erbet'ne weigert,
Im nächsten Augenblicke gibt er doppelt,
Wenn man nur schmeichelnd sich ihm nähern kann.

Dorothea.

Und Ihr?

Hermann.

Und ich? Da folge Deinem Herzen —
Vertrau' ihm ganz — es wird Dich sicher führen!

Dorothea.

Wohlan! Mit Gott!

Hermann.

So willst Du mit mir gehen?

Dorothea.

Laßt mich die Krüge füllen und noch einmal
In's Haus, mit wenig Worten Abschied nehmen!
In der Minute bin ich wieder da.

(Sie nimmt den Krug und schöpft.)

Hermann.

Soll ich Dir helfen?

Dorothea.

Ihr seid allzu gütig!
Der Herr der mir befiehlt, soll mir nicht dienen.

Hermann hat den andern Krug gefüllt und setzt ihn auf den Boden.

Dorothea.

Ich dank' Euch! (Sie geht.)

Hermann (von Empfindung hingerissen).

Dorothea!

Dorothea.

Wartet nur
Den einz'gen Augenblick, dann bin ich Euer.
(Geht in die Zaunthür ab.)

Siebente Scene.

Hermann (allein).

Dann bist Du mein? O hätteft Du das Wort
Verstanden, wie mein sehnend Herz begehrt —
Dann wärst Du mein, ja mein! O, welch ein Mädchen!
Wie sanft und fromm, wie anspruchslos und schlicht!
Mit scheuer Ehrfurcht stand ich vor ihr da,
Von Liebe wagt' ich nicht ein Wort zu sprechen,
Und doch war jeder Herzschlag Liebe nur!
Sie wähnt als Magd in unser Haus zu treten!
Mag sie in diesem Wahn verharren. Ach, vielleicht
Mit ihm entflieht die süße Hoffnung auch!
Zu groß ist schon das Glück, Dich hinzuleiten,
Wo Deine Nähe segenbringend sein wird!
O Dorothea, meines Lebens Glück
Hast Du entschieden, jetzt vollend' es bald,
Daß ich Dich führe dann, ein glücklich Weib,
Zu diesem Brunnen, wo Dein liebes Bild
Mich angelächelt aus dem Wasserspiegel —
Der Platz, er soll geweiht mir, heilig sein!
(Er setzt sich auf die Bank und schaut in die Tiefe.)

Achte Scene.

Hermann. Dorothea.

Dorothea (kommt, mit einem kleinen Bündelchen unter dem Arme, und
tritt hinter ihn an den Rand des Brunnens).

Nun, lieber Herr —

Hermann in Betrachtung verloren, hört sie nicht.

Dorothea (sieht über den Rand in das Wasser).

Seht, jetzt erschein' ich Euch
Im Spiegel b'runten — wie Ihr vorhin mir —

Hermann (breitet schwärmerisch seine Arme gegen das Wasserbild; dann faßt er sich und steht auf).

Bist Du bereitet, liebe Dorothea?

Dorothea.

Ich bringe wenig nur mit in das Haus:
Das Bündelchen, mich selbst, und guten Willen.

Hermann.

Dir glänzt 'ne Thrän' im Auge —

Dorothea.

Lebewohl
Sagt' ich den Guten und — ich will gestehen,
Es schmerzte mich, daß aus der großen Zahl
Der Himmel mich allein zu glücklicher Bestimmung
Gewählt — o scheltet mich nicht unverständig,
Ich les' in Euerm Auge stillen Vorwurf!
Das Unglück knüpft an unf're Brüder fest;
Die fremd uns waren in der Zeit des Friedens,
Sind uns durch Leiden werth und nah verwandt:
D'rum zürnt mir nicht ob dieser Abschiedsthräne.
In Eu'res Hauses heiterm Kreise wird
Mein Auge desto heit'rer sein und fröhlich —
Gefällig Wesen ziert die Magd vor Allem.
Doch ist es Euch genehm, so gehen wir;
Die Sonne ist bedeckt mit schwarzen Wolken,
Daß vor dem Regen wir die Stadt erreichen.

Hermann.

Wir steigen jenen Felsensteg hinauf.
Etwas beschwerlich ist er, aber nahe —
Er führt zu unserm Garten; willst Du folgen?

Dorothea.

Ja, lieber Herr —

(Sie steigen auf den Hügel, der nach dem Vordergrunde zu einen überhängenden und bedeutend erhöhten Stein hat — es donnert.)

Es donnert, hört Ihr, ach!

Das deutet auf Verdruß. Gott wolle uns
Beim Eintritt davor wahren.

Hermann.

Glaubest Du
An Vorbedeutung?

Dorothea.

Ei, ja wohl.

Hermann.

Siehst Du
Das Haus dort an dem Fuß des Hügels?

Dorothea.

Nur Dächer seh' ich hinter Grün versteckt.

Hermann.

Betritt den Stein, reich mir die Hand — nur dreist!

Dorothea steht auf dem vorhangenden Steine, von Hermann gehalten.

Hermann (niedriger stehend).
Siehst Du es jetzt?

Dorothea.

Von welchem sprecht Ihr, Herr?

Hermann.

Ein großer Garten liegt davor; durch Pappeln
Sieht uns sein weiß Gemäuer freundlich an —
Am Flügel rechts rankt sich die Rebe keck
Bis zu den obern Fenstern, eins davon
Ist weit geöffnet —

Dorothea.

Wo? — Ja dort, ich seh' es!

Hermann.

Das ist das unf're — jene Zimmer oben
Bewohne ich — jetzt werde ich sie Dir
Wohl überlassen müssen —

Dorothea.

Ach, für mich
Braucht es gar wenig Raum.

Hermann.

Wir werden uns
Behelfen! Wenn Du glaubst an Vorbedeutung,
Wie deutest Du's, daß grade unser Haus
Vom letzten Sonnenstrahl vergoldet wird?
Siehst Du, wie es hell schimmert unter allen?

Dorothea.

Das ist ein gutes Zeichen, Herr, Ihr werdet
Am Morgen einen frohen Tag begrüßen.

Hermann.

Das gebe Gott! — Die Felder aber, die
Dort unten liegen in der Saaten Schmuck,
Gehören uns — sieh, wie der laue Wind
In grünen Wellen sie bewegt, sie grüßen
Und rufen Dir Willkommen zu —

Dorothea.

O Himmel!
Wie heimisch und wie freundlich ist es dort!

Hermann.

Die Berge mit dem frischen Grün bekleidet,
Wo Rebe sich an Rebe drängt, sind unser —
Und weiter noch — bis zu den Auen — wo
Ein Silberband, der Fluß, sich schlängelt — da
Ist erst die Grenze. — Komm nun, Dorothea;
Die Sonne sinkt.

(Es donnert schwach; die Sonne beleuchtet mit rothem Abendscheine die Gestalt
Dorothea's.)

Dorothea (mit verklärtem Gesicht nach der Gegend starrend).

Ich kann von diesem Anblick
Nicht lassen. Ach, wie schön — wie reich — wie froh!
Das Alles dort — Du großer Gott — ist Euer?

Hermann (mit Bedeutung).

Ist unser, Dorothea. Laß uns hingehn!

Dorothea.

Wie seid Ihr glücklich, Herr!

(Sie will von dem Steine heruntertreten; ihr Auge läßt von dem Anblicke nicht los; sie gleitet und fällt mit einem leichten „Ach!" an Hermanns Brust.)

Hermann.

Ich bin es jetzt —
Daß ich es bleibe — Dorothea — ewig —
Das — (er ist im Begriff zu sagen: „sei Dein Werk"; ihn verläßt der Muth und er spricht mit einem seelenvollen Blicke nach oben:)
füge der, der unsr'e Herzen lenkt!

Ende des dritten Aufzugs.

Vierter Aufzug.

Zimmer in Feldern§ Hause. Ein Großvaterstuhl und ein Tisch. Rechts ein Fenster mit Gardinen. Alles bürgerlich, aber sehr tüchtig. Es dunkelt. Später donnert es von Zeit zu Zeit, endlich verhallt das Gewitter.

Erste Scene.
(Ferner Donner.)

Frau Feldern und der Apotheker.

Frau.

So wacker ist sie? O das gute Kind!
Muß da von Haus und Hof in fremdes Land
So jung noch, ohne schützende Verwandte
Und allen Leiden wehrlos hingegeben —
Und solch ein Herz! Es mußte so sich fügen.
Der liebe Gott hat es recht wohl bedacht;
Die Tochter fehlte mir, und ihr die Mutter.
Durch scheinbar Unglück hilft er Beiden ab.

Apotheker.

Und schön ist sie, Frau Nachbarin! Wie ihr
Das Mieder anliegt mit dem rothen Latze,
Das blaue Röckchen um den schlanken Fuß,
So nett und fest, ich kann es nicht beschreiben.

Frau.

Ach Gott, das wird ein froher Abend! Hab' ich
Den Alten doch so lustig nie gesehen;
Und ich — ich werde förmlich jung vor Freude!
Ich seh' das Alles, wie es kommen wird:
Das schöne Paar — wie Sonntags dann der Hermann
Die junge Frau zur Kirche führt — ich folge
Mit meinem Alten hinterdrein — wie da

Die Leute stehen bleiben — Alles schauet —
Ach, mit dem Mieder darf sie mir nicht gehn
Und mit dem blauen Röckchen — nein, das paßt nicht —
Ich werde schon für ihren Anzug sorgen
Wie ihn der Vater liebt, so tüchtig, stattlich.
Da dürfen Perlen nicht und Spitzen fehlen,
All' mein Geschmeide geb' ich gern ihr hin!

Apotheker.

Das Mädchen macht ein Glück — doch sie verdient's.
Ein tugendhaft Gemüth und ihre Schönheit!
Das ist ein groß Geschenk, wenn so der Himmel
Die rechte Miene und Gestalt gegeben.
Die Tugend — ei, — gefällt uns jederzeit,
Die schöne Tugend, die hat leichtes Spiel.
Ja, was das präsentable Wesen anlangt,
Ist's schon vorbei mit mir; doch tröst' ich mich!
War auch zu meiner Zeit einmal nicht übel;
Da hab' ich's denn verpaßt, — jetzt ist's zu spät.
Dem Gott Cupido hab' ich zu viel Umfang;
Die Freundschaft aber stößt mich nicht hinaus —
Nicht so, Frau Nachbarin?

Frau.

    Wir alle sind
Dem Nachbar Apotheker herzlich gut,
Und so ein würd'ger Herr, wie er, find't immer,
Wenn er nur will, auch jetzt noch eine Hausfrau!

Apotheker.

Ah, alle Hoffnung geb' ich nicht verloren!
Und — unter uns — wenn ich auch manches Mal
Den Junggesellenstand ad astra hebe
Und gegen Eh' und Liebe deklamire —
Das sind dem Herren Fuchs nur sau're Trauben,
Weil sie etwas zu hoch ihm hingestellt —
Versteh'n Sie mich, Frau Nachbarin?

Frau.

     Wir kommen
Noch All' auf Ihre Hochzeit.

Apotheker.
Will es nicht
Verschwören!
Frau.
Jetzt vergeben Sie mir wohl,
Wenn ich den Augenblick allein Sie lasse.
Ach, das Gesinde ist so unverläßlich —
Wenn nicht die Frau bei Allem ist, so geht's nicht!
Und Dorothea soll die Zimmer drüben
Ganz eingerichtet finden — wie ein Schächtelchen.
Es muß ihr sein, dem Mädchen, wenn sie eintritt,
Als habe sie schon Jahre da gewohnt.
O, das versteh' ich schon! Das kleine blaue,
Vom Weingeländer dicht umrankt — es ist
Das freundlichste im ganzen Hause! Ja
Der Hermann muß hinab, kann ihm nicht helfen
Die Tochter muß am allerbesten schlafen,
Denn was sie träumt im neuen Hause, das
Wird wahr; damit sie nun recht freundlich träume,
Soll Alles lieb und freundlich um sie sein!
— Da steh' ich aber, schwatz' und schwatze, was
Noch hier geschehen soll, und thue nichts —
Komm' gleich zurück!
(Geht in's Seitenzimmer ab.)
Apotheker.
Nach der Bequemlichkeit!

Zweite Scene.

Apotheker allein. (Geht zum Fenster und spricht hinunter.)
Nun, werthe Herren? Ist noch nichts zu sehn?
(Pause.)
Ist auch nicht möglich! — Ach, der brummt schon wieder.
(Laut hinab.)
Es dunkelt schon; sie können ja nicht eilen;
Der Steg ist schmal, vorsichtig muß er gehen.
(Pause.)
Was sagt er? — daß wir nicht gewartet? Ei,
(für sich)
Ist das 'ne Ungeduld! Ich muß mich rühmen;
Das Warten habe ich sehr gut gelernt,

Und dank' es meinem seligen Herrn Vater.
(Hinab.)
Freund Feldern! — 's ist 'ne Noth! Jetzt lacht er wieder!
Da weiß man niemals, wie man recht daran,
Macht man ihm Spaß, so brummt er und ist ernsthaft,
Und wenn man ernsthaft spricht, gleich macht er Spaß.
(Es blitzt und donnert.)

Dritte Scene.
Apotheker. Frau Feldern.

Frau.
Das Wetter kommt herauf; wenn nur den Sohn
Und die willkomm'ne liebe Tochter nicht
Der Regen überrascht! (Es blitzt.)
Gott sei uns gnädig!

Apotheker.
Er hat ein Viertelstündchen nur zu gehen.

Frau.
Den schmalen Fußsteig über'n Berg, da ist's
So leicht zu gleiten!

Apotheker.
Er ist schon hinüber
Noch eh's zum Regnen kommt. (Geht zum Fenster.)
O, welch ein Abend!
Wie der Gewitterwind erquicklich ist!

Frau.
Wenn er den Steg verfehlt! Ach hätten Sie
Und der Herr Rector doch gewartet; seh'n Sie
Wie schwarz sich Alles — (es blitzt, sie wendet sich ab).
Ach, Du großer Gott!

Apotheker.
Das war ein schönes Leuchten! Ja, das seh' ich
Vor meinem Leben gern — wenn sich der Blitz
So schlängelt —

Frau.
Nicht vorwitzig soll man schauen
In seinen Strahl; schon Mancher ist erblindet. (Schließt die Fenster.)

Vierte Scene.

Vorige. Feldern. Der Rector.

Feldern (im Eintreten).

Und wer erzählte Ihnen von dem Mädchen?

Rector.

Ein Greis, der Richter, unsern Zweck nicht ahnend.

Feldern.

Nun denn, so bringe sie der Sohn zu uns —
Die Waise finde Vater hier und Mutter!
Was giebt's denn da? He, Mütterchen, mit dem
Herrn Nachbar so allein? Wart, Alte, wart!
Anstatt uns Licht zu bringen, daß wir doch
Den jungen Leuten gleich in's Antlitz sehen,
Wird hier charmirt. Du! Du!

Frau.

Ach, lieber Vater!
Ich bin so angst, das Wetter — und der Hermann —

Feldern.

Geh weg mit der unnützen Furchtsamkeit!
Es thäte Noth, sie führte ihren Hermann
Am Gängelbande überall.

Rector.

Wir haben
Von dem Gewitter nichts zu fürchten, dort
Im Kessel der Gebirge wettert's ab.

Frau.

Gott sei gedankt!

Feldern.

So hol' nur Licht einmal!

Frau geht ins Nebenzimmer. Es donnert sehr schwach.

Feldern.

Jetzt alle Fenster offen, daß die Luft
Des Tages Schwüle austreibt! (Geht zum Fenster und öffnet.)
Nachbar Rector!
Dort an der Gartenthüre — sehn Sie nichts?

Rector.
Ein blaues Kleid scheint —

Apotheker.
    Ich kann nichts erkennen.
(Es leuchtet; sie spähen bei dem Strahl des Blitzes.)

Alle Drei.
Sie sind's!

Feldern.
Schon an der Thür! He, Lieschen! Licht!

Fünfte Scene.

Vorige. Hermann. Dorothea, später Frau.

Hermann.
Hier, liebe Eltern, bring ich Euch das Mädchen.
Empfangt sie liebreich, sie verdient es wohl.

Feldern.
Sei uns willkommen!

Frau
(kommt aus dem Nebenzimmer mit zwei Lichtern, welche sie auf den Tisch stellt).
Sind sie da? Gottlob!

Hermann (schnell und leise).
Ach, liebe Mutter, noch ist nichts entschieden!

Feldern (zu Dorothea, die schüchtern an der Thüre bleibt).
Sei nicht so schüchtern, Kind, Du bist zu Hause.
(Er geht und führt sie vor.)

Hermann (zur Mutter).
Noch weiß sie nichts, sie wähnet nur als Magd —

Feldern.
Der Tausend noch! der Hermann hat Geschmack!
Verdenk' ihm's nicht, daß er's betrieb mit Feuer —
Daß er Die ausgesucht, b'ran kenn' ich ihn!

  Dorothea tritt heftig erschrocken einen Schritt zurück.

Hermann (sehr ängstlich zur Mutter)
Ich zittre, liebe Mutter! Ach so schnell —

Feldern.
Das freut mich! Wie sein Vater einst gewesen,
Der sich die Schönste stets zum Tanz gewählt
Und endlich heimgeführt —

Hermann (wie oben).
Herr Rector, bitte —
(Er spricht leise und eifrig mit diesem.)

Dorothea (vermag nicht länger ihr Gefühl zu verbergen, sie zittert, es treten ihr die Thränen in die Augen und sie spricht stockend)
Wie soll ich das versteh'n? Du großer Gott!
Auf den Empfang —

Frau.
Erschrick' nicht, liebe Tochter!

Dorothea.
Auf den — Empfang war ich nicht vorbereitet.

Feldern.
Was soll das heißen? Thränen?

Hermann (sehr ängstlich).
Lieber Vater!

Feldern.
Bringst Du uns Klage, statt der Freud', ins Haus?

Dorothea.
Das hab' ich nicht erwartet — daß mir Spott,
So herber Spott beim Eintritt werden würde.

Feldern.
Ich will nicht hoffen —

Dorothea.
Wahrlich, wie der Sohn
Den Vater trefflich mir geschildert, hab' ich
Ihm Mitleid für den Armen zugetraut —

Ich komme, eine Waise, her zu Euch,
Und wollte dienen, eine treue Magd —
Ist's edel, daß Ihr mit dem ganzen Stolz
Des Reichthums eine Bittende verspottet,
Die gar nichts hat, als Thränen und den Schmerz,
Und sie gekränkt aus Eurem Hause treibt?

Feldern (der sich von seinem Erstaunen gar nicht erholen kann).

Hab' ich es nicht gedacht! Das wird mir nun
Für meine a l l e r a l l e r größte Nachsicht!
Kaum setzt sie noch den Fuß auf meine Schwelle —
Muß ich mich ärgern schon und zanken gleich!

Frau.

So höre mich nur an —

Feldern.

Laß mich zufrieden!
Das dank' ich dem Herrn Sohn; am Schluß des Tages
Wird mir noch das Verdrießlichste — die Thränen
Der Weiber!

Hermann.

Vater, wenn ich —

Feldern.

Schweig! Ich bin
Selbst schuldig, o, ich weiß; die kind'sche Schwäche, —
Was nur die Mutter will und er, ja, Alles
Laß ich geschehen — das wird mir zum Lohn!
Statt Dank — Empfindlichkeit und böse Worte
Und harter, unverdienter Vorwurf!

Frau.

Vater,
Es ist ein Mißverständniß —

Feldern.

Für den Scherz,
Arglosen Scherz! Das ist zu arg.
(Geht zornig im Zimmer auf und ab).

Dorothea.

Ach, Herr,
Ihr seid im Glück; ich glaub es wohl, daß Euch's
Unmöglich scheint, ein Scherz verwunde tief.
Den Kranken schmerzt die leiseste Berührung.
Muß ich Unglückliche in Euer Haus
Unfrieden bringen, nein, ich geh' ja gerne,
Ich will die Meinen wieder suchen, und
Ihr Elend theilen; ach, es war nicht recht,
Daß ich allein ein bess'res Loos erwählt!

Feldern
(zu Hermann und dem Rector, der ihm vergeblich zugeredet, halb laut).

Das Mädchen wird nie meine Tochter, nie!

Hermann.

Um Gottes willen!

Feldern.

Nie! Ich schwör's!

Hermann.

O Vater!

Feldern (im Zorne laut)

Das wär' mir recht! Empfindlichkeit und Hochmuth!

Dorothea (welche die letzte Rede gehört).

Daß Ihr nicht glaubt, es sei Empfindlichkeit
Und eitler Hochmuth, die mich aufgeregt —
Ihr habt mit Eurem Spott mich tief getroffen.
Ihr zeigtet mir, wie weit entfernt ich,
Die Bettlerin, von jenem Jüngling stehe,
Und ach, das war's, was mir das Herz zerschnitt!
Ich kann nicht bergen, was ich Jahre lang,
Wenn ich im Hause blieb', verschwiegen hätte —
(stockend und weinend)
Daß eine — tiefe — Neigung — mich zu ihm zog.

Hermann.

O Dorothea!
(Während der folgenden Rede gelingt es dem Rector, dem alten Feldern
die Veranlassung aufzuklären.)

Dorothea.

Seit dem ersten Anblick
Beim Wagen wich er nicht aus meiner Seele,
Und als ich ihn beim Brunnen wieder sah —
Ach Gott, mir war's, als sei mir plötzlich einer
Der Himmlischen erschienen, und ich ging
Als Magd, ihm gerne dienend, in sein Haus.
Es waren seine Eltern die mich riefen,
Und lieben durft' ich sie! Als eine Tochter,
(In ihm sah ich den Bruder!) gab ich mich
Zur Magd, — ich bin ja nicht dazu geboren! Nun
Laßt mich in Gottes Namen fort; nach dem
Was mir die Angst entlockt, kann ich nicht bleiben,
Und wenn das tiefste Elend meiner harrte,
Und ging' ich in — mein Grab, — recht gern! Lebt wohl!
(Sie bricht in lautes Weinen aus und geht.)

Hermann.

O Mutter!

Frau (hält Dorothea auf und spricht sehr liebreich).

Trockne Deine Thränen, Mädchen!
Unsel'ger Irrthum hat sie Dir verursacht.

Hermann.

Ich kam ja nicht, als Magd Dich heim zu holen!

Frau.

Du bist dem Sohn verlobt; versteh' uns doch!

Hermann.

Weil ich Dich liebe, Dorothea, ewig —
Mein Glück zu schaffen, führte ich Dich ein!

Frau.

Wir haben nur als Tochter Dich erwartet!

Dorothea
(steht einen Augenblick sprachlos und starr, heftig zitternd, ringt nach Fassung,
streicht sich über die Stirn, endlich wirft sie sich im vollen Ausbruch ihrer Gefühle
zu den Füßen des alten Feldern, der ernst zwischen seinen Freunden steht).

Gott! Gott — Vergebung, Vater!

Feldern (hebt sie auf und sagt mürrisch)

Macht Ihr's aus,
Ich geh zu Bette! (Wendet sich von ihr.)

Dorothea
(nimmt sanft die etwas widerstrebende Hand des alten Feldern und küßt sie)

O verstoßt mich nicht;
Was ich als Magd gewollt, die Tochter soll's
Mit treuem Sinn vollbringen! O, seid gütig,
Es war der erste Kummer, und es soll
Der letzte sein. An Euren Augen will ich
Jedweden Wunsch Euch lesen und erfüllen.
Seid freundlich! Ach, ich muß ja fort,
Wenn nicht ein Vaterwort mich bleiben heißt!

Frau.

Sie hat ja nichts geahnet, lieber Alter!
Wie schön der Tag sich endet, wenn Du willst!
Weg mit den Falten! Schau sie an: wird sie
Nicht eine liebe Tochter sein?

Hermann steht bleich und sprachlos in der andern Ecke.

Rector.

Freund Feldern, nimmer könnt Ihr besser wählen!

Apotheker.

So macht ein glücklich Paar! Ergebt Euch, Nachbar!
(Sie hängen sich alle bittend an ihn.)

Feldern.

Jetzt haben sie den Alten in der Klemme!
'ne förmliche Belagerung! — Hab' ich
Geschworen einmal, daß ich dieses Mädchen
Nie Tochter nenne, halt' ich auch den Schwur.
(Alle in banger Erwartung.)
Es bleibt dabei! Na, schaut nicht so kurios,
Mein Herz ist nicht von Stein, — doch bleibt's dabei:
Das Mädchen will ich niemals Tochter nennen —
So macht denn, daß recht bald die Hochzeit sei, —
Frau Tochter will ich mir gefallen lassen!

Frau.
Du guter Alter!
Dorothea.
Großer Gott im Himmel!
Hermann (zu Feldern's Füßen).
Mein Vater!
Rector.
Freud' und Segen!
Apotheker.
Vivat Hochzeit!
Feldern.
Da nimm sie hin, und lebe so, daß Du
Nach dreißig Jahren noch, dem Vater ähnlich,
(indem er seine Frau umarmt.)
Voll Liebe sie an Deinen Busen schließen
Und rufen kannst: Der Tag, der sie mir gab —
Er streute Segen auf die ganze Bahn.
(Nach oben)
Du sendest, Gott, wohl Jedem seine Freuden;
Doch wen Du segnen willst vor vielen Andern,
Dem giebst Du Vaterwonne und Familienglück!

Gebrüder Foster,

oder:

Das Glück mit seinen Launen.

Charakter-Gemälde aus dem fünfzehnten Jahrhundert
in fünf Aufzügen.

Nach einem englischen Plan.

Personen.

Heinrich VI., König von England.
Thomas Foster, Kaufherr in London.
Seine Frau.
Robert, sein Sohn erster Ehe.
Stephan Foster, Thomas' jüngerer Bruder.
Walter Brown, Kaufherr.
Johanna, seine Tochter.
Agnese Welstedt, eine reiche Wittwe.
Sir George Klingsporn.
Meister Innocent Lamm.
Richard, Buchhalter bei Thomas Foster.
Johnes, Agnese Welstedts alter Diener.
Sharpe,
Flence, } lockere Gesellen.
Ludy,
Ein Notar.
Der Schließer des Schuldthurms.
Ein Constable.
Ein Buchhalter,
Ein Diener, } in Browns Hause.
Gerichtsdiener.
Kellner im Wirthshause zur goldenen Katze.
Der Lord-Major, die Sheriffs, geputzte Bürger und Bürgerinnen, ein Herold, Musikanten beim Lord-Majors-Feste u. s w.

Erster Aufzug.

Ein sehr reich verziertes Zimmer.

Erste Scene.

Wittwe Agnese Welstedt. Johnes, ein alter Diener.
Wittwe Welstedt tritt aus einer Seitenthüre. Johnes steht erwartend da.

Wittwe Welstedt. Nun, wird der Anwalt kommen?

Johnes. Er folgt mir nach, Herrin. Er fragte mich, welche Sorte von Geschäft seiner warte, da war ich aber so gescheidt und habe keine Sylbe verrathen.

Wittwe Welstedt. Wirklich? Weil Du keine Sylbe davon wußtest.

Johnes. Beinahe getroffen, allein man hat doch seine Vermuthungen —

Wittwe Welstedt. Und was vermuthen diese Vermuthungen?

Johnes. Herrin — wir wollen unser Testament machen.

W. Welstedt. Du Thor! Sehe ich aus, als wenn ich sterben möchte?

Johnes. Ja, Herrin, Ihr seht danach aus.

W. Welstedt. Ungezogener!

Johnes. Versteht mich nur. Ihr, meine Herrin, die Wittwe Welstedt, seht aus, als ob Ihr bald an einem Abende verscheiden wolltet, um des andern Tages als Ladn so oder so wieder aufzustehen.

W. Welstedt. Ha ha ha! Einen Heirathscontract meinst Du? Wahrlich, John, da hast Du zwei Dinge witzig verglichen, die doch verschieden sind wie Tag und Nacht. Heirathscontract und Testament! Ha ha ha! Auf Eines folgt ewiger Friede und auf das Andere ewiger Unfriede!

Johnes. Nach Euren blühenden Wangen scheint Ihr mehr Hang zu dem Unfrieden als zu dem Frieden zu empfinden!

W. Welstedt. Schweig stille, Einfaltspinsel, und lasse mich allein.

Johnes (im Abgehen für sich). Am Ende heirathet sie mich! Sonderlingin ist sie genug dazu! (Ab.)

Zweite Scene.

W. Welstedt allein, tritt zum Fenster. Ein weiter langweiliger blauer Himmel — kein Wölkchen schwimmt darin — so recht ein Tag, ungewürzt, klar und fade, wie mein Leben. Sind die Gefangenen dort im Schuldthurm, zu beklagen? Gott, nein. Man drückt die Feder ihrer Freuden blos eine Zeitlang gewaltsam nieder, dann springt sie doppelt freudig empor. Wer einem Menschen das Leben verleiden will, der mache ihn reich! — Da guckt wieder der Kopf hinter den Stangen hervor. Ich glaube, er sieht nach mir. Diese hübschen männlichen Züge zeigen förmlich eine Wehmuth. Er mag mich beneiden in meinem Palast. — O. du Thor, du bist unglücklich, weil du arm bist und gefangen: ich bin reich und frei — bin ich darum glücklich? Nein, nichts weniger als das! (Sie sieht nach dem Thurm.) Noch ein Gesicht? Ein jugendliches — der Sohn wahrscheinlich — welche Begegnung! Der Gefangene springt herum, wie Kinder zur Christzeit — horch! (Sie horcht, man hört in einiger Entfernung rufen: Heida! Ich bin frei! Juchheisa hei!!)

(Etwas verdrießlich.) Er ist frei! (Sie kämpft ein wenig mit sich.) Gottlob, daß er frei ist — wenn ich auch wünschen möchte, daß er noch einige Tage eingesperrt geblieben wäre — dann hätte er mich noch mehr gewonnen und ich hätte ihn losgekauft. Immerhin — auch so ist's gut. (Sie sieht hin.) Er hat den Hut auf dem Kopf; (lächelnd) ausgelassener — aber leiblicher Gesell — da wirft er ihn gegen die Decke! (Man hört die Stimme: Juchhei. Juchhei!!)

Er geht. (Etwas betreten.) Er geht — Gott geb' es, daß er nie dahin zurückkehre! — O du heuchlerischer Wunsch — ich wollte, sie sperrten ihn nach einer Stunde wieder ein. (Sie sieht auf die Straße.) Da steht das Volk und gafft — weil ein Mensch einen Freudenruf erschallen läßt. Gönnt ihm den kurzen Rausch — binnen kurzem wird er seiner Freiheit überdrüssig und so abgeschmackt ernsthaft sein, wie ihr und — ich! —

Dritte Scene.

Johnes. W. Welstebt. Dann der Anwalt.

Johnes. Der Anwalt — Herrin.

W. Welstebt. Laß ihn herein. — (Johnes ab. Sie sieht zum zum Fenster hinab.)

Nun rasselt das große Thor — da läuft er hin, dem Jüngling voran, als wär' er in Jahren hinter ihm her! — Er ist ganz voll Jubel und Glück! O du gesegnete Trübsal — du allein gewährst solche Gefühle —!

Anwalt. (Mit vielen Verbeugungen.) Ihr habt befohlen, schöne Dame.

W. Welstebt. Nehmt Platz, sehr gelehrter Herr.

Anwalt setzt erst der Dame einen Stuhl, dann sich, sie nehmen Platz.

W. Welstebt. Ihr wißt wohl, daß ich ein weiblicher Sonderling bin.

Anwalt. Wie der Mond am Himmel, schöne Frau — die übrigen Sterne verstecken sich, wenn der Sonderling kommt.

W. Welstebt. Ich heiße ein Sonderling, weniger wegen meiner Neigungen, als wegen meines sonderbaren Geschickes. Ist's nicht erstaunlich, wenn ich Euch sage — Ihr seht ein Frauenzimmer vor Euch, das Kind war, Mädchen, Weib geworden, das nun eine reiche unabhängige Wittwe ist — und nie — ich sage niemals, Herr, irgend ein Trübsal erfahren hat?

Anwalt. Nie Sorge — Furcht — oder Gram über Verlust?

W. Welstebt. Ich sagte niemals, gelehrter Herr.

Anwalt. Ueber Alles wunderbar!

W. Welstebt. Ja, wunderbar über Alles — aber auch gut?

Anwalt. Ich dächte, vortrefflich.

W. Welstebt. Seht, so trügt die Ansicht über das Glück Anderer. Ich bin sehr reich —

Anwalt (macht einen tiefen Diener). Viel Respekt davor. Eure Eltern —

W. Welstebt. Starben, als ich noch zu klein war, ihren Verlust zu betrauern —

Anwalt. Euer Herr Gemahl —

W. Welstebt. Ward mir durch Testament vermacht; ich liebte ihn nicht — ich kannte ihn kaum — ein alter schwacher Greis — nach dem Hochzeitmahl wurde er krank, setzte mich zur Universal-Erbin ein — drei Stunden darauf war er todt.

Anwalt. Und Ihr hattet eine reiche Erbschaft?

W. Welstedt. Ungeheuer.

Anwalt. Was war das für eine gesegnete Hochzeit. Könnten sich in unserer Zeit gewisse Hochzeitpaare ein ähnliches Schicksal bestellen! Ja, schöne Frau, Ihr habt viel Glück!

W. Welstedt. Den Blende=Schein in anderer Augen habe ich davon — die Flitter — sie leuchten den Gaffern — und sind eiskalt dem Träger.

Anwalt. Dieses fortwährende Glück behagt Euch nicht?

W. Welstedt. Es ermüdet mich auf das Tödtlichste. Ich muß durchaus Widerwärtiges haben — darum habe ich Euch eingeladen.

Anwalt. Widerwärtiges — darum mich?

W. Welstedt. Ihr sollt mir Trübsal verschaffen.

Anwalt. Nichts leichter als das, ich will Euch in Prozesse verwickeln, wobei wir Beide gewinnen; Ihr Aerger und ich Sporteln.

W. Welstedt. Nein, gelehrter Herr, dadurch würden andre Leute gekränkt und dergleichen sei ferne. Auf andre Weise —

Anwalt. Ich will Pasquille auf Euch machen lassen.

W. Welstedt. Meine Ehre steht unbefleckt und soll es, will's Gott, bleiben. Auf andre Weise —

Anwalt. Heirathet wieder.

W. Welstedt. Ihr findet die Spur meiner Gedanken.

Anwalt. Wenn Ihr deswegen heirathet, um Zank, Sorge, Verdruß, Furcht, Mühe, Schmerz zu gewinnen, da ist die Wahrscheinlichkeit des Gewinns für Euch. Hunderte heirathen täglich, und wollen das Gegentheil — siehe da — sie verrechnen sich.

W. Welstedt. Wohlan, ich will heirathen.

Anwalt. Wen? Schöne Dame, Ihr seid so frei, wie ein morgenländischer Despot.

W. Welstedt. Das wird sich finden. Entwerft den Checontract — laßt den Namen des Bräutigams offen — meint Ihr, man schlägt mich aus?

Anwalt. Die halbe Bevölkerung von London borte sich um Eure herrliche Person das halbe Leben aus und die andre Hälfte um Euer herrliches Vermögen.

W. Welstedt. Ich bin nicht alt.

Anwalt. Ihr seid einen Schritt über zwanzig.

W. Welstedt. Ein großer — Siebenmeilenstiefelschritt — die Spitze des Fußes hat schon die 30 berührt — gilt gleich! —

Ich will eine seltsame Partie thun, so daß Alle sagen werden: Die unglückliche Frau! Dann lache ich darüber und fühle mich wohl. Das ertrage ich nicht länger, zu hören: Ach die glückliche Frau! während ich mein Dasein hinspinne, wie einen gleichen, langen, langweiligen Faden. (Sie steht auf.)

Anwalt (erhebt sich). Ganz ungewöhnlich; indessen der Contrakt wird entworfen in aller Form — der Name des Bräutigams nachgeliefert.

W. Welstedt. Euer Lohn soll generös sein — laßt Euch die Mühe nicht gereuen.

Anwalt. Was sehr gut bezahlt wird, hat mich noch nie gereut.

W. Welstedt (ihm lächelnd drohend). Scheltet mich auch nicht unvernünftig wegen meines Anliegens, sehr gelehrter Herr!

Anwalt Ungeheuer reiche Leute finde ich auch immer ungeheuer vernünftig.

W. Welstedt (verbeugt sich und geht zur Seite ab).

Anwalt (geht unter vielen Verbeugungen durch die Mitte ab).

Vierte Scene.
Zimmer in Thomas Fosters Hause in London.

Thomas Foster und Walter Brown im Gespräch mit einander. Richard, der Buchhalter, ist hinter ihnen an einem Tisch mit Papieren beschäftigt.

Thomas Foster. In Dover liegen unsre Schiffe — nun laßt den Wind nur noch 48 Stunden stehn —

Brown. Dann sind wir auf dem Trocknen!

Th. Foster. Wir haben viel auf diese Ladung gesetzt — aber zu Krämerverdienst taugt mein hochfahrender Sinn nicht —

Brown. Ihr habt ja die Mittel —

Th. Foster. Jetzt, Freund, ja. Durch meine Heirath — vorher mußt' ich mich ducken! Nun kann ich's gleich thun — Euch — und allen Nebenbuhlern — die Stufen erklimmen zu Sheriff und Lord-Major.

Brown. Ihr habt viel Glück, darum mache ich gern halb Part-Geschäfte mit Euch — unsre Handlung blüht — laßt unsre Freundschaft auch nicht welken.

Th. Foster. Amen. (Sie schütteln einander die Hände.)

Brown (zu Richard). Ist die Bilanz in Ordnung?

Richard. Auf einen Schilling, Herr.

Brown. Gebt her. (Er nimmt die Papiere, besieht sie und steckt sie ein.) Nun, Freund Foster, eh' ich gehe, noch ein Wort — ein dreistes Wort —

Th. Foster. Ihr könnt mir sagen, was Ihr wollt — vorausgesetzt, daß es nicht meinen Bruder betrifft.

Brown. Just über den laßt mich —

Th. Foster. Den Verschleuderer — den Taugenichts — den elenden Vagabonden — — ich bitte Euch — schweigt von ihm.

Brown. Er ist Euer Bruder — um zehn Jahre jünger als Ihr — Euer leiblicher jüngerer Bruder — das rechte Kind Eurer Eltern — im Schuldthurm — Foster!

Th. Foster. Da sitzt er gut! Da laßt ihn summiren, wie viel Geld ich schon an ihn vergeudet —

Brown. Zwischen öden Mauern.

Th. Foster. Gute, schöne, dicke Mauern, die! halten ihn fest und hindern ihn, daß er sich nicht in Schenken herum balge, lieb Brüderchen von Spiel-Gesindel — unsern Namen zu Spott und Schande — o die guten festen Mauern, die!!

Brown. Denkt milder, Foster —

Th. Foster (in Aufregung). Ha, eben recht. (Zu Richard.) Wo ist der Sohn?

Richard. Schon früh ausgegangen.

Th. Foster. Wohin?

Richard. Den Onkel zu besuchen.

Th. Foster. Im Schuldthurm? Das ist ein theurer Artikel, solche Visite — der Junge tauft ihn und ich zahle die Rechnung — warte, Bube — ich glaube, er bestiehlt mich und steckts dem Bettler zu —

Brown. Dem Onkel —

Th. Foster. Stiehlts dem Vater —

Brown. Bei meiner armen Seele — ich könnte ihm nicht zürnen deßhalb!

Th. Foster. Nicht zürnen? Pestilenz! Enterben will ich ihn bei Heller und Pfennig, hängt er an dem Lüberjahn — ich will den Namen Bruder ausstreichen in meinem Kopf für nun und alle Zeit, und kehrt der Junge nicht um, den Namen Sohn dazu!

Brown. Und sagt das Herz auch dazu Amen?

Th. Foster. Amen, Amen sagt's. Mein Weib verfolgt mich Tag und Nacht mit ihren Klagen über den Stiefsohn — und sie hat Recht dazu. Der Robert soll wählen zwischen einem geachteten

Vater, Kaufherrn von London — und einem eingesperrten, unverbesserlichen Landstreicher von Onkel — mich oder den! Versteht Ihr? Mich oder den! Mit Beiden halten wollen heißt sich von mir lossagen — Da kommt mein Weib — hört sie — dann wird Euch schon die Lust vergehen, für Stephan zu reden — verlaßt Euch darauf!

Fünfte Scene.

Frau Th. Foster. Th. Foster. Brown. Richard.

Frau Foster. Ach! Ach! Soll ich denn nicht eine Stunde Frieden haben, Mann? (Zu Brown) Seid willkommen, Herr — drückt Euch die Luft nicht unter diesem Dache? — Der Grundstein zu dem Hause ist behext. — Hier spielen Kobolde Versteckens und plagen uns mit ewigem Unfrieden!

Th. Foster. Was hast Du, Frau?

Frau Foster. Den Bettler beneide ich — er ist ein Bettler und giebt sich zufrieden damit — aber wir — wir haben die Augen offen, sehen das Unsrige leichtsinnig verthun, lassen es geschehen — vor kindischer Schwäche!

Th. Foster (zu Brown). Sie meint den Sohn.

Frau Foster. Und an wen — an einen Tagedieb, von dem die Amme sich schämen muß zu sagen, ich säugte ihn! —

Th. Foster (zu Brown leise). Das geht auf Stephan.

Frau Foster. Habe ich Dir hartherzigem Mann deswegen mein Hab und Gut gebracht — die Spieler zu füttern und die Diebe? Dein armes Weib zerärgert sich — und der Herr Sohn darf ihrer lachen — sein Vater hat keine Kraft ihn zu zähmen.

Th. Foster. Wer sagt das?

Frau Foster. Ich sag' es, ich — Mann!

Th. Foster. Versprach ich Dir es nicht, den Jungen zu enterben, wenn er den Stephan mir in's Haus bringt? Versprach ich das nicht, Weib? Was willst Du noch?

Frau Foster. Daß Du Dein Wort hältst, wie ein Mann, nicht immer sprichst: Du willst es einmal thun, wie eine charakterlose Memme.

Th. Foster. Ich thu's — jetzt aber haben wir Ruhe vor dem Bettler — er steckt im Gefängniß.

Frau Foster. Nennst Du Deine Wohnung Gefängniß — für mich ist sie eins — Deine saubern Verwandte sind die Schließer — sie dürfen mich aus der Ruhe stoßen, wie's ihnen beliebt!

Th. Foster. Du redest im Traum — vom Schuldthurm sprech' ich, wo Stephan sitzt.

Frau Foster. Der sitzt unten auf einem meiner schönen gepolsterten Lehnsessel und neben ihm steht Robert — und ich arme Frau schlage die Hände über dem Kopfe zusammen — da grinst Stephan mich an: „der Junge hat mich losgekauft — ich bin frei wie die allerfreiste Schwalbe in der Stadt!" spricht er und will platzen vor Lachen — ach! und ich vor grimmigem Aerger!

Th. Foster. In meinem Hause? Frau, — ist's möglich?

Frau Foster. Losgekauft — von unserem Eigenthum — gestohlen Geld — ach, schreib' es zu dem Uebrigen — kommt doch der liebe Bruder wieder zu uns — — über die zuckersüße Verwandtschaft!

Th. Foster. Hölle und Gespenster! Ist's so — dann will ich zeigen, daß ich Herr in meinen vier Pfählen — Sprich, Frau, sind Beide wirklich im Sprechzimmer —

Frau Foster. So wirklich, daß ich meine Augen verwünscht habe, als ich es gesehen!

Th. Foster (zu Richard). Laßt sie herauf kommen!

Richard (ab).

Th. Foster. Nun will ich Ernst machen mit Beiden — meine Drohungen sind keine Schneeflocken, welche ein bischen Hitze zerstört — Du sollst Ruhe finden, Frau — Du sollst! —

Frau Foster (plötzlich sanft und zärtlich). Ach Du zärtlicher guter Ehemann.

Brown. Bedenkt Euch, Freund!

Th. Foster. Die Zeit des Bedenkens ist vorbei!

Brown. Frau Foster, habet Gott vor —

Frau Foster (sehr höflich und schmiegsam). Nachher, mein werther Herr — laßt uns nur unsere häuslichen Geschäfte abmachen —

Brown. Vergebt mir mein bringend Wort —

Frau Foster (überhöflich, aber schnell). Ei, tausend, werther Herr, nachher, nachher, — wenn uns das Volk nicht stören darf. Gerne, gerne.

Sechste Scene.

Stephan Foster. Robert. Die Vorigen.

Th. Foster. Du pflichtvergessener Sohn! So befolgst Du meine Befehle? Meinst Du an mir einen Vater zu haben, der

Dir am Seil trottirt? Die Calculation war lüderlich — wie Deine Freunde sind. Wir reden gleich mehr. — Nun — (zu Stephan) Und Du?

St. Foster. Nun? Was ist mit mir?
Th. Foster. Du bist nicht im Schuldthurm?
St. Foster. Gottlob, nein!
Th. Foster. Ich dachte Dich aber da —
St. Foster. Der Mensch denkt — Gott lenkt!
Th. Foster. Du warst gut aufgehoben dort.
St. Foster. Ach ja — gestohlen konnt' ich nicht leicht werden. Die Kerle schlossen mich ein; sie kannten meinen Werth!
Th. Foster. (mit verbissenem Grimm). Und wie kamst Du heraus?
St. Foster. Wie ich hinein gekommen war, durch ein verzweifelt großes Gitterthor.
Th. Foster. Durch Dich — Du undankbarer Sohn — durch Dich — Du verrätherischer Bube!
Robert. Ich that, mein Vater, was mein Herz gut hieß — und Euer Schelten ändert an meiner innern Stimme nichts.
Frau Foster. Unehrerbietige Rede!
Brown. Er ist gereizt!
Th. Foster. Mir gehört Dein Streben an, — all' Deine Pflicht und Liebe sollte mir zugehören —
Robert. Ist Euer leiblicher Bruder nicht halb Ihr selbst?
Th. Foster. Ich weiß von keinem Bruder — ich will von keinem Bruder hören.
St. Foster. Lasse die Hoffnung fahren den zu erweichen, Junge! Wo andere Leute das Herz haben — da hat er den Geldsack! —
Frau Foster (höhnisch). Eine solche Zunge wird Herrn Fosters Ruf wenig anhaben —
St. Foster (sie copirend). Aber eine solche, wie die Eurige desto mehr — Hausdrache!
Robert. Onkel!
Th. Foster (in hohem Zorn). Hast Du Knabe Dich für jenen Taugenichts verbürgt — so sei der Pfennig verflucht, den Dir Dein Vater zu Hülfe giebt. Kriech' mit ihm in den Thurm — dort heult zusammen — und mit Hunger und Thränen bezahlt Eure Wechsel!
Brown. Ich bitt' Euch, Foster! —

St. Foster. Ueber diese brüderliche Nichtswürdigkeit mache ich einen Gassenhauer und lasse ihn täglich unter Deinen Fenstern singen, Geizhals.

Th. Foster. Sing' Du für ein Stück Brod!

St. Foster. An Sonn= und Feiertagen komme ich selbst und rufe: Pfui! gegen Deine Hausthür!

Th. Foster. Die Büttel werden Dich schon halten.

Robert. Um Gotteswillen, guter Onkel!

Th. Forster. Jetzt fort aus meinem Hause! Lüderjahn! Ich habe keine Gemeinschaft mit Landstreichern. Laß Dich nie wieder auf meiner Schwelle betreten. Die Stallknechte wissen, wie sie zudringliche Bettler wegzuschaffen haben.

St. Foster. Du Filz — Du knickerige Krämerseele! —

Th. Foster (zu Robert). Und Du, trotziger Bursch — sagst Dich in diesem Augenblick von Jenem los — ganz los — für nun und immer — daß er Dir fortan nicht mehr sei, wie jeder fremde, gewöhnliche Trunkenbold oder Spieler — sonst will ich Dir um Nachtzeit die Thüre vor der Nase zusperren. — Du sollst mit ihm betteln oder rauben, Du hast kein Haus mehr und keinen Vater; wie dieser Dich aus seinem Herzen stößt, so stößt er Dich auch aus seinem Testamente. Merke Dir's, Patron! (Zu Frau Foster und Brown) Geht mit!

St. Foster. O, hochmüthiger Lord Bruder mit der Magazin= schürze! Sauberer Sohn meines Vaters!

Th. Foster nimmt seine Frau bei der Hand und geht mit ihr fort.

Brown (will folgen, er dreht aber in der Thüre um und sagt zu Robert:) Ich hoffe ja, Ihr werdet Euren Vater versöhnen, Robert. — Meine Tochter ist in London — kommt immerhin und seht sie. Aber, nehmt es nicht übel — wer um sie freit, muß ein gemachter Mann sein — und Erbe seiner Eltern. Handelt darnach, Robert, hört Ihr? — (Ab, Th. Foster nach.)

Siebente Scene.

Stephan Foster. Robert.

Robert (faltet traurig die Hände und seufzt).

St. Foster. Das hast Du davon! Warum liebst Du mich? — Sieh' Junge, meines filzigen Bruders Härte — meine Armuth — mein schlechter Ruf - das Alles greift mir nicht ans Herz! Da mach' ich so! (Er schlägt ein Schnippchen.) Weg ist's aus dem

Gehirn. — Aber daß Du leiden mußt, meinetwegen und wegen Deiner beispiellosen Güte, das schnürt mir den Hals zu.

Robert (mit dem Ton, der selbst an dem Troste verzweifelt). Der Vater wird sich ja besinnen!

St. Forster. Nein, Robert — er verstößt Dich! Er spart Dein Essen — er spart Deine Kleidung — es kommt ihm ja gelegen, das! Dem Geldwurm! — Aber sei ruhig — dann sollst Du keinen Mangel leiden, Robert — ich will eher für Dich in den Straßen betteln gehen, Robert, ehe Du darbst — und wenn ich den Leuten zu kräftig scheine — will ich mir ein Glied verstümmeln, um Mitleid zu erregen. Robert, Du sollst nicht darben — gewiß nicht!

Robert. Ach, denkt nur daran, Onkel, wie Ihr Euch erhalten wollt!

St. Foster. Halt! Da kommt mir ein Einfall! — O, Junge, das kann nicht fehlen. — Es ist gesorgt für Dich und mich! — Heida! Wir werden Beide gemachte Leute! Wir fahren in Equipagen — ich mache Dich zum Alderman, ehe ich sterbe!

Robert lächelt wehmüthig.

St. Foster. Lach' mich nicht aus, Junge! Das Glück wirft sich nur Dem in die Arme, der recht gepeinigt worden! Der Gedanke kam mir von Fortuna selbst! Im Gefängniß gewesen, von den Verwandten verflucht — Dich mit unglücklich gemacht — das giebt die schönste Aussicht — ich bin meiner Sache gewisser als gewiß! — Robert, Junge — Heida! die Noth hat ein Ende! Hast Du Geld?

Robert. Wie so?

St. Foster. Wenn Du nur 40 Schillinge hast, so gieb sie her —

Robert (zieht seine Börse). Vierzig Schillinge? Da sind sie, lieber Onkel — aber welches Geschäft wollt Ihr mit so geringem —

St. Foster. Das brillanteste Geschäft unter der Sonne, Robert, Fortunens Lieblings-Getriebe. Gieb her! Mein Genie hilft uns Beiden durch. Habe Dank vorläufig, den schönsten Dank sollst Du klingend empfangen, in einem Hut voll Sovereign und einem ganzen Sack voll lumpigen Silbers. Heida! In der goldnen Katze ist großes Würfelspiel — da geh' ich hin. Zehnmal getroffen und wir lachen den Geizhals von Bruder aus. Nach Regen die Sonne — nach Gefängniß glückliches Spiel. — Das ist ausgemacht wie zweimal zwei vier! Leb' wohl!

Robert. Onkel — schon wieder —

St. Foster. Rede nichts dazwischen. — Ich laufe hin und gründe Dein Glück und meines! Eins zwei drei! Paff — da liegen Eilfe — Juchhei — das kann nicht fehlen! (Er läuft davon.)

Robert. Um des Himmelswillen hört doch — Onkel — Onkel!

(Der Vorhang fällt.)

Ende des ersten Aufzugs.

Zweiter Aufzug.

Das Wirthshaus zur goldenen Katze. Hinter den Häusern ein Theil des Parks, wo von Zeit zu Zeit einzelne Spaziergänger sichtbar werden. Links befindet sich ein schönes Gebäude, welches Brown gehört.

Erste Scene.

Stephan Foster. Sharpe, Flence und Lucky. (Lockere Gesellen sitzen vor der Thür des Wirthshauses und trinken.) Kellner.

Alle. Ha ha ha!

St. Foster. Genug der Schelmereien! Ihr seid so abgewaschen mit allen Wassern, wie die Kreidefelsen an unsrer Küste! Was gehen mich die Weiber an — schon als Junge versetzt' ich den Dirnen Püffe, wollten sie mir schön thun — als Mann hab' ich mir nicht die Mühe genommen, sie recht anzusehen. Trallirum larum Firlefanz — mit Schnällchen und Bänderchen und Schnabelschuhen — hol' Euch der Henker!

Die Andern. Ha ha ha!

St. Foster. Bücklinge schneiden wegen einer glatten Larve? Ha ha ha! Mich demüthigen vor einer winzigen Person, die ich umblase — st! — so ·da liegt sie. Heida! Wer's mit Fortuna hält — der läßt alle übrigen Weiber laufen, mit ihren Knixen und Bespiegeln, ihrem scheinheiligen Verschämtthun. — Ein braver Gesell kriecht nicht in die Zwangsjacke, wenn er schon 40 Jahre zählt. (Er nimmt den Becher.) Ich trinke meiner Dame, Fortuna, zu.

Alle. Wir mit, wir mit! (Sie stoßen an.)

St. Foster (nach dem Anstoßen). Trollt Euch! Ihr seid treulose Buhler — Ihr liebelt überall!

Flence.
Heute Diese, Morgen Jene,
Das ist unser Symbolum!

Sharpe und Lucy (singen, Flence stimmt mit ein).
Heute Diese, Morgen Jene,
Das ist unser Symbolum!

St. Foster (ihnen nachspottend). Dibel bibel bibel bum! Was hab' ich von all dem Geplärr? Seid Ihr nicht aus der Art geschlagen, so laßt die Kehlen ruhen, außer zum Trinken — und rührt die Würfel; (er klappert mit Geld) hier giebt's Räderchen, die Fortunens Wagen bewegen. Frisch! Wer hat Courage, Gesellen?

Sharpe. Ei, habt Ihr im Thurm einen Schnitt gemacht?

St. Foster. Im Thurm oder in der Hölle — was kümmert's Euch? Heda! Kellner! Aber erst zeigt mir, daß wir mit gleichen Waffen fechten — Heraus mit der Börse! Gegen Euer Ehrenwort setz' ich keinen Kupferpfennig. Ihr müßt baar blechen. Zeigt her.

(Die Gesellen werfen Börsen auf den Tisch.)

Flence. Genug, um Euch das große Maul zu stopfen.

St. Foster. Nun hab' ich Eure Ahnen kennen gelernt — ich will mit Euch tourniren — Ihr seid ebenbürtige Ritter.

Alle. Ha ha ha!

St. Foster. Kellner! Schneckenfuß! Rühr' Dich!

Kellner (kommt). Zu Befehl.

St. Foster. Können wir ein Zimmer haben — zu einem Privat=Discours?

Kellner. Keine Bodenkammer — ist alles voll!

St. Foster. Ei, was, so bring' Würfel und Becher heraus — in freier Luft zählen sich die Augen leichter! Das sind Augen, mit denen ich liebäugle. — Jungens, ich bin in meinem Elemente! (Zum Kellner.) Bah! Was glotzest Du? Scheer Dich! (Kellner ab. Stephan legt Schillinge hin und schiebt den Hut auf's eine Ohr.) Wer hält? Legt gleich das Vierfache heraus, ich treffe wie der Satan!

Kellner bringt einen ledernen Becher und drei Würfel, legt sie auf den Tisch und geht hinein.

St. Foster (rüttelt die Würfel). Also Ihr das Ganze? — Gut stehn sie. (Er wirft.) Pfui! Sechs, hol's der Kukuk! Nehmt weg. Wer zuerst gewann, wird zuletzt ein armer Mann! (Nimmt eifrig sein Geld heraus.)

Flence (legt Geld hin und nimmt den Becher). Na, Prahlhans, rück' vor.

St. Foster. Banco das Ganze.

Flence (wirft). Gut (er streicht Stephans Geld ein).

St. Foster (sieht die Würfel an). Höllisch! Eine Fünf und zwei Sechsen! Noch einmal! Werft zu — Ich ruinire Euch doch noch — verdamm' mich Dieser und Jener! (Er wirft Geld hin, man sieht ihn leidenschaftlich werden in Geberde und Miene.) Rüttelt nicht bis zum jüngsten Tage — heraus damit — und geworfen!

Flence (wirft). Drei Fünfen! (Nimmt Stephans Geld.)

St. Foster. Ihr steht Euch verdammt gut mit dem Pferde= fuß! (In großer Leidenschaftlichkeit.) Bei allen Schächern, ich will Euch matt haben und wäret ihr voll Kräfte wie ein Wettrenner! Da! Ich halte Alles, was da liegt — schmeißt zu ins Teufelsnamen!

Flence (rüttelt lange, und macht, als ob man einen Vogel lockt). Komm — Täubchen — (er wirft) zwei Fünfen und eine Drei! (Er scharrt das Geld zusammen und steckt es ein.)

St. Foster. Ich möchte Euch drei Beine entzwei schlagen, wenn Ihr mehr als zwei hättet! Das geht nicht mit rechten Dingen zu! (Er besieht die Würfel.) Ei, Judas, sind das die Würfel von vorhin? Ihr spielt falsch — Schelme, Galgenpack, Diebe! Mein Geld wieder her! Mein Geld, oder ich bläu' es Euch aus den Rippen heraus!

Zweite Scene.

Vorige. Robert, der eben im Begriff ist an Browns Haus zu klopfen, hört den Lärmen, bleibt aufmerksam stehen, sieht seinen Onkel und schlägt kopf= schüttelnd die Hände zusammen.

Flence. Mäßigt Eure Hitze oder —

St. Foster. Kühlt sie mit kaltem Silber, Gauner!

Flence. Mit kaltem Stahl, Unverschämter — packt Euch, oder mein Schwert slirrt Euch um die Ohren!

Sharpe und Lucky. Er hat Recht, Du Tagedieb!

St. Foster (ergreift einen Stuhl). Bande von Beutelschneidern, mein Geld!

Die Drei (ziehen). Schlagt zu!

St. Foster geht ihnen mit dem Stuhl zu Leibe, sie schlagen auf ihn los, er fängt mit dem Stuhl die Hiebe auf.

Dritte Scene.

Wittwe Welstedt verschleiert, hinter ihr Johnes mit einem großen Rohrstock. Von der andern Seite **Frau Thomas Foster.** Beide Spaziergängerinnen im Part bleiben stehen und sehen dem Handel zu. **Vorige.**

Robert (zieht sein Schwert und wirft sich zwischen die Schläger). Zurück von ihm, Memmen! Drei über Einen! (Er haut drunter.) Ich will Euch Männersitte lehren!

St. Foster. Recht so, Junge, in die Flanke! Wo sie die Taschen haben —

Robert (treibt sie hinweg). Nun lauft, Ihr Schurken!

St. Foster. Halt! Mein Geld! (Er wirft ihnen einen Stuhl nach.) Fort sind sie! — Um's Laufen war mir's nicht, lieber wollt' ich noch Schläge kriegen, Robert — meine schönen 40 Schillinge wollt' ich wieder haben!

Vierte Scene.

Frau Th. Foster tritt vor. **Die Vorigen.**

Fr. Foster. Pfui über Euch Spieler und Schläger! So treffe ich Dich?

Robert. Ach, Mutter — o hättet Ihr heute diesen Platz nicht betreten.

Fr. Foster. Mutter? Du Elender! Ich bin nicht Deine Mutter! Wär' ich es, und hätte ich Dich mit noch so viel Weh geboren — ich wollte Dich lieber eingesargt sehn vor meinen Augen, als daß Du mir so viel Galle und Schande verursachen solltest! Nun warst Du auf dem Gipfel, Du Ehrloser — nun bergab mit Dir! Unser Haus soll Dir verschlossen sein, oder ich selbst will's mit dem Rücken ansehn! In diesem Augenblick hört's Dein Vater.

St. Foster. Xantippe, wenn Ihr diesen ehrlichen Jungen wieder bei Eurem Socrates von Manne anschwärzt, so rath' ich Euch — geht mir auf vier englische Meilen aus dem Wege. Ich schlage auf falsche Spieler los, mögen sie auch in sammtnen Weiberröcken schlampen — ich rath' Euch Gutes — nehmt Euch in Acht vor mir.

Robert. Onkel — Mäßigung — es ist meines Vaters Frau.

Fr. Foster. Spricht der auch? Noch frei — noch nicht im Schuldthurm wieder? oder unter'm Zuchtmeister?

oder das Glück mit seinen Launen.

St. Foster. Trollt Euch fort — Vipernzunge! In Eurem Hause mögt Ihr mich grob behandeln. Hier aber, vor einer Kneipe — bin ich zu Hause. (Er greift nach einem andern Stuhl.) Hier werde ich mein Hausrecht brauchen gegen Hexenmäuler!

Robert. Onkel — Onkel!

Fr. Foster. O mein Herz! Ward je eine ehrsame reiche Frau so beschimpft? Aber ich will von Euch ein Lied singen zu Hause — von Dir besonders, Du verlorner Sohn! Es soll Dir in Deinem linken Ohre pfeifen, und wärst Du zehn Meilen von mir! Ach! Ach! (Sie sieht die Wittwe Welstedt.) Eben recht, Frau Pathe — Ihr sahet Alles mit an — Euch will ich bitten, mir zu bezeugen, wie ich Den da gefunden! — Feuer möcht' ich speien vor Ingrimm! Ach! (Sie geht wüthend ab.)

Fünfte Scene.

Vorige ohne Frau Foster.

St. Foster dreht sich schnell zur Wittwe. Was könnt Ihr bezeugen? Was wollt Ihr bezeugen?

W. Welstedt. Daß Ihr ein lockerer Zeisig seid!

St. Foster. Von mir ist nicht die Rede — was ich bin, das geht mich an — bloß mich. Redet so viel Böses von mir, als Ihr im Grunde Eures Herzens findet, denn die Weiber haben Anlage zu Allem — aber den armen Jungen, der aus Liebe zu mir Eltern und Vermögen verlieren soll — den adoptir' ich als Sohn — und den verklatscht nicht.

W. Welstedt. Ich werde ihm nützen, so viel ich kann.

St. Foster. Das heißt vernünftig gesprochen. Nun mache ich Euch, Lady, mein Compliment. Vor solchen Gesinnungen hab' ich Respekt, nicht vor solchen aufgeputzten Nachläufern! (Er deutet auf Johnes.)

W. Welstedt. Ihr gehört zu der Gattung von Männern, denen ein Weib ein kühnes Wort zu vergeben geneigt ist — besonders ein Weib, welches das Sonderbare sucht und liebt. Habt Ihr Zeit und Lust, so möcht' ich eine Minute allein mit Euch reden.

St. Foster. Da ich kein Geld mehr habe, so bin ich zu Eurem Dienst.

W. Welstedt (zu Robert der in Trauer versunken da steht). Grämt Euch nicht, junger Herr; der Eltern Zorn ist des Donners Getöse vor größerem Sonnensegen — vielleicht vermag ich etwas dazu beizutragen, Eure Wolken zu zerstreuen.

Robert. Ich danke Euch, Lady! Ich fürchte, jedes Friedenswort findet meiner Eltern Herz so unzugänglich, als ich von heute an ihre Thüre. Dennoch möget Ihr nicht unterlassen, sie zu rühren, wie ich nicht unterlassen werde meinen Onkel zu lieben.

St. Foster. — — Sag' Vater, Herzensjunge! (Er schüttelt ihm die Hand und wischt sich eine Thräne aus dem Auge.) Ich muß Dich noch glücklich machen, Robert! — Laß mich nur den Augenblick abpassen — aber **ehrlichen** Würfeln gegenüber — dann geht's noch, Robert, es geht sicher noch! (Er schüttelt Robert nochmals die Hand.)

Robert verbeugt sich vor der Wittwe und klopft an Browns Haus, wo ihm geöffnet und er eingelassen wird.

Sechste Scene.

Wittwe Welstedt. Stephan Foster. Im Hintergrunde **Johnes.**

W. Welstedt. Herr Stephan Foster, wir sind ohne Zeugen. Ihr seid, ich weiß es, ein Ausbund von Verschwendung.

St. Foster. Und was weiter?

W. Welstedt. Von Leichtsinn und unmäßiger Freiheit —

St. Foster (für sich). Puh! Die ist ein excellenter Portrait-Maler.

W. Welstedt. Kurz, Ihr seid in London, in Eurer Gattung, einzig — Ihr habt eine gewisse Berühmtheit erlangt —

St. Foster. Macht mich nicht stolz, Lady!

W. Welstedt. Habt Ihr aber auch bedacht, wohin solcher Weg führt?

St. Foster. Wahrscheinlich dahin, wohin der Weg des gleisnerischen Schurken auch geht — in die liebe Erde.

W. Welstedt. Aber vorher noch —

St. Foster (etwas verlegen). Ja, das läßt sich mit Sicherheit nicht bestimmen — aller Wahrscheinlichkeit nach ist's eine Rückreise in das Land, welches ich heute früh verlassen.

W. Welstedt. In den Schuldthurm.

St. Foster. Ihr rathet mit unglaublichem Scharfsinn.

W. Welstedt. Und wie gefällt Euch das Klima jenes Landes?

St. Foster. Miserabel.

W. Welstedt. Doch eilt Ihr so hinein?

St. Foster. Der Schuldthurm ist das Licht und ich bin die Fliege. Ich kreise in seliger Freiheit darum herum, plötzlich sengt es mir die Flügel ab — ich zapple — aber liege drin. Jeder hat sein Fatum. Ich denke immer, ich habe einen unsichtbaren Faden am Bein, der Schließer hat das andre Ende — wenn er scharf anzieht — hat er mich — ha ha ha! — Es ist närrisch, aber unvermeidlich!

W. Welstedt. Seid Ihr bei Trost?

St. Foster. Ganz gewiß. Da ich nicht bei Gelde bin, muß ich mich an den Trost halten — an das Vertrösten, daß ich wieder welches kriege.

W. Welstedt. Ist's nicht schade, ein Mann wie Ihr — mit dieser breiten, offenen Stirne, diesem lebhaften Blick — mit diesem kräftigen, gesunden Wesen — in Noth um Schillinge — es ist Eure eigene Schuld! —

St. Foster. Soll ich etwa Kohlenträger werden — oder Packmann? Lady — mein Rücken weiß sich nicht zu krümmen, weder unter Menschen noch unter Säcke! — Ich bin ein Gentleman. Seht meine Hände an — sind das Hände eines Gesellen, der gemeine Arbeit thut? Mein Kleid täuscht Euch — schlecht ist es, abgeschabt — seht durch, Mylady — drin steckt ein Mann, der nicht zu Pöbel-Handgriffen geboren — geh' ich in den Schuldthurm, so geht ein Gentleman hinein — ein wahrer Gentleman; es ist schon Mehreren passirt!

W. Welstedt. Eifert Euch nicht zwecklos, Herr Stephan Foster, ich habe andere Gedanken mit Euch. Bisher setztet Ihr Eure ganze Hoffnung auf den Würfel. Der log und log — und Ihr glaubtet ihm immer wieder. Setzt Eure Hoffnung einmal auf etwas Anderes, dem Ihr nicht nöthig habt, eine einzige Lüge zu verzeihen.

St Foster. Das wäre?

W. Welstedt. Auf ein Weib.

St. Foster. Puh!

W. Welstedt. Erzählt Eure Noth einer reichen Wittwe in's Ohr.

St. Foster. Daß ich aus dem Schuldgefängniß in die Straf-Anstalt geriethe? Daß ich gezerrt würde nach Laune und Willkür bald rechts und bald links? Jetzt bin ich nicht Herr eines Pfennigs — dann wäre ich nicht Herr meines Ichs — müßte tanzen, wenn die Dame pfeift und pfeifen dazu, wenn ihr das Tanzen ankommt. Prosit! Ich bin kein Gliedermann, Clement noch eines — ich bin ein wirklicher! —

W. Welstedt. Es giebt Wittwen genug, die nur einen solchen wollen.

St. Foster. Einen solchen, wie mich?

W. Welstedt. Ihr seid gutmüthig!

St. Foster. Gegen mich selbst außerordentlich. Ich kann mir nicht den kleinsten Wunsch versagen.

W. Welstedt. Macht Euch nicht schlimmer als Ihr seid. Ich halte dafür, daß Ihr ein Weib lieben könnt.

St. Foster. Gegen meine Natur wär' es nicht.

W. Welstedt. Mit einem Wort, ich wüßte eine Partie für Euch. Eine reiche Wittwe, der Euer Aussehen gefällt. Heirathet sie, versprecht ihr Treue, seid ihr Mann und macht ihr die Bürde ihres außerordentlichen Vermögens etwas leichter — was meint Ihr dazu?

St. Foster. Haltet einmal! Das ist viel auf einmal. Heirathen — — Treue versprechen, ihr Mann sein — das ist das Schlimme davon. Der letzte Artikel hat bei mir keinen Anstoß. In Umlauf soll ein hübscher Theil ihres Geldes kommen, darauf kann sie sich verlassen! Dann wird es aber heißen, ich mache ihr nichts als Sorge und Trübsal!

W. Welstedt. Nach Sorgen und ein wenig Trübsal hat sie just ein Verlangen.

St. Foster. Danach hat sie ein Verlangen? Hört einmal, Lady — die ist wohl nicht recht bei Verstande?

W. Welstedt. Die Leute glauben das Gegentheil.

St. Foster. Und sie wird wohl nur einige Jahre jünger sein als Methusalem, aussehn, wie der Drache von Babel, was?

W. Welstedt. Darüber habe ich keine Stimme.

St. Foster. Verlangt Ihr, daß ich die Katze im Sack kaufen soll? Sapperlot, nein — Männerliebe ist auch ein hübscher Kaufpreis, ich halt' ihn hoch. Nehm' ich eine Frau, so muß sie mir gefallen. Alles, was ich bin, bin ich ganz. Ich war ein Lüderjahn; trete Einer auf, der einen soliden Streich von mir weiß. Werde ich Ehemann, so will ich einer sein in der vollen Bedeutung des Wortes, will Herr werden meines Weibes und ihres Vermögens! Ist Eure Wittwe solch ein Bissen, wie etwa meine Schwägerin — so schluck' ich ihn nicht hinunter, und würd' er auf eitel Gold servirt! —

W. Welstedt. Der Geschmack ist verschieden. Seht sie, sprecht sie — gefällt sie Euch, werdet ihr Mann — gefällt sie Euch nicht, bleibt, wie Ihr seid.

St. Foster. Das will ich, liebste Lady — bei meiner armen Seele und bei meinem noch ärmeren Geldbeutel sei's geschworen, ich will sie sehn. Die ganze Sache ist so neu – so recht eigentlich lustig — ich kann die Zeit nicht erwarten. Gebt mir die Gelegenheit, ich gehe zu ihr; ist's nicht ein Satan von Häßlichkeit, hat sie Vermögen und will mich, so heirathe ich sie von der Stelle weg. Ist sie das Gegentheil, so sag' ich ihr rund heraus: zum Heirathen habe ich keine Zeit. Da ist meine Hand, als ein Gentleman, ich bin wahr!

W. Welstedt (giebt ihm zierlich die Hand). So folgt diesem Manne, er sorgt für anständige Kleidung — das Uebrige findet sich.

St. Foster (für sich). Nun sag' Einer noch, Amor ist nicht blind! Ha ha ha!

W. Welstedt (zu Johnes). Geh mit dem Herrn und thu nach meinem Befehl.

Johnes (leise). Mit dem? Herrin! Mit dem? Gott steh uns bei! — Gebt ihm einen Schilling, daß er sich einen Rausch trinke — Ihr habt Euren Scherz mit ihm!

W. Welstedt. Schweig und gehorche!

Johnes (für sich). Sie muß behext sein.

W. Welstedt. Lebt wohl, Herr Stephan Foster. Ich seh' Euch wieder. (Geht ab.)

St. Foster (macht ein Compliment). Danke, danke, Ihr freundliche Lady! — Nun, Laquai? — Wohin soll's?

Johnes (verdrießlich). Ich glaube in den Narrenthurm mit uns Allen.

St. Foster. Bursch, von Thürmen will ich weiter kein Wort hören. Weder von Schuld- noch Narrenthürmen. Zeige mir den Weg, Laquai, und mache ein freundliches Gesicht — sonst sollst Du sehen, daß ich den Befehlen Deiner Dame den gehörigen Nachdruck gebe.

Johnes. Ihr?

St. Foster. Ich. (Er reißt ihm mit einem geschickten Griffe den Stock aus der Hand und schwingt ihn.) Sieh da in die Höhe, Hallunke, an der Spitze steht ein Gewitter für Dich. Den Hut herunter, Achtung, oder der Blitz schlägt ein! (Er holt aus.) Soll's werden?

Johnes (nimmt den Hut herunter). Gott beschütze mich!

St. Foster. Welchen Weg, Laquai?

Johnes. Nach Cornhill.

St. Foster. Setz' auf. (Giebt ihm den Stock.) Da ist Dein Stock. Hinter mir her — ich bin ein Gentleman — Du ein Knecht — verzieh's Maul nicht! — Ich will Dich Respect lehren! (Er geht stolz voran, Johnes folgt kopfschüttelnd.)

Siebente Scene.
Saal in Browns Hause.
Brown. Sir George Klingsporn. Meister Innocent Lamm.

Brown. Eure Sache — Ihr Herren. Gefallt meiner Tochter, so gefallt Ihr mir.

Sir George. Bei meinem Ritterleib! Ich muß ihr gefallen. Aber der Gelbschnabel im Garten läßt ihr keine Zeit, meine Person zu studiren. Auf mein Wappenschild schwöre ich, wenn der nicht bald das Feld räumt, werb' ich mit all' meiner Tapferkeit gegen ihn anstürmen.

Meister Lamm. Du grundgütiger Himmel — Ihr seid zu barsch mit schönen Mägdelein. Ich werde seufzen, schweigen — und am Ende führe ich sie heim.

Sir George. Da soll Euch mein Ritterschwert die Melodie zum Hochzeitsreigen spielen — Schlafmütze!

Mstr. Lamm. Ich bin doch auch — ein Gentleman.

Sir George. Haltet den Mund.

Brown. Ihr gebt Euer Wort, in meinem Hause keine Händel anzufangen.

Sir George. Das ist nur meine freundschaftliche Sprache.

Mstr. Lamm. Er meint es nicht so böse. Wenn er auch das Schwert schon heraus hat und es hebt Einer einen tüchtigen Knüttel dagegen auf, so steckt er es wieder ein.

Sir George. Meint Ihr, Hasenfuß? Versucht es einmal —

Mstr. Lamm. Du grundgütiger Himmel! Ich? Wie käm' ich zu einem Knüttel? Ich geduldiger, gebildeter Gentleman.

Sir George (die Hand am Schwerte). Sonst sollte Euch —

Brown. Wenn das Eure freundschaftliche Sprache ist, so redet sie wenigstens in meinem Hause etwas leiser. Ich bin Handelsmann; der Credit geht verloren, wenn hier Lärmen und Tumult gehört wird. — Begebt Euch wieder in den Garten — von mir könnt Ihr die Liebe der Tochter nicht erhalten, und diese müßt Ihr

gewinnen, wollt Ihr mein Eidam werden. Ihr seid Beide ehren=
werthe Leute — aber Robert Foster ist auch ein sehr ehrenwerther
Mann. Stecht ihn aus — mehr kann ich Euch nicht rathen. Auf
Wiedersehn. (Er geht ins Seitenzimmer.)

Sir George. Wohlan. Ich will's noch einmal probiren.
Ich gehe ihnen in den Wurf. Merken sie noch nicht auf mich, fliegt
ihnen, bei meinem Adelsbrief, der Handschuh vor die Füße — der
Gelbschnabel Robert wird mich schon verstehn. (Er will gehen.)

Mstr. Lamm. So nehmt mich doch mit, Sir George. —

Sir George. Lauft hinter mir her, ich erlaub' es Euch —
aber seid nicht vorlaut.

Mstr. Lamm. Ich? Vorlaut! Du grundgütiger Himmel!
(Beide ab.)

Achte Scene.

Robert. Johanna (aus einer andern Thüre).

Robert. Sagt's mir noch einmal, Johanna, sagt's mir noch
tausendmal, daß Euch meine Nähe nicht lästig ist. Mein Leben lag
bisher im tiefen Winter, mit Euch ist die Frühlingssonne meiner
Tage hervor getreten — nun rauschen mir erst wonnig alle Bäche,
nun blühen mir alle Blumen — ich möchte übermäßig weinen und
bin doch so unaussprechlich glücklich! —

Johanna. Ich kann Euch in Eurer schönen Sprache nicht
erwidern, Robert — aber mir däucht, daß ich sie anhöre —
damit dürft Ihr zufrieden sein!

Robert. O süßes, wundergleiches Mädchen! Nein, nie=
mals kann ich mehr von Euch lassen und müßt' ich, wie der Mond
die Erde, Euch in sehnsüchtiger Ferne umkreisen — Johanna! (Er
wirft sich ihr zu Füßen.)

Johanna. Steht auf, Robert — ich bitte Euch — wenn
mein Vater — steht auf. Seht, Ihr treibt mir all mein Blut
ins Angesicht vor Scham und Angst. O thut mir es zu Liebe
aufzustehn.

Robert. Nicht eher, Johanna, bis Ihr mir verziehen!

Johanna. Ihr seid so heftig — Ihr seid so ungestüm.
Ich sollte Euch den Rücken zukehren — und wochenlang mit Euch
grollen — ich sollte — (sie giebt ihm verschämt die Hand) ach, was sollte
ich nicht! — Aber ich bin zu gutmüthig — sterben mag ich Euch
nicht sehen, Robert.

Robert. O Du Segenspenderin meiner Seligkeit — Du Hand der Geliebten — laß mich vergehen auf Dir! (Er legt seine Stirne auf ihre Hand.)

Neunte Scene.

Brown. Die Vorigen.

Johanna. Nun haltet Ihr doch Euer Wort nicht. — Seht — ich wollte Euch ja nur aufhelfen — ich nehme Euch die Hand wieder weg — ich nehme Euch die Hand gewiß und wahrhaftig wieder weg!

Robert. Und mit der Hand das Leben!

Johanna. Benehmt Euch so, daß ich sie Euch in meines Vaters Gegenwart reichen kann — wollt Ihr sie dann behalten — dann —

Robert. Süßes, herrliches Mädchen, dann?

Johanna. Dann will ich's überlegen.

Brown. Die Calculation wird wohl nicht lange dauern!

Robert erhebt sich ohne bestürzt zu sein.

Johanna ist sehr erschrocken.

Brown. Von den drei Freiwerbern wählst Du Robert, Johanna? Erhebe nur Dein Haupt — die Waarenauswahl macht der Käuferin Ehre; aber, mein junger Freund — des Handelsherrn Walter Browns Tochter bekommt kein enterbter Jüngling — wie gesagt. Euer Vater und Eure Mutter gehen eben auf mein Haus zu — erkennen sie Euch als Sohn — hab' ich gegen Euch nichts einzuwenden.

Robert. Sie werden, o sie werden. Nun ist mir an der Eltern Liebe alles gelegen — nun will ich um ein günstiges Testament auf meinen Knieen flehen — nun ich Johanna sah, nun ich Johanna gewinnen kann, ist keine Demüthigung mir zu hart.

Brown. Geht ihnen aus dem Wege. Ich will erforschen, wie der Cours steht — ist er günstig — so rufe ich Euch.

Robert. O werther Herr Brown, mein Glück ist in Eurer Hand!

Johanna (Brown die Hand küssend). Mein guter lieber Vater! (Sie gehen aus der Thür, aus welcher sie gekommen, ab.)

Zehnte Scene.

Brown (allein). Ein einziges Kind wird so leicht nicht verstoßen und das schöne große Vermögen fremden Leuten zugewandt, vielleicht gar dem Lüderjahn Stephan Foster. — Robert wird ein gemachter Mann — meine Speculation ist begründet.

Elfte Scene.

George Klingsporn. Meister Lamm (aus der Thüre, aus welcher sie abgegangen). Brown.

Sir George. Nun? Wo sind sie? Bei meinem Patron, dem tapfern Kollegen St. Georg — hier auch nicht. Ich glaube, der Gelbschnabel wittert meine Klinge — er zahlt das Fersengeld, wenn er meine Sporen hört.

Brown. Meine Tochter ist im Garten, Ihr Herren. —

Mstr. Lamm. Du grundgütiger Himmel — dann ist sie in ein Maulwurfsloch gekrochen. —

Sir George. Wir haben den ganzen Garten der Länge und Breite nach gemessen, unser Fuß ist nicht über Eure Tochter gestolpert.

Bedienter (meldend). Herr und Frau Foster. (Ab.)

Brown. Geht nur hin — Ihr findet sie gewiß. Es ist purer Zufall, daß Ihr sie verfehlt habt. Als Ihr dort wart, war sie hier, und nun Ihr hier seid — ist sie dort.

Sir George. Das ist gegen einen Ritter, bei'm Lindwurm, ein sehr unartiger Zufall.

Brown. Ich bitte Euch, Ihr Herren, laßt mich allein — ich habe wichtige Geschäfte hier.

Sir George. Fürchtet Euch nicht, Euch thu' ich nichts — Ihr macht den Löwen zahm — in Rücksicht Eurer Tochter. Kommt, Beiläufer!

Mstr. Lamm. Ein Gentleman ein Beiläufer! O Himmel!
(Beide ab.)

Zwölfte Scene.

Herr Thomas Foster und Frau (durch die Mitte). Brown. Richard (bleibt im Hintergrunde).

Th. Foster. Nun, Freund, zum Gruß eine fröhliche Botschaft. Von Dover sind unsre Schiffe mit vollen Segeln ausgelaufen. Noch eine günstige Nacht, und die Kanonen gellen unsern Neidern die Ankunft in die Ohren. Ein schöner Gewinn lacht uns, wie viel, läßt sich nicht vorher bestimmen.

Brown. Ist schade, Freund Foster. Ich denke, was ich halte, hab' ich — die Wellen wachsen uns leicht über den Kopf — die Wellen des Glückes auch! Mir wär' jetzt eine auf den Zähltisch hingezählte runde Summe lieber. (Er holt einen Stuhl für Frau Foster.)

Th. Foster (schlau). Dazu kann ja Rath werden. Laßt uns auch einmal Spieler spielen! — Recht wie die Abenteurer. — Ich kauf Euch ungesehen Euren Vortheil ab.

Brown. Meinetwegen.

Th. Foster. Ihr findet Wohlgefallen an runden Summen — soll ich bieten —

Brown. Ich schlage zu — mögt Ihr auch dabei gewinnen!

Th. Foster. Zwanzigtausend Pfund!

Brown. Es gilt! (Er schlägt ein.)

Th. Foster. Halb in Baarem, halb in Waaren — wie der Kaufmannsspruch heißt.

Brown. Das ist Gebrauch und Sitte. (Sie schütteln einander die Hände.)

Th. Foster. Abgemacht?

Brown. Abgemacht.

Th. Foster (zu Richard). Geht und fertigt die Papiere über dieses Geschäft aus. (Richard geht ab.)

Brown. Wir haben eine gute Zeit, für die man den Himmel mit Unfrieden und Haß nicht danken sollte. (Zu Frau Foster) Meint Ihr nicht, geehrte Frau?

Frau Foster. Haß? Unfriede? Mein bester Herr! Ihr kennet ja mein Herz, das Rechtliche, das Ordnungsliebende hat keine wärmere Freundin als mich — wenn ich das Laster hasse, so bin ich nur gerecht — und Gerechtigkeit gefällt dem Herrn!

Brown. Richtet nicht, damit Ihr —

Th. Foster. Guter Freund! Kommt nicht auf Familienstreitigkeiten. Laßt uns unsre Geschäfte mit einander machen, laßt uns einander gefällig sein — aber strecken wir die Hand nicht über diesen Kreis hinaus, besonders nicht in des Andern häusliches Gebiet hinein; da brennt oft ein Feuer das unsre Finger faßt.

Brown. Seht, eben wollte ich Euch über häusliche Dinge zu Rathe ziehen. Meine Tochter Johanna ist im Hause. Von drei Freiwerbern hat sie sich just für einen entschieden — nun möchte ich gerne wissen, wie Der Euch gefällt.

Th. Foster. Je nun, ich will Euch darüber offen meine Meinung sagen — als ein erfahrner Mann.

Frau Foster. Stellt uns den Eidam in Gottes Namen vor.

Brown. Aber denkt, daß wir alle auf ein barmherziges Urtheil einmal rechnen. Seht ihn an mit liebevollen Augen, laßt keine Parteilichkeit Euch den Blick verdüstern — versprecht Ihr mir das?

Th. Foster. Von Herzen gerne; ich bin ja ganz kalt und unbefangen in der Sache.

Frau Foster. Ich trete keinem Kinde zu nah — mit meinem weichen Gemüthe!

Brown. Wohlan! Ich höre die Tritte meiner Gäste im Vorzimmer — Ihr sollt entscheiden.

Dreizehnte Scene.

Die Vorigen. Robert. Johanna. Sir George. Meister Lamm.

Brown (holt Johannen an einer Hand und Robert an der andern hervor und tritt dicht zu dem Ehepaar Foster). Dies ist die Tochter — dies der Jüngling — kennt Ihr ihn?

Frau Foster (springt entsetzt vom Stuhle auf und schlägt die Hände zusammen).

Th. Foster. Ich nicht — ich nicht. Der ist mir ein ganz Fremder. Ich kenn' ihn nicht, ich hab' ihn nie gekannt.

Frau Foster. Was thut Ihr hier, in einem achtbaren Hause, Herr? Geht doch zum Onkel — unter Schlägern und Spielern ist Euer Platz, wir haben mit Euch fürder nichts gemein.

Robert (will sprechen).

Th. Foster. Er will ja betteln für Dich. Halt ihn beim Worte, Junge, was der Dir erbettelt ist mehr, als was Du von Deinem Vater erbst. Erbettle Dir Dein Brod, oder gewinne Dir's im Spiel, Landstreicher, mein Haus ist verschlossen für Dich — aus meinem Testamente gestoßen bist Du!

Frau Foster. Höret die Vernunft, Jungfrau, laßt ab von diesem ungerathenen Sohn. Eure Kasse bestiehlt er und hängt das Geld an Durchbringer. Ist Euch Eure Ehre lieb, so wahret Leib und Seele vor ihm!

Robert. Vater — Mutter!

Th. Foster. Dein Vater? Taugenichts! Der Bettler, der Dich ernähren will, ist fortan Dein Vater — nicht der reiche

Kaufherr Foster — geh hin zu ihm, hole Dir seinen Segen und sein Testament!

Frau Foster. Liebwertheſter Herr Brown! Seid kein ſo leichtſinniger Vater — werft Eure Tochter nicht dem Burſchen an den Hals, er iſt ſchlimmer als ein Bettler, er iſt ein Genoſſe von Gaunern und Dieben!

Brown. Freund — werthe Frau —

Frau Foster. O weh mein Herz! Der Bube wird mir noch den Schlagfluß zuziehen find' ich ihn ſtets auf meinem Wege — o weh! o weh!

Th. Foster. Komm, Frau. Herr! Euer Geld und die Waaren ſtehen heute noch zu Dienſt. Weiter hab' ich kein Geſchäft mehr in Eurem Hauſe. Auf Wiederſehn. (Er nimmt ſeine Frau bei der Hand und geht eilig weg.)

Vierzehnte Scene.

Brown. Johanna. Robert.

Brown. Das iſt ein übler Handel, Robert — Ihr habt gefährlich geſpielt — (er tritt etwas verlegen zwiſchen Johanna und Robert).

Robert. Und verloren! verloren! (Rafft ſich auf.) Lebt wohl, Johanna. So ſchlimm bin ich nicht, wie die Eltern mich gemalt — beim hohen Gott, ich bin kein Böſewicht. O das Eine nur — nur das eine Wort, daß Ihr mich nicht für einen Ehrloſen haltet, fragt Euren Vater, Johanna — wie kalt er ſich jetzt auch von mir wendet, er wird mir gerect ſein, er wird mir's be= zeugen. (Mit Thränen.) Ich bin wahrhaftig kein verlorner Sohn. Ihr weint, Johanna — Ihr weint. Ihr nehmt Theil an mir — Ihr glaubt Eurem Herzen mehr, als allen Außendingen. O Johanna, Ihr ſeid der barmherzige Samariter, Ihr bleibt, wenn den armen Verwundeten Alles verläßt! — Lebt wohl — in Ehren nur ſeht Ihr mich wieder — oder auf der Bahre! (Er ſtürzt ab.)

Johanna. Gott — Gott — ich kann nicht mehr — Vater! (Sie fällt ihm halb ohnmächtig in die Arme).

(Der Vorhang fällt.)

Ende des zweiten Aufzugs.

Dritter Aufzug.

Reiches Zimmer bei Stephan Foster.

Erste Scene.

Frau Stephan Foster (früher Wittwe Welstedt). Später Johnes.

Frau St. Foster (in geschmackvollem Negligé). Nun, beim Himmel — das heißt schnell entschlossen und nicht langsamer ausgeführt. Ich bin seine Frau — sei's wie es wolle, ich habe keine Ursache, meine Wahl zu bereuen. Johnes!

Johnes (kommt.)

Fr. St. Foster. Wo ist mein Mann?

Johnes. Im Comtoir, Herrin. Eingegraben zwischen Geldsäcken und Papieren. Ach, wenn ich reden dürfte —.

Fr. St. Foster. Und was wäre das?

Johnes. Das schöne Geld, das schöne Geld! Heute ist es noch so wohl verwahrt, so vertraulich zusammengepackt — wer weiß — morgen zersprengt wie eine geschlagene Armee — in Trümmern, die auch der geschickteste General nicht wieder vereinigen kann. Ach, Herrin, ich mein' es gut mit Euch und gewiß auch sehr gut mit Eurem Gelde!

Fr. St. Foster. Meintest Du's nicht so ehrlich, alter Thor — dürftest Du Dir über meinen Herrn solche Reden nicht erlauben. Was das Geld anlangt, so ist's sein Eigenthum. Er darf schalten damit, wie er will — kein Mensch, ich selbst nicht, rede ihm darein!

Zweite Scene.

Die Vorigen. Stephan Foster (sehr anständig gekleidet, mit einer Hand voll Papiere).

Stephan Foster (giebt seiner Frau einen Kuß). Da bin ich, Engel, da bin ich — durch Dich in den Himmel erhoben. Ein begnadigter Sünder — besser als ein langweiliger Phlegmatikus, der weder Blut noch Muth hat, von allen Bechern des Lebens zu kosten. Nun bin ich Dein Mann — wie ein schöner Traum umtänzelt mich der Gedanke — der Mann der schönen reichen Wittwe Agnese! Bei allen Launen der Glücksgöttin — das ist der stolzeste Morgen meines Lebens!

Frau Stephan Foster (giebt ihm den Kuß zurück). Schnell gefreit hat nicht gereut! Wie findest Du unser bischen Baares?

St. Foster. Wie der Fisch das reine Wasser, wenn er auf trockenem Sande sich halb todt gezappelt hat. Ich schwimme darin herum; wäre mehr Platz zwischen den Säcken, ich machte Capriolen, als ob ich den Verstand verloren hätte. Hier lachen die Sovereigns — da winken die Kronen — dort jubeln Säcke voll Schillinge — da müßte man ein Klotz sein wenn man nicht mitlachte und jubelte wie ein Besessener!

Fr. St. Foster. Wenn auch Karten und Würfel noch so hungrig sind — so schnell speisen sie die Vorrathskammer nicht leer! Wie?

St. Foster. Das sage nicht, gutes Weib! Die Teufel haben verzweifelte Mäuler. Wirf ihnen all' den Kram hinein, in vierundzwanzig Stunden sehen sie sich nach mehr um.

Johnes (für sich). Ach du barmherzige Güte — na ja — ich sagt' es voraus!

Fr. St. Foster. Was ist aber auch das gegen mein übriges Eigenthum, meine Wiesen, meine Wälder, mein Haus, meine Schlösser, meine Juwelen! Mann, Karten und Würfel sollen sich schon die Zähne ausbeißen daran!

St. Foster. Plunder alles das, liebstes Weib, gegen Spielergewalt. Es kommt nur darauf an, daß man's hoch treibt — daß einem Fortuna die höhnische Miene weist, so ist in zwei Tagen von den Schlössern kein Stein, von den Wäldern kein Blatt unser!

Johnes (für sich). O du ruchlose Wirthschaft — ich geh' aus dem Dienst!

Fr. St. Foster. Sei's auch, dann werden wir sorgen, wie wir wieder erwerben — dann werden wir unternehmen — dann wirst Du Dein Weib, das Du aus Liebe genommen, nicht darben lassen wollen. Dann wird dies mißlingen, aber jenes gelingen — dann wird Tag und Nacht in mein Leben kommen, wie es die Natur will. — Thu nach Deinem Gefallen, Herzens=Mann, mit Allem, was ich habe. Stecke Dir die Taschen voll Gold, geh aus, Du bist Herr und frei — ich bin Dir gut, gut aus meines Herzens tiefstem Grunde. Verspiele so viel Du willst und siehst Du eine böse Miene von Deinem Weibe, so sage, sie liebt Dich nicht.

Johnes (für sich). Hat man je solche Verkehrtheit gesehen! Sie muntert ihn noch auf — na, nun wird's losgehen!

St. Foster (lächelnd). Spielen? Ich? Spielen? — Da wär' ich ja werth, daß man mich ins Tollhaus sperrte.

Fr. St. Foster. Wie?

St. Foster. Agnesens Mann — ein verheiratheter Gentleman der seine gesunden Sinne hat — spielen? Pfui Teufel!

Fr. St. Foster (auf das höchste erstaunt). Sagtest Du nicht vorhin, wie schnell das Alles fliegen sollte?

St. Foster. Wie schnell es fliegen könnte, Engel, wenn ein Unsinniger darüber schaltete. Unsinnig bin ich ganz und gar nicht, Frau. Ich habe gespielt, als ich nichts zu verlieren hatte — da ist nichts Unsinniges daran. Jetzt besitze ich Geld und Gut und mehr als das, (er faßt sie um die Taille) Dich — Dich, Du Krone von einem Weibe — ich sollte Dich kränken durch unordentlichen Lebenswandel? Das Gegentheil will ich thun — alle Sorgen will ich Dir abnehmen, in Dein Eigenthum soll Ordnung und Klarheit kommen — durch Geschäfte will ich's verzehnfachen und meinen Stolz darein setzen, daß die Leute sagen, Stephan Foster ist der achtbarste Mann der Stadt London, wir haben uns alle in ihm geirrt — wir sind stockdumm gewesen, und nur eine einzige war gescheidt, die erkannte ihn — sein herrliches Weib, seine Agnese!

Fr. St. Foster (umarmt ihn). Du trauter Mann — ich habe zwar Sorgen haben wollen, aber ich kann's nicht leugnen, ich muß Dich nun doppelt lieben, daß Du mir keine machst. Wunderbare Laune der Glücksgöttin! Ich heirathe Dich, damit ich Verdruß bekomme, ich heirathe Dich als einen berüchtigten Verschwender, der uns bald in Verlegenheit bringen soll — und heirathe in Dir das Muster von einem Ehemann, der mein Glück nur noch höher treibt. Der Strom geht seinen Weg und kein Mensch ändert seinen Lauf!

Johnes (herausplatzend). Erstaunlich. Mir steht der Verstand stille!

St. Foster (plötzlich zu Johnes). Was? Was spricht der? Der Verstand mag stille stehn — aber die Arme und Beine sollen sich rühren bei bezahlten Dienstleuten. He! Was glotzt Er müßig? Hinab ins Comtoir — alle Bücher und Rechnungen in mein Zimmer. — Ein Inventarium soll aufgenommen werden. Ich leide keine Maulaffen, die für's Brod nicht arbeiten. Rührt Euch alle im Hause — sonst rühr' ich den Stock. Marsch! (Johnes geht ab. St. Foster sehr freundlich zu Agnese.) Es ist Dir doch recht, Engel?

Fr. St. Foster. Du bist Herr über sie — nicht ich.

St. Foster. Aber Du bist mein Herr, und kein Schritt soll geschehen, kein Wort gesprochen werden was Dir nicht genehm ist — Dir will ich gefallen, in Allem, in Kleinigkeiten, wie in Wichtigem; das, und nichts anders ist der Zweck meines Lebens. (Küßt ihr die Hand.)

Fr. St. Foster. Großer Gott, welch eine Ueberladung von Glück bürdest Du mir auf!

Dritte Scene.

Vorige. Johnes (meldend).

Johnes. Herr Robert Foster.

St. Foster. Mein Junge! Mein Robert! Element noch einmal — über Dich, über meine glänzende Lage, vergeß' ich ihn, mich, Alles! Du willst ihn doch sehn?

Fr. St. Foster. Welche Frage! Er ist mir theuer um Deinetwillen.

St. Foster. Laßt ihn gleich herauf. Dann geht an die Arbeit; hübsch flink und eifrig — wenn Euch an meiner Gunst gelegen ist.

Johnes (verbeugt sich und öffnet die Thür dem Eintretenden, dann entfernt er sich).

Vierte Scene.

Stephan Foster. Frau Stephan Foster. Robert Foster.

Robert ist verstört und bleich. Er bleibt schüchtern an der Thür.

St. Foster (holt ihn vor). Nun, liebster Junge? Kommst Du einmal? Sieh her! Das ist Deines Onkels gutes Weib. — Das ist sein Haus — ich denke, Du fühlst Dich heimisch hier. Begrüße Deine Tante — schüttle ihr die Hand — sei nicht fremd gegen sie — ich sage genug, wenn ich sage: sie ist in allen Stücken nicht Deine Stiefmutter.

Robert naht sich schüchtern seiner Tante, sie reicht ihm liebevoll die Hand, welche er küßt.

Fr. St. Foster. Von Herzen willkommen, lieber Robert. Seit ich Euren Namen trage, hat sich mein Glück um Vieles erhöht. Möcht' es auch bei Euch eingekehrt sein. — Ihr seht aber leider nicht danach aus. (Robert bricht in Thränen aus.) Ihr weint? Seid Ihr mit Euren Eltern immer noch nicht versöhnt?

St. Foster. Ei was! So richte Dein Haupt empor, Junge, und sprich. Haben Sie Dich wieder übel behandelt?

Robert. O daß ich auf dem Grunde der Themse läge — um meinen Schimpf zuzudecken in den Fluthen.

St. Foster. Rede mir nicht so tolles Zeug, Robert. Schimpf, was Schimpf! Deine Eltern —

Robert. Ich habe keine Eltern mehr! In Gegenwart meiner Braut haben sie mir meine Ehre genommen, mich verflucht und aus ihrem Testament gestoßen!

St. Foster. Mach Dir nichts b'raus, Robert — ja ich kenne meinen Bruder und seinen Satan von Weib! Lache dazu, Robert —!

Robert. So sprecht Ihr, Onkel? Dessen Glück Liebe gegründet? So sprecht Ihr — da Ihr hört, daß der alte Brown mich verwirft, nun ich ohne Vermögen bin? — Das ist Euer guter Rath? Ich soll lachen dazu? — O vergebt mir meinen Freimuth! Aber wahr ist es, plötzliches Glück tödtet Mitleid und jedes weiche Gefühl. Ich soll lachen dazu, daß ich ein verlorner Sohn bin, ohne Segen der Eltern — eine Waise! Lachen! Onkel, wir verstehn einander nicht mehr — lebt wohl! (Will fort.)

St. Foster (hält ihn fest). Halt da! Hitzkopf! — Robert! Wetterjunge! Du sollst lachen dazu, Du kannst lachen dazu. Eine Waise bist Du wie Du sagst — ohne Vermögen, ohne Braut. Lügenmaul — dreifaches Lügenmaul! Hast den Stephan aus dem Schuldthurm gerettet, hast mit ihm gehalten in Noth und Gefahr — Weib — Engelsweib! Mir hat er sein Glück aufgeopfert — er allein, der impertinente Junge! Ohne ihn, wo wär' ich jetzt? Und nun schlägt er seinen Onkel ins Gesicht, schilt ihn einen kaltherzigen Glückspilz — Robert — Du bist mein Neffe nicht mehr!

Robert. Wie? Verstehe ich Euch, Onkel!?

St. Foster. Bist mein Neffe nicht mehr, grober Geselle — liebster Junge! — Herzensfrau, Du weißt, was er für mich that — wenn er mein Neffe nicht mehr ist, gieb ihm einen andern Namen!

Fr. St. Foster. Wenn ich Dich begreife, liebster Mann, so nenne ich ihn Sohn mit der größten Freude meines Herzens!

St. Foster. Da hörst Du es, Lügenmaul. Da hast Du eine Mutter — hier (er breitet die Arme aus), hier hast Du einen Vater! Erben sollst Du reicher als von Deinen ehemaligen Raben-Eltern! Und was die Braut betrifft? Ich habe so Geschäfte mit Brown! Ich gehe hin — Du als mein Sohn und erster Buchhalter gehst mit, der Johnes trägt uns volle Geldsäcke nach; was ich kaufe, zahle ich gut und baar. — Wird er meinem Sohn die Tochter verweigern? Wird er das, he? Wird er das? Dem Sohn von dem Weibe da und von diesem Mann? Potz Thorheit! Jetzt bitte ab — oder ich zeige Dir, Du vorschneller Bursch, daß Dein Onkel im Glück heißes Blut hat, trotz dem Jüngsten!

Robert (wirft sich vor Frau Stephan Foster nieder). Edle Frau — Onkel! Ihr schmettert mich nieder mit Eurer überschwenglichen Güte!

St Foster (faßt sein Weib um). Steh' auf, Robert — laß gut sein. (Zu Agnese.) Du wolltest einen Verschwender, Weib. An den Jungen will ich verschwenden — nun öff'ne Deine Säcke — das ist das Spiel, was ich spielen will, Gold gegen Liebe will ich setzen! Ein Pferd soll er haben, wie ein junger Lord! Kleider, daß sich die Weiber die Augen ausgucken — und wenn er stolz durch die Straßen trabt, will ich hinzeigen und rufen: Der hat mich aus dem Schuldthurm befreit — und so dank' ich ihm! Das ist ein Glücksspiel, wie's auf Erden nicht mehr gespielt wird. Willst Du halb Part halten, süßes Weib?

Fr. St. Foster. Halb Part in Allem, was Du thust, Mann meiner Liebe — dem ich mein Leben gäbe, so glücklich macht' er mich!

St. Foster. So komm, Eltern und Geld hast Du — nun mit einem glücklichen Wurf die Braut gewonnen. Eins, zwei, drei — Paff — gut stehn sie. — Ich sagt's vorher! (Er umschließt seine Frau und Robert.) (Alle drei ab.)

Fünfte Scene.
(Ein großer Magazinhof in Browns Hause.)

Walter Brown. Ein Buchhalter. Richard, ein Arbeitsmann mit Geldsäcken. Zwei Packknechte, die durch das Gitterthor Ballen und Kisten herein wälzen, deren mehrere schon dastehen. Ein Diener mit Dinte und Feder.

Brown (nimmt von Richard Papiere). Zehntausend Pfund in Baarem. (Zu seinem Buchhalter.) Nimm sie an und laß sie in's Com=

oder das Glück mit seinen Launen.

wir schaffen. (Der Buchhalter geht von dem Arbeitsmann gefolgt ins Haus.) Wollenwaaren und Wachs. Stoffe und Häute. Die werden freilich hier am Platz wenig Nehmer finden, allein der Gewinn ist groß genug und solid. Abgeschlossen ward — hier ist meine Unterschrift. (Ein Diener hält ihm Tinte und Feder hin. Brown unterschreibt auf einem Waaren-Ballen und will Richard die Schrift geben, während dessen kommt durch das Gitter Thomas Foster.)

Sechste Scene.

Vorige. Thomas Foster.

Brown. Da kommt mein Mann. Da nehmt, Freund, meine Quittung und die Abtretung meines ganzen Schiffsgewinnstes — wie bewußt. Die Valuta sind richtig eingegangen.

Th. Foster (nimmt schnell das Papier). Großen Dank. (Lächelnd.) Nun ich das habe, seid Ihr fest, Freund! Handel ist Handel!

Brown. Wie mit eisernen Ketten gebunden.

Th. Foster. Keinen Pfennig geb' ich Euch zurück, und gewönne ich das Dreifache — so wahr mir Gott helfe! Und wär's Euer größter Schaden!

Brown. Ei, keinen Pfennig geb' ich Euch zurück und kämt Ihr dadurch an den Bettelstab. So wahr mir Gott helfe! Handel ist Handel!

Th. Foster (mit Schadenfreude). Seid ruhig, Mann, ich fordre nichts zurück. Gerade heraus! Ich glaube, ich habe Euch überrumpelt — hä hä hä — ich habe Euch den Braten weggeschnappt beim Mahle — Euer halber Antheil wird mehr ergeben, als die Summe, die ich Euch für den ganzen gezahlt. Nun ist's vorbei, hä hä hä. Nun dürft Ihr mir keine Vorwürfe machen.

Brown. Das sei fern von mir. Nehme gern Profit — allein ich habe den Grundsatz: ein Schilling in der Kasse ist besser, als drei Schilling auf dem Wasser.

Th. Foster. Das Wasser ist mein Verbündeter auf Leben und Tod. Hä hä hä — hat mir geholfen jetzt, Euch ein Schnippchen zu schlagen.

Brown (etwas ärgerlich). Ei, so hört einmal auf. Genug daß ich Euch den reichen Gewinn gönne — nun redet nicht mehr davon! (Man hört einen fernen Schuß und dann noch einige.)

Th. Foster Habt Ihr's vernommen? Das sind die Schiffe! Sicher und gewiß, das sind sie. Schon weht die Fahne mit meinem

Wahlspruch im Hafen — die Neider werden grün und gelb bei der Geschwätzigkeit der Kanonen, die von dem Anwachs meines Reichthums erzählen. Seht mich hier ruhig stehen — nicht wie den Krämer, dem zum ersten Mal sein kleines Fahrzeug heimkehrt, athemlos zum Tower stürzen. Seht mich hier ruhig die Botschaft erwarten. Das heißt als Kaufherr handeln, stolz und sicher. He? das ärgert Euch auch ein bischen?

Brown (legt die Arme breit auf die Ballen). Hier, das ist mein, mein. Das Geld in der Kasse ist mein, ich hab's. Bekomm' Euch gut, was von den Schiffen kommt!

Siebente Scene.

Vorige. Richard (aus dem Hause).

Richard. Hörtet Ihr das Signal, Herr?

Th. Foster (sich ganz gleichgültig stellend). Was mehr? Fortuna ist's — und die Hoffnung. Vor Anker gegangen wie gewöhnlich.

Richard. Soll ich zum Hafen?

Th. Foster. Das mögt Ihr gerne, wenn's Euch drum zu thun ist. Ich kann's erwarten. Sie werden mich schon rufen!

Richard (will durch das Gitter ab; er begegnet Frau Th. Foster und zeigt ihr Th. Foster mit den Worten): Dort ist der Herr. (Geht ab.)

Achte Scene.

Frau Th. Foster. Vorige.

Frau Th. Foster (außer Athem). Hast Du's gehört, Mann? — Sehr werther Herr Brown — habt Ihr denn nichts vernommen?

Th. Foster. Kanonenschüsse —

Brown. Die Schiffe —

Fr. Th. Foster. Was Kanonen — was Schiffe! Eine Nachricht, die brummt wie tausend Kanonen, eine Nachricht, die meine Galle in den Magen treibt, als wären alle unsre Schiffe versunken. Dein Bruder —

Th. Foster (ruhig). Ist eingesperrt?

Fr. Th. Foster. Dann wär' ihm wohl!

Th. Foster (wie oben). Haben sie ihn aufgehängt?

Fr. Th. Foster. Dann wäre ihm noch besser — und uns dazu. Nein, himmelschreiend, entsetzlich — er ist verheirathet!

Th. Foster und Brown. Was?

Fr. Th. Foster. Verheirathet — mit wem glaubt Ihr?

Th. Foster. Ei meinetwegen mit einer Dirne, die aus dem Zuchthaus vor den Altar geht — seine Wahl beschimpft uns nicht!

Fr. Th. Foster. Würd' ich mich denn darüber ärgern? O mein Herz! Ihr Männer begreift uns nicht! Dann hätt' er sich ja den Stein an den Hals gehängt, der ihn ganz darnieder zieht. Nein! Flügel hat er erheirathet, Flügel, die ihn aufwärts tragen — daß man mit offenem Munde nachstarrt.

Th. Foster. Redest Du im Traume?

Fr. Th. Foster. Die reichste, schönste Wittwe in London, meine Pathe — meine ehrvergeßne Pathe Agnese Welstedt hat aller Scham den Kopf abgebissen — sie ist sein Weib, sein angetrautes Weib! (Foster und Brown schlagen verwundert die Hände zusammen.)

Fr. Th. Foster. Ja schaut nur, verwundert Euch, ärgert Euch, damit ich nicht allein an dem Wermuthsbecher trinke — stampft vor Zorn, dann nehmt Ihr mir doch etwas ab. Es will mich ersticken — der Haß und die Verachtung.

Th. Foster. Verachtung — das ist das rechte Wort. Ist er reich geworden? Ich bin's mehr als dieses fabelhafte Paar. Mit der Ebbe des Stroms ist in meine Kasse doppelte Fluth gekommen. Ich hasse ihn, ich verachte ihn, reich wie arm, damit holla!

Brown. Wird er nur jetzt ein solider Mann, hat er ein großes Vermögen errungen, so sehe ich nicht ein, warum —

Th. Foster und Frau. Nicht weiter, Herr!

Neunte Scene.

Vorige. Browns Buchhalter.

Buchhalter. Herr Stephan Foster folgt mir auf dem Fuße. Er sagt, er habe Handelsgeschäfte mit Euch. (Ab.)

Th. Foster. Geschäfte? Hä hä hä! Seid Ihr Liebhaber vom Würfelspiel?

Fr. Th. Foster. O böse Zeit, — o bitterböse Zeit wenn liederliches Gesindel sich blähen darf wie unser Einer!

Brown. Wir wollen sehen.

Zehnte Scene.

Stephan Foster. Robert. (Beide prachtvoll gekleidet, hinter ihnen **Johnes** mit Geldsäcken, aus dem Hause.) **Die Vorigen.**

St. Foster. Gott zum Gruß, Herr Brown. Ich habe Geschäfte mit Euch.

Brown. Mit mir, Herr? Laßt hören.

Fr. Th. Foster (leise zu ihrem Mann). Er thut, als sähe er uns nicht. Erbärmlich! Der Jockey ist ein Gentleman geworden!

Robert wirft betrübte Blicke auf seine Eltern.

St. Foster (der die Rede gehört, fängt herzlich an zu lachen). Ha ha ha!

Fr Th. Foster. Er lacht uns aus! Sieh! Sieh! Es schnürt mir die Kehle zu vor Ingrimm!

Robert macht einige Schritte gegen die Eltern.

St. Foster (hält ihn auf). Bleib hier, Robert. Wir haben hier mit keinem Andern, als mit dem Herrn vom Hause zu thun. Du auch nicht, lieber Junge. Hörst Du?

Robert blickt zum Himmel und seufzt.

St. Foster (sich schnell zu Brown wendend). Zur Sache. Ein großes Kapital ist mir disponibel. Zwei Schiffe hab' ich gekauft. Diese will ich mit verschiedenen Artikeln befrachten und brauche eine Parthie Wachs, Häute, verschiedene Wollenwaaren und dergleichen. Könnt Ihr mich damit versehen, so macht einen guten Preis. Die baare Zahlung trägt der mit sich.

Brown (sehr höflich). Zu Diensten, Herr, mit tausend Freuden. So eben habe ich eine ansehnliche Quantität solcher Waaren eingehandelt — sie sollen gleich die eurigen werden.

St. Foster. So sei dies unser erstes Geschäft — aber nicht unser bedeutendstes! Ich will Euer Kundmann sein.

Brown. Viel großen Dank — ich fühle mich geehrt durch Euer Vertrauen. (Sie schütteln einander die Hände und gehen in den Hintergrund, wo sie mit einander Rücksprache nehmen.)

Th. Foster (zu seiner Frau). So sind die Leute. Sieh doch den krummen Buckel von Freund Brown. Schmiegt er sich nicht wie eine gestreichelte Katze?

Fr. Th. Foster. Respekt hat er vor dem Taugenichts der Gefängnißbrod gegessen und klar Wasser dazu getrunken — und das thät' er noch, wenn sein sauberer Neffe uns es nicht abgestohlen, um ihn zu erlösen. Nun — nun! Ich möchte rasend werden!

Robert (benutzt den Augenblick, er kann sich nicht mehr halten und stürzt seinem Vater zu Füßen). Vater! —

Th. Foster. Was giebt's? Vor welchem Götzen kniet der Heide? Hinweg — Du bist ein Splitter mir in meinem Auge — ich habe Schmerz, so lange er drin steckt. Fort — mir aus dem Gesicht!

Fr. Th. Foster. Kniee da vor Deinem Freund und Onkel, dem Du zu seinem Glück verholfen. Ungerathener — ich bekomme Herzweh, wenn ich Dich sehe. Fort!

St. Foster (kommt mit Brown vor, er sieht Robert und zieht ihn hastig in die Höhe). Steh' auf, mein Junge. Du erniedrigst Dich, Du bist mein Sohn, und bei allen Hoffnungen auf ein selig Ende, Du sollst es nie bereuen, daß Du jenen Mann mit mir vertauschtest. Fletscht Eure Zähne nur, Ihr böses Weib — hohnlächelt immerhin; der Junge, den Ihr verstoßen, er allein ist reicher, als Ihr mit Eurem ganzen Kram. Scheltet nur auf ihn in der Straße, seines Wagens Räder und seiner Reitpferde Hufschlag achten wenig auf das Gebelfer eines neidischen Weibes.

Fr. Th. Foster. Bettler-Galopp — bald auf, bald nieder!

St. Foster. Bald auf, bald nieder, ja, Ihr Vipernzunge. Gebt Acht, daß es mit Euch nicht herunter geht. Dieser da ist adoptirt von mir und meinem Weibe. Die Elternpflichten wollen wir erfüllen, wie Ihr sie nie an Eurem rechten Kinde ausübtet, aber dafür soll er Euch den Rücken kehren, Ihr sollt ihm fremd sein — wenn Ihr um seine Liebe nicht das Knie beugt, wie er's jetzt vergebens vor Euch gethan.

Fr. Th. Foster. Da wird er wohl ein Weilchen warten — unsre Kniee sind alt und steif.

St. Foster. Das Schicksal kann sie schmeidigen. Noth kann Eisen brechen — und Euer Trotz ist Eisen, aber rostig und verjährt!

Th. Foster. Wozu des Redens? Geht Eure Straße, ich die meinige. Ich hab' Euch längst nicht als meinen Bruder betrachtet — Eure Lage ändert nichts an meinem Hasse! Ihr braucht meiner nicht — (hohnisch) wie sollt' es zugehen, daß ich Euer und des Jungens da bedürfte?

St. Foster. Ich wünsche Euch nichts Böses! Käm' es aber — wir machten es nicht gut — so lange Ihr vom Satan besessen seid. Da steht er, den laßt austreiben! Auf Th. Fosters Frau zeigend.)

Fr. Th. Foster. O mein Herz! Ich vergehe!

St Foster. Nun kommt mit ins Comtoir, Herr Brown. Mein Sohn Robert ist mein erster Buchhalter. Seine Unterschrift ist in Zukunft die meinige — er soll Euch die Papiere ausfertigen. Was er thut, erkenn' ich an — Alles — er hat *seines Vaters und seiner Mutter* unbegrenzte Liebe und ihr ganzes Vertrauen, so wie er es verdient. (Mit erhöhter Stimme.) So wie er es verdient; kein Jüngling ist so wahr und bieder, so thätig und liebevoll wie Der — und wird er gehaßt von *gewissen Leuten*, so hassen sie ihn, wie das Laster die gute That. So ist's, nicht anders. Kommt!

Fr. Th. Foster. Ach nehmt den lieben adoptirten Sohn doch mit — er genirt uns hier.

St. Foster. Er soll auch mit. Nach Eurem Anblick, wenn er gar zu lange dauert, schmeckt ihm das Mittagsessen nicht! Kommt!

Robert macht eine schmerzvolle Bewegung nach seinen Eltern, wird aber von Stephan Foster mit väterlichem Ernst zum Gehen genöthigt.

(Brown, Stephan und Robert Foster mit Johnes ins Haus ab.)

Elfte Scene.

Thomas Foster und Frau.

Frau Th. Foster. Läßt Du Deinem Weibe dergleichen bieten? Du kalter, feiger, unentschlossener Ehemann, Du! Da steht er und rechnet in sich hinein, in seiner Brust sind lauter Zahlen — seines Weibes Kränkung, ihre Galle kommt da in keinen Betracht; man darf sie verhöhnen, man darf ihr Schmähungen in das Gesicht hinein sagen — das rührt ihn nicht! Ist das die Liebe, die Du mir versprochen, ist das die Dankbarkeit für das schöne Kapital, das ich Dir mitgebracht? Was hab' ich dafür? Jammer, Elend! Ach, ich unglückliche Frau! —

Th. Foster. Laß doch die Leute reden! Reden sie mir einen Ballen Waaren von meinen Schiffen weg? Reden sie mir meinen Kredit zu Boden? Ist hier Grund zum Aerger, so ist es der, daß Brown an meiner Waare so viel verdient — ich hätte den Gewinn gern auch noch dazu — das ist doch ein Gegenstand, ein würdiger Gegenstand — Geld, reelles Geld! Aber thörichtes Geschwätz, armselig Geplauder — das prallt ab von meiner Brust wie ein Pfeil vom Harnisch.

Fr. Th. Foster. So hab' ich Dich nicht gekannt — Du Fühlloser — ich würde mich besonnen haben!

Th. Foster (lächelnd). Sieh erst die angekommene Labung an, hör' erst die Botschaft von meinen Schiffen — dann wirst Du stolz sein, daß Thomas Foster Dein Mann ist und kein Anderer.

Zwölfte Scene.

Richard (athemlos). Die Vorigen.

Richard. Um Gotteswillen, Herr —

Th. Foster. Nun Richard, seid Ihr am Bord gewesen?

Richard (verwirrt). Ja, — nein — ach lieber wollt' ich meinem Weibe den Tod des einz'gen Kindes erzählen, als Euch die Nachricht bringen.

Th. Foster. Welche Nachricht — Mann?

Richard. Ahnet Ihr denn nichts — fürchtet Ihr denn nichts? Errathet doch — spart mir den fürchterlichen Dienst.

Th. Foster. Himmel und Hölle. Jene Kanonen waren keine Schiffssignale?

Richard. Sie waren Signale. Ein spanisch Schiff ist eingelaufen — halb leck — mit einem zersplitterten Maste — — —

Th. Foster. Und meine Schiffe — meine Schiffe —

Richard. Ein entsetzlicher Orkan hat den Spanier in voriger Nacht so zugerichtet, dicht an der Mündung der Themse — aber er ist glücklich gewesen.

Th. Foster. Was frage ich nach seinem Glücke! Läge er auf dem Meeresboden! Wie ist's mit meinen Schiffen?

Richard. Derselbe Orkan —

Th. Foster. Rabe — verdammter Rabe — was pickst Du langsam an meinem Fleische — triff das Herz! Die Schiffe —

Richard. Sind beide gesunken mit Allem, was sie getragen haben.

Th. Foster. Ha! (Er schlägt sich wüthend vor den Kopf.) Mit Allem — mit Allem — nein, nein! Du lügst — sage, es ist ein Irrthum — man verwechselt ja die Namen der Schiffe — sei doch barmherzig — es muß erlogen sein — sage ja — ich bringe Dich um!

Richard. Es ist kein Irrthum möglich, Herr, fünf Matrosen der Mannschaft haben in Böten ihr Leben geborgen, ich sprach sie — der Spanier nahm sie auf!

Th. Foster. Ihr Leben — ihr nichtswürdiges Leben —! und meine Güter alle —

Richard. Hat das Meer verschlungen!

Fr. Th. Foster. Ach, Gott, ach Gott — ich unglückselig Weib, daß ich mein Schicksal an den gebunden — er ist die Schlange, die mein Herzblut trinkt!

Th. Foster (mit irrem Blicke). Das Meer verschlungen — wirklich? Das Meer verschlungen!

Richard. Nicht ein Ballen, nicht eine Kiste ward gerettet!

Th. Foster (wüthend lachend). Nicht ein Ballen — nicht eine Kiste — ha ha ha — das heißt — (mit den Fäusten in seinen Haaren) Foster ist bankerott! Bankerott!

Fr. Th. Foster. Zum Gespötte für unsre Feinde! Wie werden sie triumphiren! Bestell' einen Sarg für mich — die Scham wird mir das Herz abstoßen!

Th. Foster (wüthend um sich blickend). Und diese Waaren besaß ich noch vor einer Stunde — 10,000 Pfund waren noch mein außer ihnen! Das hab' ich verschleudert — verspielt — alles, alles weggegeben für die Ladung — und nun keine Kiste — kein armseliger Ballen! Grimmiger Teufel, der du auf dem Grunde des Meeres hausest — womit kann ich von dir zurückkaufen, was du nahmst?! Mit Blut — mit Mord — mit Brand — Brand — ha — Feuer will ich werfen ihm ins Magazin, daß er nicht lache über meine Einfalt — sondern jammere mit mir!

Richard. Liebster Herr!

Th. Foster. Ich bin nicht wahnsinnig. Nein, gewiß nicht. Ich kenne Euch. Ihr seid Richard und ich wundre mich über Euch, daß Ihr noch bei mir seid, da mein eigen Weib nur Vorwürfe hat und keinen Trost für den Bankerotten — den Bettler. Ihr müßt sehr gut sein, Richard, sehr gut — daß Ihr mich nicht verhöhnt — denn ich bin Euch fremd. Sie aber schürt die Flamme, die mich brennt —

Richard. Wollt Ihr nicht die Blicke Eures Bruders und Browns meiden in Eurer Stimmung —

Th. Foster (halb irre). Ja, ganz gewiß. Jeden Blick von jedem Menschen will ich fliehen — denn sie sind giftig oder spöttisch — das ist gleichviel. Kommt, Richard, kommt, thut mir den letzten Dienst, geleitet mich dahin, wo's einsam ist — wo keine Menschenaugen stechen. Ich bin ganz gelassen — nur lachen will ich nicht hören — lacht Einer unterwegs in meiner Nähe, so erwürg'

ich ihn! Außerdem bin ich der friedlichste, elendeste Mensch in Alt=
England. Ich will ganz allein von meinem Unglück zehren, von
meinem Ingrimm, so recht nach Herzenslust mich grämen, bis die
alten Knochen zusammenbrechen. Ist das nicht vernünftig? Ja
wohl. Kommt, Richard. Keinen Ballen — — und keine Kiste!
Bankerott — der reiche Foster — es ist lächerlich und doch beinahe
zum Weinen! (Foster wird von Richard fortgeführt, die Frau folgt weinend
nach.)

(Der Vorhang fällt.)

Ende des dritten Aufzugs.

Vierter Aufzug.

Garten an Browns Hause.

Erste Scene.

Sir George Klingsporn. Meister Lamm.

Sir George. Seid Ihr auch schon wieder da? Bei den vier und zwanzig Elementen, von nun an dulde ich keinen Nebenbuhler — auch Euch nicht, Flederwisch! Sind Euch Eure Ohren im geringsten werth, so trollt Euch fort.

Mstr. Lamm. Du grundgütiger Himmel! Ihr verspracht mir Freundschaft —

Sir George. Ich habe schon ganz andere Versprechen gebrochen, wenn mein adlich Siegel nicht darunter gedrückt war. Freundschaft — Euch? Kann ein Löwe mit einem Sperling Freundschaft halten? Der junge Foster ist beseitigt, mit Euch werd' ich wohl noch lange Umstände machen! Räumt den Platz!

Mstr. Lamm. Nehmt doch Vernunft an!

Sir George. Das ist unter meiner Würde.

Mstr. Lamm. Ihr habt kein Recht, mich braven, friedliebenden Gentlemann aus einem fremden Hause zu weisen!

Sir George. Kein Recht? Hier sitzt mein Recht. (Er schlägt auf den Degen.) Soll ich Euch die Schriftzüge zeigen? (Er zieht ein wenig.) Bei allen Heldenthaten der Vorzeit — (Er zieht den Degen noch mehr heraus.)

Mstr. Lamm. Laßt stecken, Ritter! Ich rathe Euch, laßt stecken. Ich bin kein Sperling — du grundgütiger Himmel — aber ein Fuchs. Wollt Ihr Gewalt brauchen, so brauche ich List — ich rathe Euch, thut gleich die Hand von dem Degen!

Sir George. Was? Drohen wollt Ihr einem Manne wie ich bin? (Er zieht ganz.) Ich jage Euch mit der flachen Klinge zur

Thür hinaus, bei meinem Helmbusch! wenn Ihr nicht im Augen=
blick unsichtbar werdet.

Mstr. Lamm (springt einige Schritte zurück). So? Wollt Ihr
mit Gewalt mich hier wegtreiben? Haltet ein wenig. (Zieht seine
Börse und wirft sie auf die Erde.) Ihr schlagt mit Stahl, ich mit Silber.
Ich schreie Raub! und schwöre, Ihr habt mir mit bloßem Degen
die Börse abgetrotzt — das schwör' ich. Du grundgütiger Him=
mel — dann hängt Ihr mit all' Eurer Ritterlichkeit — wollt
Ihr das?

Sir George (schwankt). Kein Gewappneter läßt sich ins
Bockshorn jagen — (er macht einen Schritt gegen Lamm).

Mstr. Lamm. Hülfe — Räuber — Mord —

Sir George. Haltet das Maul! Das ist, bei meinem
Schlachtroß! der größte Hallunke, den mein ritterlich Auge erblickt
— ein solcher Kerl ist zu allem fähig. Nehmt Eure Börse auf,
ich habe nur vornehm mit Euch gescherzt — nehmt Eure Börse
auf — mit Gerichtsdienern muß man sich nicht gemein machen —
die verstehen keinen Spaß. Bleibt da. (Er steckt ein.)

Mstr. Lamm (steckt geschwinde die Börse ein). Wenn Ihr ein=
steckt, stecke ich auch ein — laßt Ihr Euch aber einfallen, mir ge=
bildetem Gentleman mit der bloßen Klinge zu drohen — so lasse
ich Euch einstecken in aller Freundschaft und bring' Euch an den
Galgen, in Freundschaft, versteht Ihr?

Sir George (in die Scene sehend). Da kommt die Jungfrau,
deren Farben ich auf allen Tournieren tragen will — mein Hiersein
hat sie herabgezogen zum Garten — bei meinem Fähnlein! Noch
einmal blickt sie schüchtern zurück, ob der Vater sie bemerke — sie
naht. (Er geht nach der Richtung hin.)

Mstr. Lamm zupft sich den Kragen zurecht und präparirt sich, Johanna anzureden.

Sir George. Seid Ihr schon wieder mit, Klette? Er=
spart Euch die Beschämung, Ihr werdet bei meinem Siege dastehen,
wie ein begossener Hund —

Mstr. Lamm. Kann nun wohl ein Sperling auch ein Hund
sein? Du grundgütiger Himmel!

Sir George. Haltet den Mund. (Sie gehen Johanna ent=
gegen, bleiben aber plötzlich stehn.)

Mstr. Lamm. Hä hä! Da ist ja doch der Foster wieder!
Er küßt Johanna die Hand —

Sir George. Ich hau' ihn in zweitausend Stücke!

Mstr. Lamm. Jetzt ist Eure Courage gut angebracht — treibt ihn hinweg!

Sir George. Sie kommen hieher — laßt uns ein wenig bei Seite treten —

Mstr. Lamm. Ich denke, Ihr wollt ihn in zweitausend Stücke hauen —

Sir George. Ich passe meine Zeit ab — bei meinem Ritterschlag! er soll in ein Mauseloch kriechen! Kommt!

Mstr. Lamm. Geht ihm doch lieber gleich zu Leibe!

Sir George. Verderbt mir den Angriffsplan nicht, Dummbart — was versteht ihr von Schlachtenliefern. Folgt! (Sie treten in eine Laube.)

Zweite Scene.

Vorige. Robert. Johanna (von Robert an der Hand geführt).

Robert. Glanz meines Lebens, Geliebte meiner Seele! Welch ein Ball bin ich in der Hand der Glücksgöttin! Mein Adoptiv-Vater zum Sheriff erwählt — unsere Vereinigung verabredet und beschlossen — ich berg' es nicht, Geliebte, meines rechten Vaters Segen fehlt dem Ringe meines Heils als ein Hauptstein — aber auch er wird, auch er muß mir werden. Nun soll mir nichts die süße Minute verkümmern, in der ich mit Dir allein bin und Dir ganz angehöre.

Johanna. Ja, Robert, nun darf ich es gestehen — soll eines Mannes Hand mich durch dies Leben geleiten, so muß es die Eurige sein. Nun darf ich es sagen — des Kindes Gehorsam steht mit des Herzens Neigung im Einklang.

Robert (wirft sich vor ihr auf die Kniee). Lasse diesen Traum mich austräumen, o Himmel, bis ans Grab und gewähre mir die segnende Hand meines Vaters auf unserm schönen Bunde. (Er faßt ihr die Hand, sie neigt sich sanft über ihn.)

Sir George (zu Meister Lamm). Nun paßt auf! (er tritt gravitätisch vor und wirft seinen Handschuh vor die Liebenden.) Da!

Robert (sieht sich um, steht ruhig auf und fragt verwundert). Was soll's geben?

Sir George (mit drohendem Blick). Da liegt er.

Robert. Wer?

Sir George. Mein Handschuh.

Robert. Was kümmert das mich?

Sir George. Ich habe meinen Handschuh hingeworfen. Hebt ihn auf! —

Robert. Ihr Grobian! Bin ich Euer Kammerdiener?

Sir George. Hebt ihn auf! Bei allen Wappen alt=englischer Edelleute — ich verlange, daß Ihr den Handschuh nehmt — er kündigt Euch Euer Schicksal an.

Robert. Geht zu einem Arzte, und laßt zur Ader, närri=scher Gesell — Ihr seid im Gehirn nicht richtig.

Sir George. Auf das Gehirn kommt's hier nicht an — auf die Faust — ich fordre Euch zum Kampfe heraus, wenn Ihr dieser Jungfrau nicht entsagt.

Robert (lachend). In der That — ein drolliger Mensch!

Sir George. Ihr wollt nicht? (Die Hand am Schwerte.) Soll ich mit der Klinge —

Robert (ernst). Halt. Die Hand da weg, Spaßmacher! So lange habt Ihr mich unterhalten — ich bin zu glückselig, um Händel zu suchen — nun aber ist's genug! Packt ein, gleich — (er zieht) oder ich will Euch anfeuern, daß Eure Beine sich bewegen wie ein Wettepferd!

Sir George (hatte auch gezogen; als er sieht, daß Robert Ernst macht, tritt er rückwärts und dabei Mstr. Lamm sehr unsanft auf die Füße).

Mstr. Lamm. Au! Du grundgütiger Himmel!

Sir George (sieht sich um und tritt hinter Lamm). Ihr nehmt mir ja die freie Kampfesbewegung. Bleibt vor mir, ich vertheidige Euch!

Mstr. Lamm. Nein — Ritter — ich — (Er will zurück, der Ritter hält ihn fest.)

Robert (mit dem Degen drohend). Nehmt den Handschuh auf — Herr Grobian — oder Ihr, durchsichtiger Windbeutel — schnell — schnell sag' ich — oder mein Stahl klirrt Euch um den Schädel. (Er beruhigt Johanna, die ängstlich wird.)

Mstr. Lamm (hebt ihn auf). Hier habt Ihren Euren Hand=schuh. (Er will hinter den Ritter. dieser zwingt ihn zum Vortreten.) Laßt mich doch in des Kukuks Namen frei!

Sir George (hinter Lamm). Bei allen Zweikämpfen der Erde — so können wir nicht fechten — die Sonne ist nicht getheilt — ich bin geblendet und Ihr habt den Vortheil!

Robert. Haltet Euch ja still, Großmaul! (Er droht heftig mit dem Degen.)

Dritte Scene.

Die Vorigen. Stephan Foster. Brown. Ein Diener.

Sir George (faßt mehr Muth, da Leute kommen, behält aber seine Position hinter Lamm bei).

Brown. Heda! Ihr Herren! Was giebt's? Händel in einem ehrbaren Kaufmannshause?

Robert. Mit hingeworfenem Handschuh droht er, mir die Braut zu entreißen.

St. Foster. Und da hast Du ihm eine Lection gegeben, Junge. Recht so, Robert. Klopf' Du nur auf den Busch, dann fliegen solche Vögel davon. Wollen die beiden Herren nach der Jungfrau die Hand ausstrecken — ich kann's ihnen nicht verdenken — aber sie hat gewählt — und nun ist für Euch hier nichts zu thun. Meint Ihr, mit Gold Eurer Freiwerberei Gewicht zu geben — der junge Freiwerber bekommt von mir mehr, als Ihr in Eurem Leben gesehen.

Sir George (hinter Lamm; höhnisch). Von Euch, Herr Stephan Foster? Bei meiner ritterlichen Ehre — zusammengewürfelt etwa — oder in Karten erhascht? — Ich bemitleide Euch!

Robert (will auf ihn los). Laßt mich den Tollhäusler —

St. Foster. Halt, Junge. Meine eigne Sache soll zu keiner Rauferei führen — ich bin Sheriff und will das mit Besonnenheit abthun. Wer sind die Leute?

Mstr. Lamm (sich blähend). Meister Innocent Lamm, Gentleman, von allen rechtlichen Leuten gekannt.

Sir George. Mein Name, Wappen und Wahlspruch stehen im Herolds-Register. Ritter Johann Peter George Klingsporn; wächst Euch nun noch der Kamm?

St. Foster. Lamm und Klingsporn! Sieh, sieh! Ein herrliches Begegnen. Ich habe da eine Menge Papiere, Schuldverschreibungen und Wechsel von meines Weibes seligem Mann. Jeder dieser saubern Gesellen ist mit tausend Pfund verschrieben. Ich will Euch das Großthun, die Schwindelei und die Freilust vertreiben. (Zu dem Diener.) Holt doch schnell einen Gerichtsdiener, Freund! (Der Diener will fort.)

Sir George. Schon wieder Gerichtsdiener! Ich mache mich mit keinem solchen gemein. (Er läuft mit großen Schritten davon.)

Mstr. Lamm (stotternd). Du — grundgütiger Himmel. Was ist denn da — —? — Ritter! (Er denkt, Sir George steht noch hinter ihm.) Helft doch. (Er tappt zurück und sieht, daß der Ritter weg ist.) Wenn ein Ritter ausreißt, so kann ein Gentleman wohl etwas Aehnliches beginnen. (Er entschlüpft mit leisen, aber großen Schritten, während Stephan und Robert laut auflachen.)

Vierte Scene.

Vorige ohne Sir George und Meister Lamm.

St. Foster (lachend). Seht — solch ein Wechsel hetzt besser als ein Jagdhund! Ich weiß das aus Erfahrung! Nun, Kinder, freut Euch Eures Glückes. Du, schöne Jungfrau, sollst einen Verlobungsring erhalten, mit einem Stein, leicht an Gewicht und doch 1000 Pfund schwer. (Er umarmt beide.) Ihr sollt meine guten Kinder sein — so wie die Eurigen, nicht so, Herr Brown?

Brown (sie ebenfalls umarmend). Wen Euer Testament bedenkt, Herr Sheriff, dem wird es an aller Gattung Segen nicht fehlen.

Robert (für sich). Nur an Vaterssegen noch!

Fünfte Scene.

Vorige. Mistreß Stephan Foster. Johnes (hinter ihr).

Brown. O, viel willkommen, edle Frau, das Wunder der Stadt — ein Weib, das noch kein Trübsal erfahren — Ihr bringt das Glück, wohin Ihr Euch begebt.

Frau St. Foster. Nicht einmal stets glückliche Nachricht — viel weniger das Glück selbst. (Sie küßt Johanna die Stirn.) Wir wollen Freunde werden, Du süße kleine Braut — wenn erst die Liebe Raum lassen wird zu weniger stürmischem Gefühl.

Johanna (beugt sich auf Frau St. Fosters Hand, sie wird ans Herz geschlossen).

St. Foster. Nun, Frau, und Deine Nachricht — Du rosafarbener Charakter — Dir glaubt man kaum etwas Trauriges. Betrifft es uns?

Fr. St. Foster. Uns nicht — und doch auch uns. Des alten Fosters Schiffe sind gesunken, Dein stolzer Bruder ist an den Bettelstab gekommen!

Robert. O guter Gott — mein armer Vater!

Brown. Das wolle der Himmel nicht! —

Fr. St. Foster. Es ist nur zu gewiß — mich dauert meine alte Pathe — aus kleinem Uebel machte sie sich künstlich stets großes Ungemach, nun trifft es sie so hart.

Robert. Entsetzlich — Vater, Vater, und du sollst nun ohne Sohn sein?

St. Foster (fest). Was ist das Dir? Robert — wem gilt diese Thräne? Junge, ich rathe Dir, begrabe alle Liebe zu dem kalten Bösewicht! Reiß' Deine Anhänglichkeit mit der Wurzel aus. Da broben walten gerechte Rathschlüsse — wie er die Verwandten verlassen hat und ihrer noch gehöhnt im Elend — so soll er nun in seiner Armuth fühlen, wie Rettungslosigkeit, wie Mangel an Trost thut! Er soll's fühlen! Bei der Wage, die unsre Thaten wägt, sei's geschworen!

Robert. Das ist nicht Eures Herzens Meinung, Onkel —

St. Foster. Sie ist's, Junge. Als ich ein armer Schiffbrüchiger war, hätt ich vor seinen Augen ertrinken können — kein armselig Seil hätt' er mir zugeworfen, das Leben zu bergen. Willst Du Thränen vergießen für den Mann, der Dein Blut kalt hätte hinströmen sehen? Nein, Robert, das lasse — lasse das — ich leid' es nicht.

Robert. Es handelt sich um meinen Vater!

St. Foster. Hier steht Dein Vater — der Unnatürliche soll Dir ein Fremder sein — im Glücke, wie im Unglück gleichgiltig — denk' daran — in meiner Hand ist Dein Schicksal!

Robert. In meiner Brust ist mein Gewissen!

St. Foster. Du hast ihm entsagt.

Robert. Als er reich war und beneidet; nun —

St. Foster. Ueberläßt Du ihn seiner Reue und seiner Strafe.

Robert. Nimmermehr.

St. Foster. Ich befehle es Dir!

Robert. Ihr könnt mir kein Unrecht befehlen!

St. Foster. Was willst Du? Womit kannst Du ihm helfen, wenn ich meine Hand von Dir ziehe? Junge! Bist Du dann nicht Bettler wie er?

Robert. Ich denke nicht, ich überlege nicht. Mein Herz treibt mich. Es ist schon Frevel, daß ich noch hier weile. Ich muß wissen, wie es um ihn steht! (Zu Johanna.) Geliebte meiner Seele, wenn dieser Mann fähig ist, mich deshalb zu verstoßen, weil ich Sohnespflicht übe — so gieb mich auf! Ich werde sterben, wenn ich Dich nicht besitze, aber ich sterbe als guter, unglücklicher Mensch! Daß ich meinen eigenen Vater kalt umkommen sehe, das verlangst Du nicht — o nein — das kannst Du nicht verlangen, denn Du bist tugendhaft und hast Muth zu entsagen, wie ich! (Er stürzt fort.)

oder das Glück mit seinen Launen.

Sechste Scene.
Vorige, ohne Robert.

St. Foster. Robert! Robert — hör' meine Warnung —

Fr. St. Foster. Hindre ihn nicht, Trost zu bringen —

St. Foster. Ich werde ihn hindern, gutes Weib. Mein Bösewicht von Bruder weiß meine Thür! Wenn er meiner bedarf, so soll er kommen, er soll bitten um meine Hülfe — sein stolzes Weib soll sich demüthigen — nicht einen Schilling geb' ich Robert zu Hülfe — nicht einen armseligen Schilling — ich lasse nicht mit mir als einem Schwachkopf verkehren — mein Wille ist fest — mein Entschluß gerecht!

Brown. Herr Foster —

Johanna (in Thränen). O! Großer Himmel!

St. Foster. Sehr werther Herr! Unser Geschäft ist abgethan. Es bleibt alles bei der Abrede — alles, (zu Johanna) versteht mich, Jungfrau — Alles — ich denke, Robert wird meine Liebe nicht verwirken.

Brown (zu Frau St. Foster). Ich rechne auf Euch, sanfte vortreffliche Frau — Euer Fürwort wird —

St. Foster. Nichts ausrichten, Herr. Ich handle, wie ich recht glaube. — Mein Weib ist mein Kleinod, meine Perle und mein Leben; aber wo es Verhältnisse von Mann gegen Mann betrifft — da spricht sie nicht darein, sie ist nur Weib — ich bin Mann; sie hätte mich niemals gewählt, wenn sie nicht glaubte, in jeder Lage kenne ich die rechte Straße. Die rechte, Herr, die sich mit Herz und Klugheit gleich gut verträgt — Lebt wohl.

Brown macht eine Bewegung, um noch etwas zu sagen.

Fr. St. Foster macht eine beschwichtigende Pantomime.

St. Foster. Nichts mehr davon. Morgen beim Lord-Mayors-Feste sehn wir uns wieder. (Er führt seine Frau ab.)

Brown (führt tröstend seine Tochter ins Haus).

Siebente Scene.

Das Aeußere des Schuldthurms, zu dessen Innerm ein großes, stark verwahrtes Gitterthor führt. Im Hintergrunde das schöne Gebäude, welches Stephan Foster jetzt bewohnt.

Ein Constable führt Thomas Foster zu dem Gitterthore hin und klingelt.

Th. Foster läßt es im finstern Hinbrüten mit sich geschehen.

Der Schließer öffnet das Thor und tritt heraus.

Constable (giebt dem Schließer Papiere). Ich übergeb' Euch den Gefangenen. Hier ist der Befehl.

Schließer (ohne Foster anzusehen). Ganz gut. (Constable ab.)

Schließer (sieht Foster an und erkennt ihn). Hilf Gott! Herr Foster — wegen einer Wechselschuld von zweihundert Pfund — seid Ihr so zurück gekommen?

Th. Foster (mit bitterm Lächeln). Sie haben den alten Nuß= baum stark geschüttelt, Freund — zu stark — es sind nicht allein die Früchte alle ab! Ich fürchte, die Wurzel ist gebrochen — (er zeigt auf seine grauen Haare) das bischen Laub da oben zeigt, daß er nicht viel mehr verträgt.

Schließer. Eure Freunde werden Euch nicht hier lassen.

Th. Foster. Ich habe keine Freunde.

Schließer. Eure Verwandte —

Th. Foster. Schweigt stille, Freund, von diesen! — Nehmt Euch in Acht vor diesen! Will Euch ein Verwandter von mir ein Pülverchen aufreben als Arzenei für mich — gebt's dem Sheriff ab, zur Untersuchung — das wird Gift sein — böses Gift!

Schließer. Ihr urtheilt lieblos!

Th. Foster. Lieblos? Habt Ihr schon einen Candidaten vor dieser Pforte stehen sehen, der hier noch die Menschen liebt? — So wie das Thor, sind Menschenherzen vergittert; der Vortheil schließt sie auf; flieht der Schließer, so stoßen sie den Mit= menschen ohne Barmherzigkeit in den Hunger und die Verzweiflung! Ich liebe keinen Menschen — denn ich hasse mich selbst! Laßt es gut sein, Mann; ich bin leicht zu behandeln — ein Kind wird nicht so folgsam sein als ich — sagt mir, was ich zu thun habe in meiner neuen Wohnung.

Schließer. Da Ihr der jüngste Gefangene seid —.

Th. Foster. Der Jüngste?

Schließer. Der Letztgekommene nämlich — so müßt Ihr, oder Einer für Euch zwei Pfund Sterling erlegen — sonst —

Th. Foster. Sonst? Sagt's nur frisch weg. Was nach dem Sonst kommt, ist meine Pflicht — denn für mich zahlt keine Seele einen Schilling.

Schließer. Sonst müßt Ihr hier am Eingang laut betteln, bis für das Haus zwei Pfund eingegangen.

Th. Foster. In der That?

Schließer. Das Haus ist arm —

Th. Foster. Ich kann mir's denken; die respektabeln Leute die es bewohnen, sind solche, denen kein Ballen, keine Kiste von ihrem ehemaligen Glück geblieben. Betteln? Ja, ich will betteln. Das ist mein jetziges Geschäft. So wie ein Fischer fischt uns tägliche Brod, so muß der Bettler betteln — das ist in der Ordnung — lehrt mich nur die Formel, Freund, es wird mir ungewohnt sein — ich habe noch nie gebettelt, Schließer, wahrhaftig nicht — ich werde mich etwas linkisch dabei benehmen, indessen es lernt sich. Ach! Noth lehrt beten — und betteln! Kommt! (Sie wollen gehen.)

Achte Scene.

Vorige. Robert.

Robert. Haltet! Haltet! Wohin wollt Ihr mit diesem Mann?
Schließer. In den Thurm, Herr, für 200 Pfund.
Th. Foster (mit zorngerunzelten Brauen). Die Stimme kenne ich — laßt uns hinein — diese Stimme klingt mir hohnlachend! Fort.
Robert. Wartet, Freund, ich bin der Sohn.
Th. Foster. Glaubt's nicht, Schließer, ein Basilisk ist's, der mit seinen Augen tödtet — wenn sein Spott allein dies zu vollbringen im Stande ist.
Robert. Hört mich doch, Vater, um Eurer Seele willen — hört auf die Stimme Eures Blutes —
Th. Foster. Ich bin nicht hier wegen Spiel und Lüderlichkeit. Ihr Bösewichter! Was lachet Ihr mich aus? Was jubelt Ihr über einen Mann, den das Schicksal geschlagen? Schließer — ich will hinein, an mein Amt. Ich will betteln, ich will gleich betteln! Aber dem dort aus den Augen! Hört Ihr — ich bin Euch übergeben zum Einsperren — nicht an den Pfahl auszustellen auf der Straße, den Buben zum Gelächter! thut Eure Schuldigkeit, Mann, sperrt mich ein — sonst leg' ich Hand an mich! Hört Ihr? Kommt, kommt. (Er zieht den Schließer in die Pforte.) Und nun sperrt zu. Fest. Noch einmal. Geschieden von den Menschen, nun wird mir leichter sein! (Er verschwindet mit dem Schließer.)
Robert (gegen das Thor). Vater! Vater! Gütiger Gott! Ich will ja meinen Nacken beugen unter Eure Last und Ihr behandelt mich wie einen Feind! O Vater, verflucht mich nicht, verflucht doch Euren Robert nicht — er ist ein guter Sohn! — (Er wirft sich auf die Kniee, den Kopf gegen das Gitter.)

Neunte Scene.

Robert. Stephan Foster und Frau. Johnes.

St. Foster (steht und erkennt Robert). Heda! Robert — was thust Du hier?

Robert (steht auf, er ist verstört und weint). Ich jammere am Käfig eines armen gefangenen Vogels — den ich füttern will mit meinem Blute, wenn ihm Nahrung gebricht!

St. Foster. Den Vogel kenne ich, Junge. Es ist derselbe, der mir seinen Gesang als Trost in den Kerker schickte: dort laßt ihn sitzen und heulen! Ich bin ein gutes Echo, Robert. Seit er mir dies vorgepfiffen, fällt mir stets das Lied ein: dort lasse ihn sitzen und heulen!

Robert (in Verzweiflung). Gebt mir Geld, Onkel — daß ich ihn erlöse!

St. Foster. Dort lasse ihn sitzen und heulen!

(Stimme von Thomas Foster inwendig: Eine milde Gabe für die armen Gefangenen!

Robert. Erd' und Himmel — meines Vaters Stimme, um Almosen flehend. Rührt Euch das nicht, Mann von Marmor — muß ich Euch vorhalten, was ich in jenem Gebäude für Euch that? Ihm, der jetzt bettelt, hab' ich's entwendet, um Euch zu befreien; gebt mir die Summe, Ihr müßt mir die Summe geben.

St. Foster. Komm fort von dieser Stelle! (Er will mit Frau St. Foster gehen.)

Robert. Bei allem, was Euch heilig ist -

(Stimme von Thomas Foster wie oben). Eine milde Gabe für die armen Gefangenen!

Robert. Onkel, Onkel — aus Barmherzigkeit.

St. Foster. Wie sprach er noch? Kriech' mit ihm in den Thurm und nähre Dich von Thränen und Jammer. Ich schwor, er sollt' es fühlen Er soll es fühlen. (Er geht mit Agnesen nach der Thür.)

Robert (zu Frau St. Foster). Mutter! Ich darf Euch so nennen — Seid gütig laßt Euch meine Todesangst rühren.

Fr. St. Foster. Geduld, guter Sohn! Trau' auf Stephan Foster — übereile Dich nicht.

Robert. Geduld! — o Gott — Geduld! Wenn eines Vaters Stimme bettelt! (Agnese Foster nimmt ihn sanft bei der Hand und führt ihn ins Haus.)

St. Foster (kehrt um, überlegt — schüttelt mit dem Kopf und ruft): Er muß es fühlen — er soll es fühlen. (Geht den Andern nach in's Haus.)

Zehnte Scene.

Zimmer in Stephan Fosters Hause.

Sir George Klingsporn. Meister Lamm (von Johnes herein geführt.)

Johnes. Meine Herrschaft ist eben nach Hause gekommen. Nehmt indessen Platz. (Er geht hinaus.)

Sir George (setzt sich, ihm thut Lamm nach). Bei meinem Barte! Eine üble Lage für einen Ritter. Ich wollte mich mit meiner gewohnten Tapferkeit lieber aus tausend Feinden herausschlagen, als hier aus tausend Pfund Sterling.

Mstr. Lamm. Aufnehmen könnte man wohl die Summe, das ginge leicht an, ich weiß nur nicht von wem!

Sir George. Ihr habt immer gegen mich so reich gethan — hätt' ich gewußt, daß Ihr ein solcher Habenichts seid, hätt' ich Euch noch gröber behandelt.

Mstr. Lamm. Noch gröber? Wäre das möglich gewesen? Du grundgütiger Himmel!

Elfte Scene.

Vorige. Stephan Foster und Frau. Robert.

Robert geht weinend zum Fenster, starrt nach dem Thurm und nimmt keinen Antheil an Allem, was in der Scene geschieht.

St. Foster. Sieh da, Ihr Herren. Treibt Euch das Gewissen zu mir? Was kommt Ihr mir zu bieten, daß ich nicht Ernst mit Euch mache so geschwinde, als Ihr Scherz mit mir triebt, indem Ihr von Würfelspiel und derlei Possen spracht! Habt Ihr die runde Summe von tausend Pfund ein Jeder bei Euch? So zahlt, und ich halte mich mit Euch nicht auf — ich habe Wichtigeres zu thun.

Sir George. Ich kenne Eure Gesinnungen, achtbarer Herr Sheriff. Bei meinem Schwertesgriff, welches auch ein Kreuz ist, es ist ein wahres Kreuz um das liebe Geld; Ihr werdet unser schonen —

St. Foster. Da steht Euer Gläubiger (auf seine Frau deutend).

Mein Weib. An ihrem Gürtel hängt der Schlüssel, sie sperrt Euch ein, oder läßt Euch frei, ihr Ausspruch soll mir genehm sein. (Sir George und Lamm wenden sich mit bittender Geberde zu Fr. St. Foster.)

Fr. St. Foster. Ich denke so, liebster Mann. Was hilft's, die Gänse schlachten, wenn sie so mager sind, wie diese da. Es wäre ein nutzloser Todtschlag, also grausam. Ich hoffe, Ihr seid hieher gekommen, um etwas zu bieten, damit wir Eures guten Willens gewahr werden.

Sir George Ein hundert Pfund, schönste Lady, ist Alles, was aus meinen Taschen fällt, wenn Ihr mich auf den Kopf stellt.

Mstr. Lamm. Gleichfalls ein hundert schöne baare Pfund Sterling, ich reiße sie mir vom Leben ab — o Sterne!

Sir George. Auf Abschlag —

Mstr. Lamm. Unterdessen — —

Fr. St. Foster. Wohlan. Zahlt Jeder Eure hundert Pfund — ich quittire Euch das Ganze dafür, wir Frauen sind keine bösartigen Gläubiger! Allein dies geschieht nur, wenn mein Herr so will.

St. Foster (umarmt seine Frau). Wenn ich das Gute will, so muß ich ja Deiner Richtung folgen, Frau. Du gehst so schnurgerade in den Himmel, daß ich keinen kürzeren Weg finde, als den Deinigen. Laß uns zusammen weiter treten — wir holen uns dadurch schon ein Stückchen Paradies hieher auf die arme Erde.

Sir George und Mstz. Lamm. O tausend Dank! Der Himmel wende jegliches Trübsal von Eurem Haupte!

St. Foster (lächelnd). Das ist kein guter Wunsch. Agnese will Trübsal haben, drum nahm sie mich zum Manne — indessen wir werden auch ohne Trübsal fertig. An diesem Kinde des Glückes haftet keines, und ehe ich ihr welches mache — soll sie lieber aufhören mich zu lieben.

Fr. St. Foster. Mein Glück ist jetzt nicht mehr dasselbe. Ich lebe nicht mir allein, und das schon ist eine wohlthuende Sorge, daß mein Glück auch Dich mit glücklich machen möge.

Sir George. Bei meinem Fehdehandschuh! Ein Engel! Ich will auf allen Turnieren Euren Ruhm behaupten, in Schimpf und Ernst. (Er will gehen.)

St. Foster. Sehr schön! Doch zahlt erst die hundert Pfund; wenn Ihr unterläget, es wäre schade um Euch, aber auch sehr schade um die Summe.

Sir George. Ganz weise.

St. Foster. Robert.

Robert fährt aus tiefem Traum empor.

St. Foster (zieht die Wechsel hervor). Nimm die Summe in Empfang und quittire über den ganzen Inhalt. Von Jedem hundert Pfund Sterling, hörst Du? Gehabt Euch wohl.

Fr. St. Foster verbeugt sich und geht mit Stephan Foster ab.

Zwölfte Scene.

Robert. Sir George. Meister Lamm.

Robert. Von — Euch — Jedem soll ich hundert Pfund empfangen? Einhundert Pfund — sprecht — ist das kein Irrthum?

Mstr. Lamm. Leider ist es keiner.

Robert (glühend und hastig). Gebt her — gebt her — da ist eine Minute Verzug Peinigung — gebt, gebt.

Sir George. Schreibt nur den Schein.

Robert. O ja — gleich. Das ist ja schnell geschehen. (Er geht zum Tisch und quittirt die Wechsel.) Hier. Gebt das Geld, ich sage Euch, ich muß es haben.

Sir George und Meister Lamm händigen ihm jeder hundert Pfund ein.

Robert. Hundert — und noch hundert — das sind ja zweihundert Pfund. Zweihundert Pfund — volle, volle zweihundert.

Mstr. Lamm. Das Exempel ist leicht fertig.

Robert. Da sind die Wechsel. (Sie nehmen diese.) Und nun lebt wohl. Ach, Ihr habt mir mehr gegeben, als Ihr denkt.

Sir George und Meister Lamm. Zu viel — ? Laßt sehen.

Robert. Nein, nein, es sind zweihundert wohlgezählt — und doch wiegen diese den Kronschatz auf; alle Perlen und Diamanten Indiens sind nicht so viel werth.

Sir George. Wie soll ich —
Mstr. Lamm. Ihr seid sehr räthselhaft. } (Zugleich.)

Robert. Geht nur, Ihr guten Leute. (Sie rühren sich nicht vom Platz.) Ich bitt' Euch, geht. (Da sie nicht wollen.) Die Mutter besinnt sich leicht anders — noch habt Ihr das Papier in Händen, man kann es Euch wieder abnehmen, man bringt Euch das Geld wieder auf — Gerichtsdiener sind bald geholt — der Schuldthurm — ja Gottlob, der Schuldthurm ist in der Nähe!

Sir George und Mstr. Lamm (stecken geschwind die Wechsel ein und laufen davon). Geschrieben ist geschrieben. Stoßt mich nicht um!

Dreizehnte Scene.

Robert allein." Dem Himmel sei Dank. O du goldner Schlüssel, ich drücke dich an mein Herz, ich küsse dich tausendmal, du goldner Schlüssel, der meines Vaters Kerkerthüre öffnet. Der Onkel legt ihn selbst in meine Hand! Wer, sag' ich? Gott selbst legt ihn in meine Hand. Ich stehle das Geld, ja ich stehle es — und würde nie mit ruhigerem Bewußtsein zum Weltgericht treten, als gleich nach diesem Diebstahl. Sei mein Leben zur Buße dargebracht — ich rette meinen Vater, ich rette ihn um jeden Preis! (Er stürzt fort.)

(Der Vorhang fällt.)

Ende des vierten Aufzugs.

Fünfter Aufzug.

Gefangen-Zimmer im Schuldthurm.

Erste Scene.

Thomas Foster sitzt mit niedergeschlagenen Augen auf einem Schemel, Frau Th. Foster, steht vor ihm.

Frau Th. Foster. Sitz nicht so stumm da, Mann. Rede mit mir. Ach, das Unheil hat mein Herz so durch und durch erweicht — Du sollst keinen Vorwurf mehr von mir hören. Nur Trost will ich Dir geben, und reichen meine Worte nicht aus, so will ich mit Dir theilen Elend und Gefängniß — (sie weint) ich bin im Glück wohl auch zu hart und hochmüthig gewesen.

Thomas Foster (sieht sie verwirrt an). Ich rechne, Frau. Ich war ja Kaufmann, das Rechnen ist mein Element. Ich multiplicire meinen Verlust mit der Zahl der Sandkörner im Meere — die meine Güter verschlungen — das giebt eine heillose Summe von Weh! (Er nickt tiefsinnig mit dem Kopfe.)

Fr. Th. Foster (sich die Thränen trocknend). Es ist ja Mancher schon gefallen und hat sich wieder aufgerichtet —

Th. Foster. Allein nicht, aus eignen Kräften nicht. Man griff ihm unter die Arme. Wer greift mir denn unter die Arme? Ich habe wohl Handelsfreunde gehabt, aber keine Herzensfreunde. Diejenigen, die sonst den Hut tief abzogen bei ihrem „guten Morgen, Herr Foster!" die lachen nun ins Fäustchen, hören mich betteln am Thor und denken, dem stolzen Sünder ist recht geschehen! Es ist hart, das, Frau es ist sehr hart.

Fr. Th. Foster. Unglück wandelt die Leute — auch das Glück thut es. Vielleicht Dein Bruder — Dein Sohn —

Th. Foster (grimmig). Weib, küsse mich nicht und erwürge mich darauf. Sprich nicht von diesen! Als ich angesehen war und die gefüllte Kasse im Comtoir hatte, redetest Du selbst mir zu, mich loszusagen von Beiden. Nun ich elend bin, ist gegen sie mein Stolz nur höher gestiegen. Meinst Du, daß ich etwas anderes zu erwarten habe, als Hohn und Verachtung? Die Freude sollen sie nicht haben, die nicht, daß sie sich überheben vor meinem Angesicht und grinzen: Siehst du nun? — O Weib, es giebt Betttücher und Haken im Zimmer; das Hängen ist ein Vergnügen gegen solchen Schimpf!

Fr. Th. Foster (weinend). Sei sanft, Mann, daß wir Gott versöhnen, der über uns zürnt!

Zweite Scene.

Schließer. Vorige.

Th. Foster (nimmt einen gefaßten Ton an). Sieh, sieh. Mein Gefängniß-Kamerad. Du bist so gut eingesperrt als ich. Ob ich bewachen muß oder bewacht werde — das macht wenig Unterschied. Soll's an die Arbeit gehen? (Er lächelt.) An die Arbeit — ich meine das Betteln — diese Arbeit strapazirt fürwahr den Körper nicht — aber sie reibt verdammt das Gemüth auf; ich glaube, wenn's noch lange währt, so friert all mein bischen Blut im Herzen fest! (Er runzelt die Stirn.)

Schließer. Seid gutes Muthes, Herr Foster. Ich bring' Euch eine junge Lady — von so herzigem Aussehen, daß ich gar nicht anders denken kann, als mit ihr kommt Euch Trost — wenn nicht was Besseres. Sie nennt sich Miß Johanna Brown.

Th. Foster. Wohl ist sie ein gutes Kind — die Leute nennen sie einen Engel! Kann sie aber die Meereswogen theilen, und gebieten, daß der Grund mir mein Hab und Gut zurück gebe? Sie kann das nicht! Was will sie hier?

Schließer. Sprecht sie selbst. (Er geht zur Thür.) Kommt herein, Miß — Herr und Frau Foster erwarten Euch.

Dritte Scene.

Vorige. Johanna Brown (ist sehr geputzt zum Feste, sie bewegt sich sehr schüchtern und ängstlich).

Johanna. Seid nicht ungehalten — ich weiß wohl, daß Euch Besuch in Eurer trüben Lage unwillkommen ist; aber — ich

— ich kann nur sagen, daß ich nicht anders handeln konnte, als ich thue. Vergebens beschwor ich meinen Vater, die Hälfte Eures Verlustes zu tragen — er wies mich mit den Worten ab: Foster gäbe mir keinen Schilling zurück, wär' er an meiner Stelle. Auch betheuerte er, daß er und Ihr einen Eid geschworen —

Th. Foster. Das haben wir — gehandelt ist gehandelt.

Johanna. Mag sein. Mich beruhigte das nicht. Ich wußte Euch im Gefängniß. Ihr seid Roberts Vater — ich war in meinem Jammer stets bei Euch. Als ich nun vollends Eure Stimme — eines Greises Stimme — am Thore --

Th. Foster. Betteln, Miß, betteln; sprecht es aus, mein jetziges Gewerbe.

Johanna. Um Almosen ansprechen hörte — fühlte ich in meinem Herzen einen Drang - etwas — wenn auch noch so Geringes — zur Linderung Eures Elends beizutragen — wenn Ihr so gütig sein wollt, mich nicht fortzuweisen!

Fr. Th. Foster. O Miß — wie gut, wie mild und engelgut seid Ihr!

Johanna. Mein Spargeld — ach! es ist so wenig — ich habe es bei mir. O, seht mir nicht so gerade ins Auge, ich schäme mich —

Fr. Th. Foster. Warum darf ich nicht sagen: süße, süße Tochter!

Johanna. Ach, sagt das ja; das klingt ermuthigend — nnt mich noch einmal Tochter, bitte, nennt mich so!

Fr. Th. Foster. Segen des Himmels, wer Dich Tochter nennen darf.

Th. Foster (mit Thränen). Ein Trunk Wassers in einer Menschenwüste! Ein Vater liebt Dich nicht mehr als ich, Du gute Tochter. (Er küßt ihre Stirn.)

Johanna. Seht, nun bin ich dreist. Nun weiß ich die Worte zu stellen ohne Grübeln. Schließer, hier sind 10 Pfund, reichen sie hin dazu, daß der würdige Mann nicht mehr an der Pforte bettelt?

Schließer. Zehn Pfund! Potz Element! Mit zweien ist das Betteln abgekauft. (Er nimmt zwei davon.) Herr Foster, nun seid Ihr obendrauf. Die kommen in die Büchse. Da bleiben Euch acht zu Eurer Bequemlichkeit. Nun könnt Ihr lachen! Ihr habt Glück, Herr Foster! (Ab.)

Johanna (der Alten Hände ergreifend). O Vater, Mutter!

nehmt es an! Ich müßte sonst vor Gram umkommen — daß ich Euch in Eurer Lage durch das Anerbieten von so Wenigem — beleidigt hätte!

Th. Foster (schließt sie an sein Herz). Ich nehm' es an, Johanna. Ich nehm' es an. Des alten Fosters thörichter Stolz liegt in Trümmern gebrochen am Meeresufer. Es thut einem alten Manne wohl, so junges Kindesblut ans Herz schließen zu dürfen — mit einer Innigkeit, als wär' es eigen Blut! Ach! das thut einem Vater wohl, dessen Sohn ihn schmählich verrathen hat, dessen Sohn alle Liebe spitzbübisch an den Feind verkauft! Dank, heißen Dank! nimm, Du gutgerathene Tochter — ich habe sonst kein Kind, als Dich! (Er schmeichelt ihr.)

Johanna steht sehr bestürzt und betrübt auf den Boden.

Vierte Scene.

Vorige. Robert zitternd, in der größten Aufregung, ein Papier in der Hand, reißt die Thür auf und wirft sich vor seinem Vater auf die Kniee.

Th. Foster. Was ist's? Ist die Hölle offen? Hinweg, Du Bösewicht! Den Schließer rufe, Weib, den Schließer, er soll mich schützen vor ihm. Was kniest Du hier? Ich bin kein König, der Dir Gnaden verabreichen kann. Im Reich des Elends bin ich König — willst Du etwas davon ab?

Robert. Euren Segen, Vater!

Th. Foster (abgewandt). Ich kenne die Stimme, so wie man am Klappern weiß, daß eine Schlange naht. Den Schließer rufe, Weib! Fort aus meinen Augen, es giebt kein Testament mehr von mir zu erbetteln, ich habe nichts, nichts — nichts! Hebe Dich hinweg, Du Friedensstörer, der Du kommst, den Wermuthsbecher mit Galle zu versüßen. Ich bin arm, ganz arm — was quälst Du mich?

Johanna. Ich flehe für ihn!

Fr. Th. Foster. Es ist Dein Sohn, Foster, höre ihn.

Robert (steht auf und wendet sich feurig zu Frau Foster). Für diese Worte, Mutter, sei all' Eure Härte gegen mich vergessen. Für diese Worte, Mutter, den heißen brennenden Sohneskuß auf Eure Hand. Ich bin auf ewig aus seinem Herzen verbannt, ein unnatürlicher Haß verriegelt alle Thore der Empfindung. Fern sei es von mir, sein Weh durch meinen Anblick zu verzehnfachen; ich will verschmerzen, daß ich einen Vater besaß — meine Bitte quält ihn niemals wieder. So nehmt denn Ihr das, Mutter; aus Eurer

oder das Glück mit seinen Launen.

Hand wird es ihm willkommen sein — er hat einem Sohne geflucht, der sein Leben geopfert hätte, den fluchenden Vater zu retten. Händigt ihm dies Papier ein, ich habe den Befehl gelöst — er ist frei! (Er will fort.)

Alle. Frei?

Th. Foster. Halt! halt! Robert — nein, das ist ein Blendwerk; frei, ich — durch wen? Durch

Robert. Vater!

Th. Foster (starrt in das Papier). Durch — meinen Sohn! Durch mein Kind, das ich verstoßen! Herr des Himmels, wie fasse ich das? (Er liest.) Es ist — wirklich kein Traum — dies sind meine Augen — und heilige Buchstaben fallen in dieselben und strafen meine Vaterhärte! Robert! So bin ich ja der Verbrecher und Du bist mein Richter. So bist Du ja eine Rose und stammst, o Wunder des Himmels, von einem Distelstamm her. So muß ich ja wahnsinnig werden, wenn — Du mir — (er will niederknieen) nicht vergiebst, mein einziger Sohn!

Robert (im Entzücken). An Eure Brust, mein Vater! Segnet mich, segnet sie — (er umfaßt Johanna) und nun nach diesem Augenblick — fasse mich der Tod mit seiner kalten Hand; ich kann nicht schöner enden!

Fünfte Scene.

Vorige. Stephan Foster. Schließer und mehrere Gerichtsdiener.

St. Foster (in Amtstracht als Sheriff. Mit festem Ton zu Robert). Was thust Du hier?

Th. Foster. Was thust Du hier? Kitzelt es Dich, den Fuß zu stellen auf Deines Bruders Nacken, wenn er im Gefängniß schmachtet? Zu dem schmählichen Triumph bist Du zu spät gekommen. Ich bin frei — hör' es, berste vor Aerger — ich bin befreit — und willst Du wissen, durch wen? Dort steht mein Helfer, mein Engel, mein Sohn! Dich hasse ich!

St. Foster. Und hast Du die Rettung verdient?

Th. Foster. Nein, nein. Um so fester klammert sich der Vater an den Wiedergebornen.

St. Foster. Und hast Du es um mich verdient, daß ich mich Deiner Rettung freue?

Th. Foster. Was willst Du, kalter Spieler, mit diesen Zügen? Ich bin schachmatt — was quälst Du mich mit Fragen?

St. Foster. Einen Spiegel will ich Dir vorhalten, daß Du Dich erkennst darin bis auf den Grund Deiner Seele.

Th. Foster. Dein Spiegel, Sheriff, zeigt mir keinen Spieler und keinen Gauner oder Dieb. Mit welchem Rechte krallst Du Dich an mich?

St. Foster. Wird diesen Haß und diese Verstocktheit nichts brechen können?

Th. Foster Du reizest mich zu keiner Unthat — es gelingt Dir nicht! Sheriff, Deine hungrigen Begleiter haben keinen Fang an mir.

St. Foster (schnell und entschlossen zu Robert). An Dir nicht, doch an Diesem da. Wo ist das Geld, das Du von meinen Schuldnern empfangen?

Robert (ruhig). Ich hab' es angewandt.

St. Foster. Erstatte mir die Summe unverzüglich! Zweihundert Pfund baar Geld.

Robert (an seines Baters Brust). Ihr sollt die Hälfte Zinsen davon haben.

St. Foster. Ohne Ausflüchte. Hast Du das Geld vergeudet — verthan — mein Eigenthum — steh' Rede!

Johanna und Fr. Th. Foster. Um Gotteswillen! Robert! ⎫
Th. Foster. Unglückseliger Sohn! ⎬ Zugleich.

Robert. Sehr geringe That hab' ich für meinen Vater gethan — fürwahr sehr, sehr geringe. Für meinen Vater — ich that ja für Euch dasselbe — ich entwandte ihm Geld zu Eurer Hülfe — **Ihr seid nur mein Oheim!**

St Foster. Und dafür verstieß er Dich und hatte Lust, Deine Jugend zu brandmarken für immerdar. (Zu Thomas Foster.) Nun fühle, wie es thut, wenn der Helfer leiden soll für seine Hülfe — nun blicke in den Spiegel und erkenne Dich bis auf den Grund Deiner Seele. (Zu den Gerichtsdienern.) Ich verhafte den Jüngling, thut Eure Schuldigkeit!

Robert. Onkel!

Johanna und Fr. Th. Foster (zugleich). Seid barmherzig! (Ein Gerichtsdiener tritt zu Robert.)

St. Foster. So barmherzig, wie er gegen mich gewesen. (Zu dem Gerichtsdiener.) Vollzieht meinen Befehl.

Th. Foster. Halt! Nein — es ist unmöglich. Bruder — Furie — stechende Viper! Ich wollte bitten — die Bitte wandelt sich unwillkürlich in Fluch! Halt! Laß mir mein Kind! Barbar! Nimm meine Freiheit hin — trinke mein Blut, Unmensch — lasse mir mein einzig Kind! (Trompetenruf.)

St. Foster (zu den Gerichtsdienern). Meidet die große Straße, des Zulaufs wegen. Mich ruft mein Dienst.

Th. Foster. Armseliger Tyrann, der Du Deinen Muth an gebundenen Lämmern prüfest.

St. Foster (fest). Du wirst nicht allein bereuen, wie Du gehandelt hast — auch Deine Worte wirst Du mit Thränen bereuen. (Zu dem Gerichtsdiener.) Macht Euch auf. (Er geht hinaus.)

Th Foster (ihm nachrufend). Geh hin zum Lord-Majors-Zuge in Deinem Prunke und nimm den Fluch eines Vaters mit Dir — ja dieser Fluch soll lauter schmettern als die Trompeten und Gottes Donner übertöne die Pauken!

Gerichtsdiener (zu Robert). Folgt, Sir!

Th. Foster. Wohin? Wohin mit ihm?

Gerichtsdiener. Ich bin nicht befugt darüber zu sprechen.

Th. Foster. In den Kerker? In den Kerker? und ich soll in meiner elenden Freiheit verzweifeln? Ohne Kind! Nein, ich bin gefangen wie er — man binde mich mit ihm, man schleppe mich auf's Hochgericht wie ihn — man scharre mich ein mit ihm — ich klammre mich an ihn fest und meine Leichenhand soll ihn noch liebend halten!

Robert. Geht, guter Vater; überlaßt mich meinem Schicksal! Mutter — Geliebte — lebt wohl! O hindert ihn, daß er nicht seine grauen Haare beschimpfe! (Johanna und Frau Foster wollen Th. Foster hindern, mitzugehen. Robert macht einen Schritt, dem Gerichtsdiener zu folgen.)

Th. Foster (macht sich heftig los). Laßt mich. Bei dem Grab meiner Habe! Laßt mich! Ich bin vor Allem Vater — und zwar erst heute ist er mir geboren worden, der Sohn. Habt Ihr gehört, daß ein Vater den Neugebornen verläßt? Mit Dir, mit Dir — es lebt ein Gott, mein guter Sohn — Er hat mich gerettet durch Kindesliebe — jetzt wird er Dir zeigen, was Vaterzärtlichkeit vermag! Laßt mich! (Der Gerichtsdiener deutet Robert an, zu folgen, Thomas Foster hängt sich an ihn und geht mit, obgleich Frau Foster und Johanna, so wie Robert, ihn abzuhalten sich bemühen. Alle ab.)

Man hört die Musik des Zuges zum Lord-Majors-Feste.

Sechste Scene.

Das Innere von Grocers-Hall, zum Lord-Majors-Feste prachtvoll ausgeziert. Ein Musikchor auf der Gallerie. Geputzte Bürger und Bürgerinnen.

Frau Stephan Foster unterhält sich mit mehreren Damen. Brown kommt, ihm folgen eilig Sir George Klingsporn und Meister Lamm.

Sir George (zu Brown). Die Wahrheit wird Euch gleich handgreiflich werden. Laßt den Eidam laufen!

Mstr. Lamm. Werft Euer Auge auf einen andern gebildeten Gentleman.

Sir George. Duckt der auch wieder auf? Ihr sollt einen Maulkorb kriegen — bei meiner furchtlosen Degenspitze.

Brown. Es ist mit dem Sheriff alles richtig gemacht. Sollten aber Umstände eintreten - eh' ich an Euch denke, nach der Wechselgeschichte — müßte ich erst sorgfältige Blicke in Eure Kasse werfen.

Sir George. In eines Ritters Kasse — da ist auch was zu gucken!

Siebente Scene.

Vorige. Frau Th. Foster und Johanna (drängen sich zu Frau Stephan Foster und reden sie an, sie tritt mit ihnen bei Seite und hört sie gespannt an.

Sir George (dies bemerkend). Seht Ihr? Da kommt schon die Hiobspost. Bei meiner ritterlichen Nachkommenschaft! Es giebt eine öffentliche Blamage.

Brown. Laßt mich. (Er und Sir George mit Lamm nehmen Theil an folgendem Gespräche.)

Fr. St. Foster. Verhaftet sagt Ihr?

Fr. Th. Foster. Ach, Pathe, Euer Mann ist zum Tiger geworden, der unser Blut trinken will.

Johanna. O, helft, meine wohlwollende Freundin! Robert —

Fr. St. Foster. Erzählt Ihr Andern nach, oder sahet Ihr selbst?

Beide. Wir waren zugegen.

Fr. Th. Foster. Schlagt Euch ins Mittel, Pathe! Er verdankt Euch ja Alles — er darf ohne Euch nichts thun. Habt Barmherzigkeit. Euch muß er hören. Gebietet ihm, schonend zu Werke zu gehen.

Fr. St. Foster. Beruhigt Euch! Ich weiß zwar von Stephans Schritten nichts; aber ich kenne ihn und liebe ihn. Robert verhaftet? von Stephan? — Ihr habt wohl noch nicht viel von der Kraft der Dankbarkeit erfahren. Ein Vater, der sein Kind verhaften läßt! Ich lächle dazu — und bin ganz heiter — seid es nur getrost mit mir!

Achte Scene.

Vorige.

Ein Herold kündigt an: Der König! (Tusch von Pauken und Trompeten. Man theilt sich in zwei Reihen.)

König Heinrich VI. (geleitet vom Lord-Major und den Sheriffs, worunter Stephan Foster). Mehrere Große u. s. w. Vorige.

(Ruf von außen) Es lebe König Heinrich! (derselbe Ruf wird von der Versammlung wiederholt.)
(Tusch wie oben.)

König Heinrich. Viel herzlichen Dank, gute Bürger von London. Eure Liebe ist mein Bett, auf welchem ich ohne Wachen schlafe — Eure Liebe geht mit mir, wenn ich durch die Straßen ziehe — kein Wunder, daß ich den tröstlichen Begleiter hier auch zum Willkommen treffe. Was Ihr gebt, das bring' ich mit — Liebe um Liebe. Ein Tauschhandel, bei dem beide Parteien gewinnen. Seid Ihr damit zufrieden?

Alle. Hoch König Heinrich, der Bürgerfreund! (Tusch wie vorher.)

K. Heinrich. Sheriff Foster!

St. Foster (nähert sich).

K. Heinrich. Ihr seid ein Mann des Glückes. Fortuna setzte über Euer Haus als Wächter ihren Liebling, für welchen sie Parteilichkeit hegt — wie sonst für Niemand, ein Weib, das, wunderbarerweise, noch kein Trübsal erfahren. Zeigt mir die Lady.
(Stephan Foster geht zu Agnesen und stellt sie dem König vor.)

K. Heinrich (sie mit Wohlgefallen betrachtend). Wär' ich Fortuna, Lady, mich dünkt, ich würde eben so parteiisch sein — was sage ich parteiisch — nur gerecht.

Fr. St. Foster. Ist die Göttin gerecht, mein König, so weicht sie nicht von Deines Thrones Stufen, so schützt sie Dein heilig Haupt und kränzt es mit unverwelklichen Blüthen. Was sie mir erzeigt, das setze auf die Rechnung ihrer Launen. Sie ist ein Weib —

K. Heinrich. Und darum liebenswerth. Seid heute meine Dame bei dem Feste, mit Eurer Erlaubniß, Sheriff. — Wir sprechen ein Mehreres darüber. (Frau Stephan Foster dankt stumm.)

(Stimme Thomas Fosters von Außen.) Platz! ich will den König sprechen. Um des Himmels willen, ich muß den König sprechen!

K. Heinrich (sieht verwundert nach dem Hintergrund). Was giebt es dort? Ein Unglücklicher? Gebt Raum. Mein Herz ist Allen offen — sollt' es mein Ohr nicht sein? (Man macht Bahn.)

Neunte Scene.

Vorige. Thomas Foster (stürzt athemlos vor und wirft sich dem Könige zu Füßen).

Th. Foster. Gnade, mein königlicher Herr — die hohe Gnade des Anhörens fleht ein alter Mann in der Verzweiflung seines Herzens.

K. Heinrich. Ihr sollt mich am Freudenfeste aufmerksam finden, wie im Audienzzimmer. Was verlangt Ihr?

Th. Foster. Gerechtigkeit.

K. Heinrich. Solch Gesuch ward noch keinem Britten abgeschlagen.

Th. Foster. Gerechtigkeit zwischen mir und jenem Sheriff dort.

K. Heinrich. Sheriff Foster?

Th. Foster. Er ist mein Bruder. (Allgemeines Erstaunen.) Was sag' ich? Bruder, nein. Ich habe das Unglück, mit ihm von gleichen Eltern abzustammen — aber so entheilige ich den Brudernamen nicht, daß ich ihn solchem Bösewicht gebe. Sieh ihn nur an, mein König, wie er dasteht, höhnisch, lächelnd, während ich mich krümme unter seinen zermalmenden Tritten, sieh ihn an, mein König, und mein Jammer wird Dich rühren.

K. Heinrich. Eure Leidenschaft, alter Mann, sieht anders als mein ruhiger Blick. Der Sheriff steht da ohne Furcht, lächelnd im Bewußtsein — wie man sich wohl das gute Gewissen denkt — doch trügt der Anschein. Steht auf und tragt die Beleidigung vor, die er Euch angethan.

Th. Foster (steht auf). Dieser Sheriff, jetzt überladen mit

Reichthum, war noch vor Kurzem ein Bettler. Ich stand auf dem Gipfel des Glückes. Nun hat die falsche Göttin mich gestürzt und ihn erhoben. Das Meer hat mein Hab' und Gut verschlungen — mich in den Schuldthurm geschleudert. Zürne nicht, königlicher Herr, wenn meine Augen naß werden und mir die Rede stockt — (Er trocknet sich die Augen.) Das Unglück macht weich und ich bin zu alt, um Fassung zu erzwingen!

K. Heinrich. Unglück ist heilig; sammelt Euch, dann fahret fort.

Th. Foster. Aufgegeben sitz' ich in meines Gefängnisses Einsamkeit. Die kahlen Wände überzieht meine trauernde Phantasie mit Bildern von Noth und Verzagen. Ich hatte keinen Glauben an Menschenerbarmen — da erscheint mir plötzlich ein Engel — es war mein einz'ger Sohn, triumphirend kündiget er mir meine Befreiung an. Er hatte sie erwirkt, aber — gräßlich! mit Gelde, das dem Hartherzigen gehört. Freilich nur zweihundert armselige Pfund, aber genug, den Grimm des Herzlosen zu reizen, seinem lang genährten Wunsch, mich zu verderben, einen Vorwand zu leihen. Er kommt — dieser Sheriff dort — und nachdem er in kalten, höhnenden Fragen seinen Rachedurst gestillt, reißt er vom Vaterherzen den Sohn, für den er sich selbst den Vaternamen angelogen — übergibt diesen für eine That — eine That, um die meinen Robert alle Söhne beneiden müssen — den Händen der Büttel und stößt ihn in Schande und Kerkerelend hinab! (Die Versammlung murrt.) Ich hör's, ich bin in England. Großer König, da ist keine Brust in der weiten Halle, die nicht meinen Schmerz, meinen Grimm gegen Jenen theilte! (Er kniet.) Gieb mir mein Kind — lasse mich in den Kerker zurückführen — ich werde nicht jammern und weinen, sondern jauchzen zwischen den öden Mauern, weil ich dann ein überglücklicher Vater bin; gieb mich gefangen — nur mein Kind lasse frei! (Er umfaßt des Königs Kniee.)

K. Heinrich (hebt ihn gütig auf). Geduldet Euch! (Er wendet sich zu Stephan Foster.) Herr Sheriff, was sagt Ihr zu dieser Klage?

St. Foster (mit Freimuth, aber sehr kalt und ruhig). Sie wirft einen Schatten auf meinen Charakter, den ich, bei meiner armen Seele, gern durch gehörig Licht verdrängen möchte. Aber noch ist mir das unmöglich — wie auch mein Gemüth nach dem Moment lechzt — meiner Vernunft muß auch ihr Recht geschehen. Ihr, meine Mitbürger, fällt noch kein Urtheil über mich Du, mein königlicher Herr, stehst in Deiner Weisheit zu hoch — Dir ist es unmöglich eine Vormeinung zu fassen. Ich bitte, daß Deine Langmuth an jenen Kläger ein Paar Fragen mir gestatte.

K. Heinrich (bejaht die Bitte).

St. Foster (zu Th. Foster). Was thatest Du, als ich ein Bettler war?

Th. Foster (mürrisch und halb in Scham für sich hin). Ich ließ ihn verkommen.

St. Foster. Wer half mir?

Th. Foster. Mein Sohn — mit beispielloser Anhänglichkeit an ihn — mein Sohn.

St. Foster. Und wer war's, der ihn wegen dieser Anhänglichkeit verfluchte, aus Herz und Testamente strich, von der Brust seines Mädchens riß, dem Schimpfe preis gab und ihn gebrandmarkt auf die Straße stieß?

Th. Foster (in dumpfer Reue). Ich that das — ja.

St. Foster. Du hörst, mein königlicher Herr, daß er, der da über Härte klagt, in u n e r h ö r t e r Härte mir ein Beispiel gab. Ich betrug mich grausam gegen den Jüngling — es ist nur mein Neffe. Dieser da, nicht genug, daß er m i c h dem Mangel und Elend hingab, versuchte die Kraft seiner Unnatur an s e i n e m S o h n, seinem eigenen, e i n z i g e n S o h n. Soll ein Onkel zärtlicher lieben als ein Vater? (Dumpfe Stille.)

Th. Foster (nach einer kleinen Pause). Ich war ein böser Vater — ja — ich war ein hochmüthiger, bösartiger Thor! Ich bekenn' es vor Gott und meinem Könige. Unempfindlich gegen fremde Leiden hatte mich das Glück gemacht. Des Unglücks Feuergewalt hat die Rinde um mein Herz zersprengt. Schlangenbisse stechen nicht so schmerzlich, als die Reue über mein früheres Benehmen. (Mit abgewandtem Gesicht in Beziehung auf seinen Bruder.) Auch gegen D i c h! Den Rest meiner Tage wollt' ich dafür hingeben, sagen zu können: Ich half Dir in Deiner Noth. So aber mischt sich ein übel Bewußtsein in meine gerechte Sache, es windet mir die Waffe aus der Hand und schlägt mich nieder mit dem Gedanken: Ich habe schreiend Unrecht gegen ihn begangen und deshalb v e r = d i e n t, d a ß e r m i c h n i e d e r t r i t t.

St. Foster (im Ausbruch der freudigsten Empfindung, voll Wärme und Herzlichkeit, schnell:) Halt! Gott sei gelobt für dieses Wort! Es fällt wie Regen auf eine halbverdurstete Flur. O, mein König, wie überschwenglich glücklich bin ich nun, daß ich mein Herz zeigen kann wie es ist. Ich hatte einen hohen Eid geschworen, dies Herz zu verschließen, bis er sein Unrecht eingesehen — jetzt hat er es gefühlt, jetzt hat er es bekannt. Nun weg Verstellung, Kälte und Verschlossenheit! Wir haben gleich gegen einander gehandelt, aber er im Ernste — ich nur zum Schein. Du suchst Deinen Sohn — da steht er, unweit seiner Braut, sie hält ihn in Fesseln, sonst trägt er keine. Segne den Bund seiner Liebe, wie wir ihn schon gesegnet haben. Ich war nie stolzer auf ihn, als da ich ihn zu verwerfen scheinen mußte. (Er holt Robert vor.) Vor meinem Fürsten, vor meinen Mitbürgern drück' ich ihn an mein Herz und gebe ihm das Zeugniß: es lebt in England kein besserer, edelmüthigerer Sohn, als er! (Er umarmt ihn. Allgemeine Bewegung.)

Th. Foster. Wach' ich? Träum' ich? Es ist mein Sohn!

St. Foster. Auch der meinige.

Brown. Und meiner!

K. Heinrich. Glücklicher Jüngling — bei dem Uebermaß von Liebe, das Deine Treue Dir erworben, wirst Du kaum darauf achten, wenn Dein König Dir es sagt, Du bist ihm werth geworden.

Robert (kniet vor dem Könige).

St. Foster. Und nun zu Dir, mein Bruder. Ich habe vieles heimlich gethan; Gott weiß, es hätte Niemand erfahren als Du; Deine Klage und meine Rechtfertigung nöthigen mich davon zu sprechen. (Mit großer Rührung.) Alle Deine Schulden hab' ich bezahlt. Die Waare, die ich von Brown gekauft, lagert schon auf Deinem Speicher — zehntausend Pfund baar Geld stehen bei Dir zum Wiederanfang des Geschäftes. Doch wozu das? Sind wir nicht Brüder? Laß uns zusammen treten. Ich gebessert durch Glück, Du durch Unglück — laß uns theilen in Vermögen wie in Liebe. Gebrüder Foster sei unsre Firma, unser Wahlspruch Einigkeit — ja, Einigkeit bis ans Grab. (Er kann nicht weiter reden.) Sieh, so rächt sich Stephan — gieb ihm nun den heiligen Brudernamen wieder und bitt' ihm alle Deine Schmähungen in Gottesnamen ab!

Th. Foster. Himmel! Wie ist mir! Bruder, verkannter, geliebter Bruder — vergieb, o vergieb mir! (Er stürzt auf Stephan zu, dieser schließt ihn ans Herz.)

Robert. Auch mir, zweiter Vater, vergieb meinen Zweifel.

Fr. Thomas Foster und Johanna. Dank, Dank dem Edelmüthigen!

Zugleich.

(Alles drängt sich um Stephan Foster.)

St. Foster (schließt sein Weib ans Herz). Mir nicht, mir nicht, — ihr, meiner Perle, meinem Weibe; was ich bin, bin ich durch sie! (Er trocknet sich die Augen.)

(Gruppe.)

K. Heinrich Fürwahr, kein schöneres Schauspiel konntet Ihr Eurem Könige gewähren! Eure Firma nehme ich unter meinen besonderen Schutz. Sie bestehe, damit sie der späten Nach= welt diese Begebenheit erzähle, die hell wie Sonnenlicht die Wahr= heit zeigt, daß das Glück mit seinen Launen einer höhern Ordnung dient. (Er reicht Frau St. Foster die Hand, um diese zum Feste zu führen. Die Uebrigen folgen Paarweise. Eine sanfte Musik empfängt sie, während der Vorhang fällt.)